淮 扬 文 化 研 究 文 库

江苏省重点高校建设项目
"人文传承与区域社会发展"重点学科
"历史文化与区域社会发展"研究方向课题成果

人文传承与区域社会发展研究丛书
· 淮扬文化研究文库 ·

A CRITICAL BIOGRAPHY
OF GREAT MONK JIANZHEN

慧灯无尽照海东：
鉴真大和上评传

李尚全◇著

社会科学文献出版社
SOCIAL SCIENCES ACADEMIC PRESS (CHINA)

日本国宝：鉴真干漆夹纻塑像

（塑于公元 763 年，原高 81.8 厘米）

日本东大寺卢舍那大佛像

日本室町时代（1390~1595）的鉴真画像

起君僧都和上道體必勝

奉請四大部經

莊嚴經一部、大涅槃經一部

大集經一部　大品經一部

且要華嚴經一部轉讀

三月十八日鑒真状白

鉴真大和上手迹

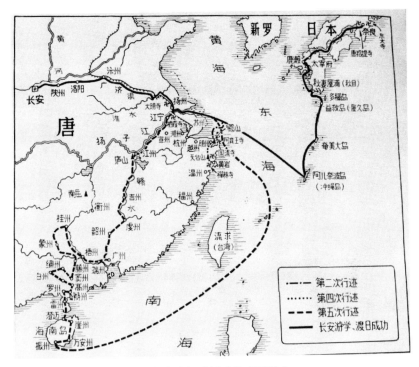

鉴真东渡行迹图（朱育莲绘）

鉴真东渡解缆处：扬州大运河宝塔湾（张亚生摄）

南通狼山临江建造的鉴真纪念亭

日本唐招提寺金堂

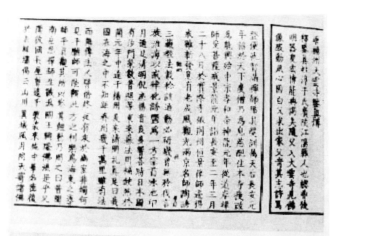

宋刻碛砂藏本《大宋高僧传·鉴真传》

日本淡海三船所著鉴真传记的几种版本

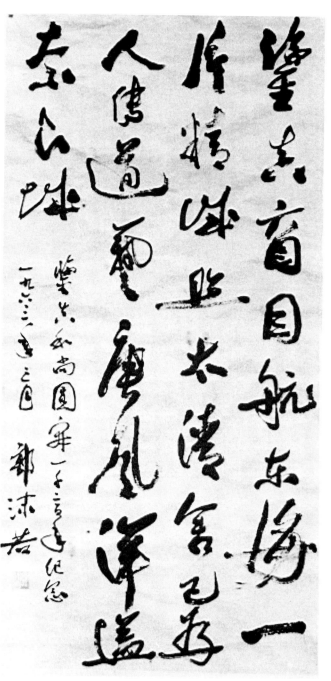

郭沫若为鉴真圆寂 1200 年纪念题诗（1963.3）
鉴真盲目航东海，一片精诚照太清。
舍己为人传道艺，唐风洋溢奈良城。

总　序

　　文化是构成国家综合国力的重要组成部分，文化作为软实力日益受到各国的高度重视。一个国家、一个民族的发展程度是与其文化的发展紧密联系的。当今世界，国家与国家之间的发展差距，不仅体现在经济和军事实力，更体现在文化发展水平，这已为历史和现实所证明。

　　上世纪80年代以来，随着人们对地理人文空间因素的日益重视，我国人文社会科学学术领域出现了区域化研究的趋势。新世纪以来，区域文化的研究与开发较以往呈现出更加丰富的内涵和更加锐利的前进态势，围绕各大区域文化进行的文化学、人类学、政治学、经济学、社会学研究也不断深入进步。从理论与现实角度考察，面对经济全球化的浪潮，要实现区域经济的现代化发展必须高度重视和发挥区域文化的优势，挖掘区域文化的资源。

　　江苏历来是人文荟萃、文化昌盛之地。新世纪以来，为发扬优秀区域文化精髓，建设文化强省，促进全省各项事业又好又快地发展，江苏省人民政府制定了《江苏省2001～2010年文化大省建设规划纲要》，明确指出："江苏省在历史演进过程中，形成了吴文化、楚汉文化、淮扬文化、金陵文化等一批特色鲜明的地域文化以及一批具有全国影响的学术流派，要在加强研究、保护的基础上继承创新，赋予传统文化以新的生命力。"在此思想指导下，江苏各地纷纷提出建设文化大市、文化强市的目标，学术界率先行动，出版了一批区域文化研究的论著，江苏省教育厅则及时地批准成立了扬州大学"淮扬文化研究中心"等一批区域文化研究的重点基地，以推进区域文化的研究和深入发展。

江苏高校林立，各大学因其所处的具体地域不同，在某种意义上也归属于特定的区域文化。特定的区域文化始终对大学的文化形成和发展有着重要的影响。同样，大学所负载的学术、文化与社会责任也日益被推上了更高层次的战略平台。因此，研究、挖掘、整合区域文化使之与大学文化有机地融合，不仅对推动区域文化研究与发展，提高区域文化软实力、构建区域和谐社会、促进区域科学发展具有重要意义，而且，大学吸取特定区域文化精髓的过程，对创建大学自身的特色文化氛围、凝炼大学精神也具有重要意义。在某种程度上甚至可以说，一所缺乏文化传统和历史记忆的大学不是一所好大学；同样，一所没有文化底蕴和历史积淀的大学也绝非真正意义上的高水平大学。

哈佛大学前校长德里克·博克说过："无论是在城市还是乡镇，大学的文化、反世俗陈规的生活方式和朝气蓬勃的精神面貌，常常成为刺激周边社区的载体，同时也是他们赖以骄傲的源泉。"

扬州大学所处的苏中地区，是淮扬文化的核心区之一。作为淮扬文化区域唯一的省属重点综合性大学，扬州大学具有学科门类齐全、多学科交叉融合的显著特点。学校集中人文社会科学诸学科的精干力量，发挥融通互补、协同作战的优势，继承发扬以任中敏先生为代表的老一代学术大师的风范，对内涵丰富、底蕴深厚的中国传统文化包括区域文化进行多方面的综合研究，挖掘整理其丰厚资源并赋予时代精神，阐扬其独特蕴涵并寻找其与当前经济建设、社会建设、政治建设、文化变革相结合的生长点，以求对地方乃至全省经济社会发展作出积极的贡献。

江苏省人民政府在"九五"和"十五"期间对扬州大学进行

重点投资建设的基础上，在"十一五"期间对扬州大学继续予以重点资助，主要培植能够体现学科交融、具有明显生长性且预期产生良好经济、社会效益的五大重点学科，其中包括从人文社会科学诸学科中凝炼而成的"人文传承与区域社会发展"重点学科。这一重点学科的凝成体现了将江苏优秀的古代文化与灿烂的现代文明有机交融、相得益彰、交相辉映和发扬光大的理念，符合扬州大学人文社会科学诸学科已有的专业背景、研究基础和今后的学科发展和学术追求。该重点学科包括"文学转型与区域社会发展"和"历史文化与区域社会发展"两个研究方向，其建设的标志性成果就是以任中敏先生别号命名的《半塘文库》和以区域名称命名的《淮扬文化研究文库》，总计50余种学术专著，计1500万字。"文库"是"十五"期间"扬、泰文化与'两个率先'"重点学科研究成果的新发展，汇集了扬州大学众多学者的智慧和学识，体现了社会各方面的关心和支持，可谓是一项规模宏大、影响深远、功在当代、利在千秋的大型文化工程。可以期待，"文库"的出版将对当前物质文明、政治文明、精神文明、社会文明和生态文明等"五个文明"建设，对构建和谐社会、促进区域科学发展起到积极有力的推动作用。

　　在人文传承与区域社会发展研究丛书出版之际，我们向始终支持和关心"人文传承与区域社会发展"重点学科建设的教育部社科司、江苏省教育厅的领导及专家表示衷心感谢，对负责定稿的中国社会科学院诸位专家学者表示衷心感谢！同时也衷心感谢社科文献出版社的领导和编辑为丛书出版付出的辛勤劳动！

扬州大学人文传承与区域社会

发展研究丛书编辑委员会

2010 年 12 月

前　言

一

近读梁容若的《中日文化交流史论》一书，看到在汪向荣写的"后记"里，提到这样一句话："早在百年前，黄遵宪就指出中国对日本的研究，落后于日本对中国的研究。"[①] 对鉴真的研究，更是如此。[②] 孙蔚民指出，鉴真由于"传布中国文化到日本去，在日本释、俗各界中产生了很大影响，从而负有盛名；在他的本土——我国，除宗教界和学术界部分知识分子外，则尚未为广大人民所知晓。关于鉴真和尚的文字资料，国内过去除了唐李肇《国史补》中有数十字的简短记述，《全唐诗逸》中辑有高鹤林出使日本时悼念他的一首诗，和宋僧赞宁《高僧传》中的一篇传记以及少数诗歌、笔记偶然提到外，很少留有记载。连扬州、江都等地方志书中，对他的事迹也未曾注意采录"[③]。新中国成立以后，为了中日邦交尽快实现正常化，鉴真研究开始引起政界的高度关注。

---

① 梁容若：《中日文化交流史论》，商务印书馆，1985，第 420 页。
② 日本学者安藤更生早在 1950 年代就开始了鉴真研究，前后出版的专著有《鉴真》（美术出版社，1958）、《鉴真大和尚传之研究》（平凡社，1960）。他还与龟井胜一郎合编《鉴真和尚——圆寂 1200 年纪念》论文集（春秋社，1963）。有关日本其他学者的研究成果，可参阅郝润华《二十世纪以来国内外鉴真研究现状及其前瞻》（扬州市民族宗教事务局编《纪念鉴真东渡文集》，无出版社，2004。）
③ 孙蔚民：《鉴真和尚东渡记》，上海古籍出版社，1979，第 1 页。

　　郭沫若曾把中日两国关系概括为"两千年玉帛，一百载干戈"。致力于中日友好的日本道端良秀博士写过一本书，书名叫《日中佛教友好两千年史》。他在这本书里说，日中两千年友好的历史，是以鉴真为代表的两国佛教徒共同创造的历史，他作为佛教徒，对日本佛教徒没有阻止日本军政府发动的侵华战争，深感内疚，并代表日本佛教徒向中国人民忏悔。

　　在日本历史上，佛教发挥过重要作用，从飞鸟文化到天平文化的200多年间，日本政府以佛教建国，这一方略，一直延续到明治维新。所以佛教文化已经渗透到日本文化的方方面面。周一良在给《中日文化与交流》第一辑写的一篇题为《中日文化的异与同》的论文里指出：

　　　　我们一方面看到日本谚语中反映出来的日本文化与儒家思想的关系，同时还须看到另一种现象，就是佛教影响之大超过了儒家思想的影响。我根据臼田甚五郎博士监修的《谚语辞典》，约略统计一下，与佛教有联系的谚语达五十余条之多。还可以进一步分析，如在"对狗讲《论语》"之外，表示对牛弹琴这个意思的，还有"馬の耳に念仏"、"豚に念仏"、"猫に経"，这些谚语都是利用佛教词语形成的。中国谚语说"孔子门前卖文章"，日本也有类似的谚语"孔子に悟道"。但是，更通用更常说的，却是"对释迦讲经"（釈迦に経）、"对释迦念心经"（釈迦に心経）、对释迦说法（釈迦に説法）。中国把诸葛亮当作智慧的象征，所以说"三个皮匠凑成一个诸葛亮"。与此相对称的日本谚语，却是"三人凑起来抵得文殊菩萨的智慧"（三人寄れば文殊の智慧），因为在佛经里，文殊菩萨是智慧的象征。还有一句相当于我国"智者千虑，必有一失"的谚语，也是举的文殊菩萨，说"文殊も智慧のこぼれ"。中国形容喜悦时说："他乡遇故知。"日本谚语里表示困难中得救的喜悦是"犹如地狱里遇见佛爷"（地獄で仏に逢つたよう）。我们说"近水楼台先得月"，用自然风物比喻社会现象。日本有一句近似的谚语，说平时有机会对某件事耳濡目染的人便很容易学会："寺庙附近的小孩不学也会念经"（門前の小僧習わ小奴經を読む）。

这说明，佛教文化已经渗透到日本国民的血液之中，不了解这一点，就很难全面理解日本文化。

二

正因为佛教文化与日本人民的精神生活密切相关，水乳交融在一起，难割难舍，新中国成立后，党和政府高度重视佛教徒在中日邦交正常化中的重要性。1951 年 9 月 8 日，美国主宰的旧金山会议，在没有苏联、中国、蒙古和缅甸参加的情况下，签订了非法的《对日和约》，以及威胁亚太和平的美日《安全条约》。1952 年 2 月，美国政府又与日本吉田政府签订了美日《行政协定》，与此同时，日本吉田政府又与台湾国民党当局签订了《日华和约》。8 月，在檀香山，美国政府又主持召开了"美、澳、新理事会"，提出了建立一个和"北大西洋公约"相类似的、以日本为核心的"太平洋公约"计划，它的军事责任范围从白令海峡经阿留申群岛、日本、中国台湾、菲律宾、澳大利亚，到新西兰，而以朝鲜为前哨，所以美国不愿意尽快结束朝鲜战争，让东北亚进入和平建设的年代。针对美国在太平洋区域制造紧张局势，1952 年 3 月，中国以宋庆龄、郭沫若为首的 13 名爱好和平的人士，接受印度和其他友邦人士的建议，联名邀请亚、澳、美各洲太平洋沿岸爱好和平和正义的人士共同发起在北京召开"亚洲及太平洋区域和平会议"。日本吉田政府拒绝派代表参加这次会议，但日本文化界和学术界积极响应，冲破吉田政府的重重阻挠，排除万难，赶赴北京，准时参加了 10 月 2 日到 13 日的正式会议。中国佛教界在会议期间，委托赵朴初居士向日本代表赠送了一尊象征和平的药师佛坐像，请他们转赠日本佛教界，拉开了中日两国"民间佛教外交"的序幕。从此以后，赵朴初代表中国佛教界与日本佛教界展开友好互动。

1953 年，北京创刊《人民中国》日文版。日本佛教界成立"中国俘虏殉难者慰灵执行委员会"，僧人大谷莹润任会长。7 月 10 日，赵朴初代表中国佛教协会，在北京广济寺接见了以中山理理为团长的"第一次护送中国在日殉难烈士遗骨代表团"，并向日本佛教界赠送《宋藏》论释 30 卷。1954 年 9 月，赵朴初又在北京广济寺欢迎来访的日本僧人大谷莹润长老一行。中日两国佛教界的友好交往日益活络，积极配合政界、商界、学术界和文化界的中日交流，成为促进中日邦交正常化的一条重要的民间外交路径。

1955 年，赵朴初第一次到日本参加禁止原子弹、氢弹世界大会，京都市的市长来找赵朴初，并亲自开车把赵朴初送往大谷莹润长老处，赵朴初从此开始了"同日本佛教界朋友的接触"①。在赵朴初的积极活动下，1957 年，日本佛教界各派著名长老、学者，组成亲善使团访华。1960 年，赵朴初对日本佛教界朋友说："我们共同纪念鉴真和尚逝世 1200 周年好不好。"后来他回忆说："有好题目才能做好文章。这是个好题目，日本佛教界的朋友很愿意做这件事。这样中国佛教界和文化界与日本佛教界共同纪念鉴真和尚逝世 1200 周年。当然我们中国做了很多纪念的工作。但是日本就不仅是 1962 年，而是 1962 年、1963 年跨年度的纪念活动，他们叫做'鉴真年间'，在日本它不仅是一个纪念活动，而且形成了全日本范围内的促进日中邦交正常化的群众运动。这个运动在日本一直延续到 1964 年。"②

① 赵朴初：《在中国韩国日本佛教友好交流会议日本大会中国代表团组团会上的讲话》，徐凤仪主编《鉴真文化大观》上册，中国炎黄文化出版社，2010，第 30 页。
② 赵朴初：《在中国韩国日本佛教友好交流会议北京大会预备会议上的讲话》，徐凤仪主编《鉴真文化大观》上册，第 28 页。

　　中国佛教界、学术界和文化界，也在 1963 年举办了鉴真圆寂 1200 周年的纪念活动。由此可知，鉴真在促成中日邦交正常化的过程中，起过重大的推动作用。1972 年秋，郭沫若在北京赋《沁园春》词，热烈祝贺中日两国恢复邦交正常化，在这首词中，就提到了鉴真的名字。词曰：

> 赤县扶桑，一衣带水，一苇可航。
> 昔鉴真盲目，浮桴东海，晁衡负笈，埋骨盛唐。
> 情比肺肝，形同唇齿，文化交流有耿光。
> 堪回想，两千年友谊，不同寻常。
> 岂容战犯猖狂，八十载风雷激大洋。
> 喜雾霁云开，渠成水到，秋高气爽，菊茂花香；
> 公报飞传，邦交恢复，一片欢声起四方。
> 从今后，望言行信果，和睦万邦。

1980 年 3 月，鉴真塑像回扬州家乡"探亲"，随后到北京展出。为此，邓小平在 4 月 19 日的《人民日报》第 1 版上，发表题为《一件具有深远意义的盛事》的文章，对鉴真为中日友好作出的重大贡献，给予高度赞扬，全文如下：

　　在中日人民友好往来和文化交流的历史长河中，鉴真是一位作出了重大贡献，值得永远纪念的人物。他应日本留学僧荣睿、普照之请，以百折不回的毅力，经过五次东渡失败，双目俱盲之后，终于到达了日本，完成了他的使命。

　　我前年访日时，在奈良唐招提寺见到了鉴真塑像，诚如历代诗人学者所赞叹的，它具有非常高的艺术性，表现出鉴真的坚强意志和安详风度。一千二百余年来，日本人民把它作为国宝，精心保护和供奉到今天，值得我们敬佩和感谢。

　　现在，在日本政府支持下，日本文化界和佛教界人士，把国宝鉴真像郑重地送来中国供故乡人民瞻仰。这是一件具有深远意义的盛事。它必将鼓舞人们发扬鉴真及其日本弟子荣睿、普照的献身精神，为中日两国人民世代友好事业作不懈努力。

5月4日，《人民日报》在第1版，发表了题为《千载一时的盛举》的社论，对鉴真为中日友好事业作出的重大贡献，给予高度评价，全文如下：

凝聚着中日两国人民深挚情谊的鉴真大师像，在日本政府和文化界、佛教界的支持和帮助下，于四月十三日回国巡展。继在鉴真故乡扬州展出以后，今天将在北京举行隆重的剪彩仪式，以供首都人民瞻仰。日本人民精心保护和供奉了一千二百多年的鉴真大师塑像这次回国巡展，不仅是佛教史上的一件大事，也是中日文化交流和两国人民友谊发展史上的一件有重大意义的盛举。

在中日两国人民友好交往的历史长河中，鉴真大师是一位作出重大贡献，值得永久纪念的高僧。世所皆知，我国盛唐时期经济发达，政局稳定，文化艺术繁荣，出现过前所未有的中外文化交流的盛况。特别是地理相邻的日本，不断派遣使节、留学生到当时的长安来，观摩吸取唐朝的文化。经日本僧人荣睿、普照的恳切礼请，著名的律学大师、扬州大明寺住持鉴真毅然决然东渡日本。鉴真大师抵日后，受到日本政府和僧俗群众的盛情欢迎。日本皇室委托鉴真立坛授戒。他确立了日本的施戒制度，成为日本佛教律宗的开山祖。他在日本除传佛教外，还积极介绍中国的文学、医药、雕塑、绘画及建筑等，对日本奈良天平时代宗教文化的发展，作出了杰出的贡献。

今天，在新的历史条件下，中日两国人民在各个领域的交流和合作正在开创崭新的局面。既然一千多年前中日两国在科学文化方面的相互交流和借鉴能够如此密切，我们完全可以预期，在缔结了中日和平友好条约的条件下，中日两国的友好合作，包括经济、文化、科学技术等等，在独立自主、平等互利的基础上，必将向着新的广度和深度继续发展下去，以造福于两国人民，为东方的文明作出新的贡献。

鉴真大师当年是抱着"为是法事也，何惜生命"的献身精神去日本的。他历经艰险，六次东渡，五次失败，百折不挠，历时十一余载，以致双目失明，而终遂心愿。鉴真大师和日本僧人这种抱着坚强的信念，"踏破瀛海千层浪"，排除种种困难、阻力和障碍，全心全意完成自己使命的精神，应当发扬并值得我们学习。

日本人民出于对鉴真大师的尊敬，千余年来，完整地保护唐招提寺及其所珍藏的古代艺术品，日本政府把鉴真干漆夹纻像尊为国宝，使后代人有瞻仰和欣赏的机会。这种尊重文化遗产的态度，令人敬佩。同时，它也表达了日本人民对中国人民的友好感情，这是极其珍贵的。我们向日本人民表示诚挚的谢意。

中日两国的友谊大厦，由于鉴真大师坐像回国巡展而增添了新的琉璃宝瓦。我国华国锋总理应大平首相的邀请，将于杜鹃花盛开的五月访问日本。我们深信，通过中日两国人民日益频繁的友好往来，必将不断增进两国之间的相互理解和信赖，建立起更加牢靠持久的友好合作关系，为亚洲及世界和平和安全作出应有的贡献。

1998年11月28日，中国国家主席江泽民应邀在日本早稻田大学演讲时指出，"我在少年时代就知道，一千多年前的中国唐朝，我的家乡扬州的鉴真和尚不畏艰险，六次东渡，百折不回，终于把中国的佛教、医药学、建筑和雕塑传到日本，成为当时促进中日文化交流的一位杰出代表"①。

2008年5月10日，中国国家主席胡锦涛在日本奈良会见日本

---

① 江泽民：《以史为鉴开创未来》，1998年11月29日《人民日报》。

奈良县知事荒井正吾和奈良市长藤原昭时表示，"奈良是日本著名古都，文化底蕴深厚。历史悠久的法隆寺和唐招提寺见证了中日两国源远流长的友好交往史，是中日文化交流的重要象征。长期以来，奈良各界朋友秉承友好传统，热心开展对华交流，为发展中日关系作出积极贡献。当前，中日关系发展势头良好，这将为两国开展地方交流、扩大各领域合作提供更加有利的条件。我们应该弘扬鉴真大师的精神，继续推动中日友好。我们也希望奈良抓住机遇，发挥优势，为中日关系发展作出新贡献"①。

2007年4月12日上午9时，中国国务院总理温家宝应邀在日本国会发表演讲，题为《为了友谊与合作》，为时半个小时，其中至少两次提到扬州及鉴真和尚东渡弘法的历史。他说："鉴真和尚东渡日本，五次渡海失败，以致双目失明，但他仍矢志不渝。他第六次东渡成功时已66岁高龄。鉴真和尚把他认为能济世度人的佛法传到日本，实现了多年的夙愿，前后花了12年。他为发展中日两国人民的友谊献出了自己的一切。"温家宝还说："在扬州大明寺鉴真纪念堂有一座石灯笼，是1980年日本唐招提寺森本孝顺长老亲自送来，亲自点燃的。这盏灯与日本唐招提寺的另一盏灯是一对。这对灯火至今仍在燃烧，长明不灭，遥相辉映，象征着中日两国人民世代友好的光明前景。"②

三

在1963年纪念鉴真圆寂1200周年期间，中国学术界在《历史研究》、《现代佛学》、《扬州师院学报》等学术刊物上发表了10多篇有关鉴真研究的论文。尤其是中国社会科学院历史所的汪

---

① 吴绮敏、于青：《胡锦涛会见奈良县知事荒井正吾和奈良市长藤原昭》，2008年5月11日《人民日报》。
② 温家宝：《为了友谊与合作》，2007年4月13日《人民日报》。

向荣和扬州师院院长孙蔚民的研究成果比较突出。但由于"文化大革命"的干扰，他们的研究专著没能及时出版，惠及学术界。后来，"随着中日邦交正常化和中日友好和平条约的缔结，中日两国人民的传统友谊迸发出新的活力，进入了新的阶段。但是，日本人民依然崇敬曾为缔结中日文化血缘关系而渡海献身的鉴真大师。一九七八年十月，邓小平副总理访日时，唐招提寺的森本长老请求奉送鉴真和尚像'回国探亲'，得到了邓副总理面允。一九七九年四月，邓颖超副委员长访日时，森本长老再次表达了上述愿望，邓副委员长当即表示热烈欢迎。令人高兴的是，如今的许多条件比起十多年前纪念鉴真大师圆寂一千二百周年时好得多了。可以预料，鉴真像'回国探亲'，必将成为中日两国人民友好交往中的又一件盛事"①。

　　正是 1980 年烟花三月，由于鉴真像回扬州"探亲"活动的推动，鉴真学作为一种学术活动，在国内再次悄然兴起。中华书局在 1979 年 8 月出版了汪向荣校注的《唐大和上东征传》，上海古籍出版社在 1979 年 9 月出版了孙蔚民的《鉴真和尚东渡记》，吉林人民出版社在 1979 年 10 月出版了汪向荣的《鉴真》。尤其是作为鉴真家乡的扬州市，政界、宗教界和学术界互动，在办好鉴真像"回国探亲"的重大活动的同时，1980 年 3 月，扬州市政协文史资料研究组和扬州师院历史科共同编辑了《鉴真研究论文集》，把1963 年学术界发表的 13 篇重要论文编辑成册，又请时任中国佛教协会代会长赵朴初题写了书名，并撰写了一篇题为《鉴真——中日文化史上的不朽人物》的文章。这四本学术专著的相继问世，奠定了 30 年来鉴真学的基石。从此以后，有关鉴真的学术论文、论著、通俗读物，日益增多，到 2010 年 10 月，徐凤仪搜集 1963 年以来中日两国学者发表的有关鉴真的文章，编辑成《鉴真文化

---

① 赵朴初：《鉴真——中日文化史上的不朽人物》，扬州市政协文史资料研究组、扬州师院历史科编《鉴真研究论文集》，1980，第 3 页。

大观》上下两册，共 240 多万字，由此可领略到鉴真学的热度将越来越高。

细读《鉴真文化大观》，诸位作者对鉴真学的研究有拓荒之功，为后来者继续加大鉴真学研究的力度，提供借鉴。学术研究就是沿着一代又一代学人的研究成果，薪火相传，不断走向深入，挖掘出更多、更有价值的新成果。笔者的这本书，从一开始构思，就把思路落实在史料的发掘上。傅斯年曾经说过，历史学就是史料学。我国研究日本佛教史的著名学者杨增文得知笔者要写《鉴真大和上评传》，他告诫笔者，不要把鉴真评传写成"水货"，并相信笔者会严肃认真地来写这本书。所以，笔者的这本书，是历史学的著作，每一个论点，都要力争做到有根有据，不掺杂任何水分，还一个历史真实面貌的鉴真大和上给读者。

本书的主体部分共有四章。第一章，把鉴真的佛教人生的起点和终点，在空间上串联在一起论述，也就是，在鉴真生活的时代，扬州和奈良都是佛教信仰高度发达的地区，但扬州处在"佛教中国"（佛教中心地区），而奈良则处在"佛教边国"（佛教边远地区）。扬州与奈良一衣带水，由天然的东海左旋大回环流串连在一起，从飞鸟文化到天平文化的 200 多年间，隋唐文化的汉字、儒学、律令和佛教，是日本文化建国的四大元素。这四大元素，在奈良时代，是以扬州为中转站，经东海左旋大回环流漂泊到日本。鉴真生活在这样的时空里，到日本传戒弘法，可以说，占有天时、地利、人和三大优势。第二章，从隋唐前期佛教国家化的视角，说明长安和洛阳佛教成为全国佛教的中心，并在国家律令的严格管理下，佛教朝着精英佛教的方向发展，僧尼依律寺而居，凸显出律师在佛教事务中的重要作用，律师的传戒讲律，与国家对佛教事务的律令化管理，密切合作，互为表里，保证了佛教健康发展的制度化。也就是说，律师直接参与僧团管理，既是佛教制度的体现，也是唐前期管理佛教事务的灵魂。鉴真正是在这样的历史背景下，北上两京，求戒学法 6 年多，并得到众多律宗硕学大德的栽培和提携，为在扬州传戒讲律，打下了坚实的佛学基础，并掌握了寺院管理的理论和技术，成为汉传佛教的班智达（大学者）。第三章，讲述佛陀在创立僧团的 12 年后，开始陆续制定出戒律，成为僧团管理的规章制度，在第一次结集中，结集成律藏，在佛灭 100 年后，形成五部律，除了迦叶遗部律以外，其他 4 部律都在南北朝时期传入中国，在南朝盛行《十诵律》，而在北朝盛行《四分律》，唐中宗钦定《四分律》为唯一正宗的律宗经典，从此四分律宗是中国唯一的传授戒律的宗派，主要传授《梵网经菩萨戒本》和《四分律》。另外，笔者又把鉴真在日本传授沙弥戒和比丘戒的仪轨，从《东大寺戒坛院受戒式》和《唐招提寺戒坛别受戒式》里抄录出来，使读者了解到唐前期律宗传戒的基本信息，以加强读者对鉴真在扬州传戒讲律 40 年之后，又在日本继续传戒讲律 10 年的感性认识；从鉴真年复一年的传戒讲律的单调生活中，品味他在平凡而琐碎的传戒讲律生活中，升华出来的崇高而伟大的人生境界。第四章，对天台宗的教观进行了全面介绍，目的在于说明，鉴真除了在日本传戒讲律以外，还在日本传播天台宗教观，以天台宗圆佛教理论，与奈良华严思想相融合，把圣武天皇以华严宗理论创立东大寺的理念，与天台宗的一佛乘的圆佛教理念有机地结合在一起，在东大寺创建了戒坛院和唐禅院。鉴真率领的东渡弘法团把奈良佛教的信仰与他们传播的佛教有机地结合在一起，虽然在日本奈良佛教界也引起一些反弹，但其最终未成气候，并被说服，改宗《四分律》，接受鉴真传授的戒规，把奈良佛教纳入有序化的运行轨道。此外，鉴真率领的东渡弘法团在日本按照唐前期寺院样在日本创建唐招提寺，其建筑艺术辐射到日本社会，形成日本的建筑艺术、雕塑艺术，东渡弘法团还传授了与人们日常生活相关的医药卫生知识，鉴真本人，也被当代日本人尊奉为日本文化的大恩人。

以上四章，分别把鉴真的佛教人生，架构在隋唐前期佛教史和中日文化交流史的框架上，从扬州和奈良的佛教文化传统、熏陶鉴真佛教信仰的两京佛教精英、鉴真在扬州的佛教事业和在日本的传戒弘法活动四个方面，不嫌芜杂地罗列史料，目的在于以史带论，论从史出，旨在挤干目前鉴真学热中的"水分"，还一个生活在唐前期的真实的鉴真，说明鉴真之所以伟大，是在于他不打折扣地扮演好了他的社会角色。他从 14 岁进入佛门起，步本师释迦牟尼佛的后尘，沿着释迦牟尼佛留下的脚印（戒律），在扬州传戒弘法 40年，又在双目失明的情况下，应日本遣唐大使的邀请，下定决心，不怕牺牲，踏平万里惊涛骇浪，率领东渡弘法团到日本传戒弘法，使日本佛教与日本律令化社会相适应，为日本社会的和谐、中日两国人民的友好，作出了永不磨灭的历史贡献。走笔至此，笔者想起了日本著名的中国佛教史专家、日中佛教友好协会理事长道端良秀说过的一段话，他说，日中两国"确实有着两千年友好交往的历史，然而，要谈两国友好的历史，就不能不谈到日中佛教之间的友好往来，而且，日中友好的核心是两国佛教徒之间的友好往来"。他还说："儒教也是日中文化交流的内容之一，但在日中之间的交往中，放在首位的仍然应该是佛教徒的往来。当我们追念起从奈良时代的入唐僧，到入宋僧、入元僧，以及唐代鉴真和尚为代表的历代跨海而来的众多中国僧人时，我们应该说，日本的文化，确实是通过日中佛教徒的手建立起来的。"①

本书的创新点，在于牢牢抓住鉴真是律师的这一社会角色，把传授菩萨戒仪轨、传授沙弥戒仪轨、传授比丘戒仪轨，从大藏经里挖掘出来，原汁原味地反映出唐前期国家佛教的原生态，让本书的读者置身于其中，来认识鉴真在扬州和日本的 50 年传戒讲律生涯。正是他扮演好了佛教律师这个社会角色，使佛教平民化，使佛教与唐前期和日本天平时代的律令化社会相适应，才赢得了中日两国政府的信任，人民的爱戴，佛教徒的拥护。另一个创新点是，发现除了鉴真的父亲是教遵天台的在家居士外，其他的剃度师父、授菩萨

① 〔日〕道端良秀：《日中佛教友好二千年史》，徐明、何燕生译，商务印书馆，1992，第ⅱ页。

戒师父和授比丘戒师父，都是教遵天台的高僧，他们把道宣祖师用阿赖耶识缘起善种子的理论来诠释四分律宗戒体的问题，转换成用如来藏缘起的理论来诠释《四分律》戒体的问题。用如来藏缘起的理论说明《四分律》的戒体问题，对鉴真东渡日本传戒具有重大的理论意义，因为在鉴真第一次东渡的同时，日本圣武天皇在奈良创建供唐朝律师来日传戒用的东大寺，就是用如来藏缘起的理论来营造的，虽然圣武天皇教遵华严，但天台和华严都以如来藏缘起为理论根据。所以鉴真在日本的传戒弘法，前承奈良佛教各宗派，后启平安时代的台密与东密，使日本国家佛教朝平民化的方向转型。

扬州大学作为鉴真家乡的一所高等学府，早在扬州师范学院升格为扬州大学之前就开始了鉴真学研究，其奠基人是孙蔚民教授。当时，孙蔚民（1896～1968）是扬州师范学院院长。1963 年 10 月，日本佛教和文化代表团莅临扬州大明寺（当时叫法净寺），参加"鉴真和尚逝世一千二百周年纪念"典礼，他是接待团成员之一。在这前后，他写了论文《扬州大明寺考》和论著《鉴真和尚东渡记》，前者发表在 1963 年 5 月出版的《现代佛学》上，后者在 1979 年 9 月由上海古籍出版社出版；1997 年在《可爱的扬州》一书中，又发表了他的遗作《大明寺与鉴真和尚》。总之，孙蔚民的研究成果与 1980 年扬州师院历史科编辑的《鉴真研究论文集》一起，把扬州大学鉴真学研究推上了一个新的台阶，但并没有形成气候，原因是多方面的。目前，扬州大学的鉴真学研究又有了新气象。这就是以周新国教授为学科带头人的江苏省重点学科基地——淮扬文化研究中心，把鉴真学的研究纳入学科建设之中，使扬州大学的鉴真学研究向纵深的方向发展。因此，笔者的这本书，权且作为抛砖引玉之作。书中存在错误在所难免，敬请社会各界的方家不吝赐教。

目　　录

第一章　从扬州到奈良：鉴真人生轨迹的起点与终点

　　鉴真生活在盛唐的扬州。当时的扬州，既是唐朝经济繁荣的都会，又是唐日关系在最为密切时期遣唐使友好往来的中转站。由于新罗与日本交恶，日本奈良朝的遣唐使，从第 8 次开始，被迫改道航行，由原来在山东半岛莱州登陆，然后陆行到长安，改换成到长三角登陆，然后以扬州为中转站，经过运河，水路到长安。从公元 701 年至 753 年的 4 次遣唐使（第 8 ~ 11 次），是唐日关系史上最为庞大的外交使团，每次 4 艘船，五六百人，其中绝大部分人滞留在扬州，学习唐文化。这一时期，正是鉴真出家、在两京求学、在江淮弘化的时期，对日本政治、经济、文化了如指掌，到日本弘扬佛法是他的历史使命和日本社会的最大、最迫切的政治需求。

一　唐代扬州：全国经济最繁荣的都会

1. 隋唐以前的扬州与唐代扬州在行政区划上的差异

　　扬州，其名称最早见于《尚书·禹贡》，是天下九州之一，九州即冀州、兖州、青州、徐州、扬州、荆州、豫州、梁州、雍州。史称"淮、海惟扬州"，说明作为行政区域的扬州，地理范围十分辽阔，"把现在的江苏、安徽、江西、浙江、福建乃至广东的一部分都包容在内"。"这个既古且大的扬州，虽也包括了后来成为名城的扬州，但与名城扬州远不是一回事，不可混为一谈"。①

两汉三国西晋的扬州，不包括今天的扬州，而今天的扬州属于
徐州刺史部。汉武帝元封五年（公元前106），设13州部刺史，作
为监察机构，即冀、幽、并、兖、徐、青、扬、荆、豫、益、凉、
交趾、朔方。② 东汉时，十三刺史部变为郡之上的一级军政机构，
扬州的治所在历阳（今安徽和县），后迁至寿春（今安徽寿县）和
合肥（今安徽合肥市西北）。三国时，魏、吴各置扬州。魏的治所
仍在寿春，辖地为淮南、庐江二郡，大约相当于今天安徽的南部；
吴的治所在建业（今江苏南京市），辖有丹阳、会稽、建安、庐陵
等14郡，大致相当于今天江苏、安徽南部，浙江、江西、福建的
大部和湖北的部分地区。西晋的扬州，治所仍在今南京一带，辖
地略当于今天的浙江及江苏、安徽南部一带。整个南北朝时期，
这个局面都没有改变。在东晋和南北朝时期，今天的扬州属南
兖州。③

王振世说："扬州之有城，自春秋吴王夫差城邗、沟通江淮
始，是为邗沟城，其故址在今城西四里蜀岗上。战国时，为楚子
城，楚怀王十年筑。"④ "楚怀王十年城广陵，广陵即今之扬州。项
羽都江都，此江都之名所由始。汉为广陵国。后汉立广陵郡。三国
时，广陵地虚，江都城圮于江。晋置广陵郡，治淮阴，又治射阳，
领县八：淮阴、射阳、舆、海陵（原注：据《嘉靖惟扬志》，'海
陵'应为'海阳、广陵'）、盐渎、淮浦、江都。东晋元帝时，广
陵郡还治广陵，又侨治青州于此。刘宋元嘉八年，置南兖州，治广
陵。北齐改南兖州为东广州，置广陵、江阳二郡。北周改南兖州为
吴州。隋文帝开皇九年，改吴州为扬州，广陵称扬州自此始。"⑤

---

① 朱福烓：《扬州史述》，苏州大学出版社，2001，第2页。
② 林剑鸣：《秦汉史》，上海人民出版社，2003，第318页。
③ 朱福烓：《扬州史述》，第3页。
④ 王振世：《扬州览胜录》，蒋孝达校点，江苏古籍出版社，2002，第111页。
⑤ 王振世：《扬州览胜录》，第3页。

从此以后，虽有多次变更，但到唐肃宗乾元元年（758），固定为今天的扬州。正如《旧唐书·地理志》所说：

> 扬州大都督府　隋江都郡。武德三年，杜伏威归国，于润州江宁县置扬州，以隋江都郡为兖州，置东南道行台。七年，改兖州为邗州。九年，省江宁县之扬州，改邗州为扬州。置大都督，督扬、和、滁、楚、舒、庐、寿七州。贞观十年，改大都督为都督，督扬、滁、常、润、和、宣、歙七州。龙朔二年，升为大都督府。天宝元年，改为广陵郡，依旧大都督府。乾元元年，复为扬州。自后置淮南节度使，亲王为都督，领使；长史为节度副大使，知节度事。恒以此为治所。旧领县四：江都、六合、海陵、高邮，户二万三千一百九十九，口九万四千三百四十七。天宝领县七，户七万七千一百五，口四十六万七千八百五十七。在京师东南二千七百五十三里，至东都一千七百四十九里。[①]

也就是说，从隋唐以来，历史文献上所说的扬州，是距离京师长安2753里，距离东都洛阳1749里的地方。

扬州在魏晋南北朝时期，主要表现为军事政治重镇，台湾朱祖德博士在其硕士论文《唐代淮南道研究》一文里，评价比较公允，兹抄录如下：

> 广陵在魏晋南北朝时期因其特殊的地理位置，而成为军事政治重镇。因与江左政权首都建业仅有一水之隔，而使广陵肩负起防卫京城的重大任务，又因有邗沟可上通淮河、下连长江，而成为江左政权北伐的必经之路……而北方政权南侵亦多经由此路径……足见广陵为南北兵家必争之地，也因此广陵倍

---

① （后晋）刘昫等撰《旧唐书》卷四十，中华书局，1975，第1571～1572页。

受战争之蹂躏，甚至一度成为"芜城"，可见广陵受战祸之深。是以广陵在整个南北朝时期始终无法摆脱战争的摧残，而在经济上没有什么发展。直到隋统一全国后，才有比较稳定的发展。经过隋代和唐初的持续经济成长，造成唐中后期扬州的繁荣，进而成为全国最大的经济都会，而有"扬一益二"之称。①

2. 隋炀帝开通大运河：扬州成为南北、中外交通枢纽

唐代扬州，地处长三角中心，南面濒临长江，东临大海，北连黄河下游的中原大平原，越过长江，南接吴越平原。这种地理上的优势，是由隋炀帝在大业年间开凿的南北大运河充分发挥出来的。

大业元年（605），隋炀帝征调百万民工，从西苑（今洛阳西面）引谷水、洛水入黄河，再从板渚（今河南荥阳东北）引黄河水入汴水，复自大梁（今开封市）之东引汴水入泗水，再引泗水入淮水，这叫通济渠；接着自山阳（今江苏淮安市）引淮水，经江都（今扬州市）至扬子（今江苏仪征市）入长江，这叫山阳渎；大业六年（610），从京口引长江水到余杭（今杭州市），这叫江南河。

隋炀帝开凿的通济渠、山阳渎和江南河，贯通今河南、江苏、浙江三省，连接了黄河、淮河、长江和钱塘江四大水系，经洛阳到潼关的一段陆路，就与隋文帝在开皇四年（584）开凿的、从大兴城（今西安市）到潼关长达300里的广通渠，连成一线。② 这条人工开凿出来的从东南到西北的大运河，是隋唐时期的政治中心长安吸引日本、朝鲜和东南亚，乃至印度、波斯、阿拉伯等国商人，经海路到达广州，北上长安的必由之路，而扬州恰巧处于中枢地位，

① 朱祖德：《唐代淮南道研究》，台北：花木兰文化出版社，2009，第75页。
② 十院校《中国古代史》编写组：《中国古代史（中）》，福建人民出版社，1982，第142～143页。

成为唐朝长三角政治、经济、文化中心。

3. 唐代扬州的社会气象

（1）政治方面

由于金陵是陈后主亡国之都，隋文帝统一全国以后，刻意贬抑金陵的政治地位，拔高扬州的政治地位，将扬州州治移往江都，设置总管府，凸显扬州的军、政地位。"到炀帝时更一而再、再而三的巡幸扬州，顿使扬州由六朝时期的军事小镇，一跃而成为隋庭的陪都"①。唐高祖武德九年（626），改邗州为扬州，设置大都督府，下辖江都、六合、海陵（五代于此置泰州）、高邮等 4 县，督扬、和、滁、楚、舒、庐、寿 7 州。贞观元年（627），分全国为 10 道，开元二十一年（733），又分为 15 道，其一是淮南道，每道置采访使，淮南道采访使住在扬州，使扬州成为淮南道的首府，进而成为东南政治、军事、经济中心，彻底改变了扬州从春秋到南北朝时期的军事重镇的单一面貌。

（2）经济方面

隋炀帝不光是开凿了山阳渎，还在"大业元年，六年及十二年三次下扬州，促进了扬州工、商业的进步，使扬州城市经济达到空前的繁荣，从而开启了唐代扬州成为全国最大经济都会的坦途"②。再加上"因炀帝的巡幸，故在扬州大修宫殿，并建造大量'龙舟'，加上皇帝及皇亲国戚、百官大臣久居扬州，生活奢侈，需要大量的消耗品，从而促成扬州造船、丝织、金银制造、青铜器皿等手工业的发达和繁荣"③。换句话说，从隋炀帝时代起，扬州已经成为中国经济重心南移的桥头堡，到了唐代中后期，更是成为全国最大的经济都会④，主要表现在以下三个方面：

①农业繁荣。唐代江、淮地区的水利资源的开发和利用，直接

---

① 朱祖德：《唐代淮南道研究》，第 95 页。
② 朱祖德：《唐代淮南道研究》，第 72 页。
③ 朱祖德：《唐代淮南道研究》，第 95 ~ 96 页。
④ 朱祖德：《唐代淮南道研究》，第 79 页。

促进了农业生产的发展。"如江都有勾城塘,溉田八百顷,贞观中扬州大都督府长史李袭誉所筑"①。再加上淮南地区基本上都是广阔的平原,在气候上属于亚热带,雨量充足,十分有利于水稻生长,在唐代,扩大了水稻种植面积,"早、晚稻连作,使水稻亩产量大幅度提高。水稻之外,大、小麦亦普遍种植"②。

②手工业发达。西汉吴王濞开始在扬州大力开发铜矿,用于铸造钱币和生活器皿,到了唐代,扬州铜器更被列为贡品,其中以铜镜尤为有名③;其外铸钱业、造船业、金银器业、军器业、制盐业、纺织业、制茶业、制糖业、造纸业、木器业等,都很发达,很有可能"在唐代扬州已有类似当时长安、洛阳,在城市布局中有专门的手工业作坊存在"④。

③商业昌盛。扬州位于长江与大运河的交叉点上,成为南北要冲,把河川密布的淮南、江南串联在一起,又通过长江与湖南、湖北、四川互通声气,所以成为全国物流最理想的集散地,流通的商品主要是海盐、茶叶、珠宝、药材、粮食。尤其是珠宝和贵重药材,更是具有国际贸易性的商品,吸引了新罗、高丽、波斯及阿拉伯商人,云集扬州,在对外贸易上,"甚至凌驾在广州、泉州之上,故扬州已成为当时世界上最大的贸易都会之一"⑤。

(3)佛教方面

扬州是佛教最早传入中国的地区之一。据《三国志·吴志·刘繇传》记载,东汉末年笮融在"督广陵、彭城运漕"时,"乃大起浮图祠,以铜为人,黄金涂身,衣以锦彩,垂铜盘九重,下为重楼阁道,可容三千余人,悉课读佛经。令界内及旁郡人有好佛者听受道,复其它役,以招致之。由此远近前后至者五千余人户。每浴

---

① 李廷先:《唐代扬州史考》,江苏古籍出版社,1992,第352页。
② 李廷先:《唐代扬州史考》,第354页。
③ 朱祖德:《唐代淮南道研究》,第80～81页。
④ 朱祖德:《唐代淮南道研究》,第88页。
⑤ 朱祖德:《唐代淮南道研究》,第94页。

佛多设酒饭，布席于路，经数十里，民人来观及就食且万人"。但到了西晋时代，扬州佛教不见记载。据佛教文献记载，扬州佛教的大规模兴起，是在东晋初年。唐·道世《法苑珠林》卷四十说，晋元帝大兴（318～321）中，"北人流播广陵日有千数，有将舍利者，建立小寺立刹，舍利放光，至于刹峰，感动远近"①。从此开始，在佛教历史文献中，出现了扬州籍僧人，翻开了扬州佛教史的新篇章。例如，宋·志磐《佛祖统纪》卷二十六记载：

> 法师昙诜，广陵人，幼从远公出家，勤修净业，兼善讲说，注《维摩经》行于世，尝著《穷通论》以明宿修，述《莲社录》以记往生，又能别识鸟兽毛色俊钝之性，洞晓草木枝干甘苦之味，妙尽其理，人知其有密证云。元嘉十七年集众，谓曰："自建寺以来至此五十年，吾之西行最在其后。"即加趺，念佛百声，闭息遂绝，春秋八十。②

昙诜是汉传佛教净土宗鼻祖慧远的弟子，是莲社 18 贤之一，说明扬州最早的佛教信仰，是净土宗信仰，并且一直延续下来，《续高僧传》卷十二载：

> 释慧海，姓张氏，清河武城人，少年入道，师事邺都广国寺同法师，听《涅槃》、《楞伽》，始通，再遍便能覆述，上首加赏。又经五稔，学徒推服，更从青州大业寺道猷法师，受《摩诃衍》、《毗昙》等。然猷慧解无碍，开智难思。海以颖脱之才，当斯荣寄，以周大象二年来仪涛浦③，创居安乐，修葺伽蓝，庄严佛事，建造重阁，躬自经始，咸资率化，竭筋力而

---

① 《大正藏》，台北：财团法人佛陀教育基金会出版部，1990，第 53 册，第 601 页 a。
② 《大正藏》第 49 册，第 266 页 c。
③ 涛浦，即广陵。枚乘《七发》中有广陵观涛事，遂称广陵为涛浦。

忘倦，蒙寒暑而载驰，常以净土为期，专精致感。忽有齐州僧道诠，斋画无量寿像来云。是天竺鸡头摩寺五通菩萨，乘空往彼安乐世界图写尊仪。既冥会素情，深怀礼忏，乃睹神光焰烁。庆所希幸。于是模写恳苦，愿生彼土，没齿为念。以大业五年五月旦，疹患增甚，语弟子曰："我当灭矣。"伸手五指，用表终期。气息绵微，属纩斯待，至五日夜，欻然而起，依常面西，礼竟加坐，至晓方逝。春秋六十有九，颜色恬和，俨如神在。道俗悲凉，竞申接足，花香如雨下，金宝若山颓，充委阶墀，福惠之力矣。然其自少精苦，老而逾笃，般舟密行之法，兰若思惟之仪，亟展修行，瑞相常扰。兼以慈仁救护有剧诸己，诱劝博约必竭其才。宰官居士之流，老病贫穷之侣，并情遗重轻，德施平等。斯固器宇该含，末代之通人也。讲《涅槃》三十遍，诵《法华经》一部，讲五十遍，即以其月九日瘗石于寺，镌为巨室而移坐焉。江都县令辛孝凯，崇信是投内外通舍，解衣撤膳，躬自指执。弟子慧眪，以全身处乃架塔筑基增其华丽，仍建碑旌德于寺之门。秘书学士琅耶王眘为文。[①]

宋文帝元嘉十八年（441），"临川王义庆为南兖州刺史（州治在广陵）时，好佛法，请金陵天竺僧人伽达多来广陵结居，是为天竺僧人到广陵传授佛法之始。伽达多事迹见《梁高僧传》。又曾延致四川尼昙辉于广陵寺，见《法苑珠林》"[②]。

律宗传入扬州，在刘宋时期，是鸠摩罗什的弟子慧询传入的，《梁高僧传》卷十一《明律》篇载：

　　释慧询，姓赵，赵郡人。少而蔬食苦行。经游长安，受学

① 《大正藏》第 50 卷，第 515 页 c ~ 516 页 a。
② 李廷先：《唐代扬州史考》，第 456 页。

什公（引者按：指鸠摩罗什）。研精经论，尤善《十诵》、《僧
祇》。乃更制条章，义贯终古。宋永初中，还止广陵，大开律
席。元嘉中至京止道场寺。寺僧慧观，亦精于《十诵》。以询
德为物范，乃令更振他寺，于是移止长乐寺。大明二年卒于所
住，春秋八十有四矣。①

大约与慧询同时，或稍前，宝云开始在广陵的属县六合传播禅学和
翻译佛教经典。《梁高僧传》卷三说：

> 释宝云，未详氏族，传云凉州人。少出家，精勤有学行，
> 志韵刚洁，不偶于世，故少以方直纯素为名，而求法恳恻，亡
> 身殉道，志欲躬睹灵迹，广寻经要。遂以晋隆安之初，远适西
> 域，与法显、智严先后相随。涉履流沙，登蹑雪岭，勤苦艰
> 危，不以为难。遂历于阗、天竺诸国，备睹灵异。乃经罗刹之
> 野，闻天鼓之音，释迦影迹多所瞻礼。
> 云在外域，遍学梵书，天竺诸国音字诂训，悉皆备解。后
> 还长安，随禅师佛驮跋陀业禅进道。俄而，禅师横为秦僧所
> 摈，徒众悉同其咎，云亦奔散。会庐山释慧远解其摈事，共归
> 京师，安止道场寺。众僧以云志力坚猛，弘道绝域，莫不披衿
> 咨问，敬而爱焉。云译出新《无量寿》，晚出诸经，多云所治
> 定。华戎兼通，音训允正，云之所定，众咸信服。初，关中沙
> 门竺佛念善于宣译，于符、姚二代，显出众经。江左译梵，莫
> 踰于云，故于晋宋之际，弘通法藏，沙门慧观等，咸友而
> 善之。
> 云性好幽居，以保闲寂，遂适六合山寺，译出《佛本行
> 赞经》。山多荒民，俗好草窃，云说法教诱，多有改更，礼事
> 供养，十室而八。顷之，道场慧观临亡，请云还都，总理寺

---

① 《大正藏》第50卷，第401页 a。

任，云不得已而还。居道场岁许，复更还六合，以元嘉二十六年，终于山寺，春秋七十有四。其游履外国别有记传。①

慧询、宝云之后，又有学问僧法申、道达、慧命在扬州弘法，唐释道宣《续高僧传》卷五载：

> 释法申，本姓吕，任城人也。祖世寓居青州。申幼出家，夙怀儒素，广学经论，妙思独远，弥历年祀，规空画有，日夜惆怅。隐士平原明昙聊嘲之曰："三阳在节，明辰淑景，何不饮美酒，赋新诗，而终日竟岁，瞪视四壁，百年俄顷，知得成儒素以不？"答曰："盖是平生鄙好，何论得失。"顷之，而大明《成》论，誉美州乡。值宋太（引者按："太"应为"泰"）始之初，庄严寺法集，敕请度江，住安乐寺。累当师匠，道俗钦赏。建元之中，遭本亲远丧，道途回岨，有碍北归，因尔屏绝人事，杜塞讲说。逮齐竟陵王萧子良永明之中，请二十法师，弘宣讲授，苦相征屈，辞不获免。当斯之盛，无与友者，兼又淳厚仁慧，不出厉言，安闲守素，不狎人世。以天监二年卒，春秋七十有四。
>
> 时复有道达、慧命，并以勤学显名。达姓裴，河东闻喜人，住广陵永福精舍，少以孝行知名，拯济危险，道闻江渍，永明中，为南兖州僧正，在职廉洁，雅有治才，罢任之日，唯有纸故五束。
>
> 慧命，广陵人，住安乐寺，开济笃素，专以《成实》见知。②

刘宋时期，广陵籍高僧慧庆，以禅诵载入佛教史册，《梁高僧传》卷十二载：

---

① 《大正藏》第50卷，第339页 c～340页 a。
② 《大正藏》第50卷，第460页 a。

释慧庆，广陵人，出家止庐山寺。学通经、律，清净有戒行。诵《法华》、《十地》、《思益》、《维摩》。每夜吟讽，常闻暗中有弹指赞叹之声。尝于小雷遇风波，船将覆没，庆唯诵经不辍，觉船在浪中，如有人牵之，倏忽至岸，于是笃励弥勒。宋元嘉末卒，春秋六十有二。①

另一位广陵籍高僧慧益，则以极端苦行载入《梁高僧传》卷十二：

释慧益，广陵人。少出家，随师止寿春。宋孝建中出都，憩竹林寺。精勤苦行，誓欲烧身，众人闻者，或毁或赞。至大明四年，始就却粒，唯饵麻麦；到六年，又绝麦等，但食苏油。有顷，又断苏油，唯服香丸。虽四大绵微，而神情警正。孝武深加敬异，致问殷勤，遣太宰江夏王义恭，诣寺谏益，益誓志无改。

至大明七年四月八日，将就焚烧，乃于钟山之南，置镬办油。其日朝乘牛车，而以人牵，自寺之山。以帝王是兆民所凭，又三宝所寄，乃自力入台。至云龙门，不能步下，令人启闻："慧益道人今舍身，诣门奉辞，深以佛法仰累。"帝闻改容，即躬出云龙门。益既见帝，重以佛法凭嘱，于是辞去。帝亦续至，诸王妃后，道俗士庶，填满山谷，投衣弃宝，不可胜计。益乃入镬，据一小床，以衣具自缠，上加一长帽，以油灌之，将就著火。帝令太宰至镬所请喻曰："道行多方，何必殒命，幸愿三思，更就异途。"益雅志确然，曾无悔念。乃答曰："微躯贱命，何足上留。天心圣慈悯已者，愿度二十人出家。"降敕即许，益乃手自执烛以然帽；帽然乃弃烛合掌，诵《药王品》。火至眉，诵声犹分明，及眼乃昧。贵贱哀嗟，响振幽谷，莫不弹指称佛，惆怅泪下。火至明旦乃尽。帝于时，

---

① 《大正藏》第50卷，第407页b。

闻空中笳管，异香芬苾。帝尽日方还宫，夜梦见益振锡而至，更嘱以佛法。明日，帝为设会度人，令斋主唱白，具序征祥。烧身之处，谓药王寺，以拟本事也。①

在齐代，由于"南兖州（广陵）僧徒增多，乃设僧正，管理其事，任其职者有道达，俗姓裴，河东闻喜人，住广陵永福精舍"②。与此同时，在梁代，还出现了广陵籍的学问僧，诸如僧宗、法准、慧忍、惠恺（即智恺）、居士曹毗等人，在天嘉中，南下广州，师事真谛，在广州和扬州等地，传播《摄大乘论》和《俱舍论》。《续高僧传》卷一说：

> 释法泰，不知何人，学达释宗，跨轹淮海，住杨（引者按："杨"应为"扬"）都大寺，与慧恺、僧宗、法忍等，知名梁代，并义声高邈，宗匠当时。
>
> 有天竺沙门真谛，挟道孤游，远化东鄙，会虏冠（引者按："冠"应为"寇"）勍殄，侨寓流离一十余年，全无陈译，将旋旧国，途出岭南，为广州刺史欧阳頠固留。因欲传授，周访义侣，拟阅新文。泰遂与宗、恺等，不惮艰辛，远寻三藏，于广州制旨寺，笔受文义，垂二十年，前后所出五十余部，并述义记，皆此土所无者。泰虽博通教旨，偏重行猷，至于律仪所及，性无违越。谛又与泰译《明了论》，释律二十二大义，并疏五卷，勒于座右，遵奉行之。至陈太建三年，泰还建业，并赍新翻经论，创开义旨，惊异当时。其诸部中，有《摄大乘》、《俱舍》论，文词该富，理义凝玄，思越恒情，鲜能其趣。
>
> 先是梁武宗崇《大论》，兼玩《成实》，学人声望，从风

---

① 《大正藏》第 50 卷，第 405 页 b。
② 李廷先：《唐代扬州史考》，第 460 页。

归靡。陈武好异前朝，广流《大品》，尤敦《三论》。故泰虽屡演，道俗无受。使夫法座绝嗣，阒尔无闻。会彭城沙门静嵩，避地金陵，学声早被，独拔千载，希斯正理，昼谈恒讲，夜请新宗，因循荏苒，乃经凉燠。泰振发玄门，明衷弘诣，核其疑义，每凑玄极，皆随机按旨，披释无遗。事出嵩传。泰博谘真谛，传业嵩公。知我者希，浮谤斯及，不测其终。

智恺，俗姓曹氏，住杨（引者按："杨"应为"扬"）都寺。初与法泰等，前后异发，同往岭表，奉祈真谛。恺素积道风，词力殷赡，乃对翻《摄论》，躬受其文，七月之中，文疏并了，都合二十五卷。后更对翻《俱舍论》，十月便了，文疏合数，八十三卷。谛云："吾早值子，缀缉经论，绲是前翻，不应缺少。今译两论，词理圆备，吾无恨矣。"恺后延谛，还广州显明寺，住本房中，请谛重讲《俱舍》，才得一遍。

至陈光大中，僧宗、法准、慧忍等，度岭就谛求学，以未闻《摄论》，更为讲之。起四月初，至腊月八日方讫一遍。明年，宗等又请恺于智慧寺讲《俱舍论》，成名学士七十余人，同钦咨谒，讲至《业品疏》第九卷，文犹未尽，以八月二十日遘疾，自省不救，索纸题诗曰：

> 千秋本难满，三时理易倾。
> 石火无恒焰，电光非久明。
> 遗文空满笥，徒然昧后生。
> 泉路方幽噎，寒陇向凄清。
> 一朝随露尽，唯有夜松声。

因放笔，与诸名德，握手语别，端坐俨思，奄然而卒，春秋五十有一，即光大二年也，葬于广州西阴寺南岗。

自余论文，真谛续讲，至《惑品》第三卷，因尔乖豫，便废法事。明年，肇春，三藏又化。

谛有菩萨戒弟子曹毗者，恺之叔子，明敏深沈，雅有远度，少携至南，受学《摄论》，谙承诸部，皆著功绩。太建三年，毗请建兴寺僧正明勇法师，续讲《摄论》，成学名僧五十余人。晚住江都，综习前业，常于白塔等寺，开演诸论，冠屦裙襦，服同贤士，登座谈吐，每发深致，席端学士，并是名宾。禅定僧荣，日严法侃等，皆资其学。

时有循州平等寺沙门智敫者，弱年听延祚寺道、缘二师《成实》，并往北土沙门法明，听《金刚般若论》，又往希、坚二德，听《婆沙》、《中论》，皆洞涉精至，研核宗旨，必得本师，临听言无浮杂，义得明畅者，方始离之。余例准此，及翻《摄论》，乃为广州刺史安南将军阳山公颁请宅安居，不获专习，后翻《俱舍》，方预其席，及恺讲此论，敫与道尼等二十人，并掇拾文疏，于堂听受。及恺之云亡，谛抚膺哀恸，遂来法准房中，率尼响敫等十有二人，共传香火，令弘《摄》、《舍》两论，誓无断绝，皆共奉旨，仰无坠失。至三藏崩后，法侣雕散，宗嗣将亏。①

隋炀帝为晋王镇江都时，即大兴佛事，促进了扬州佛教的发展，鸠摩罗什所传的性宗和真谛所传的法相宗，继续在扬州传播。《续高僧传》卷十二说：

> 释慧觉，姓孙氏，其先太原晋阳人也。江右丧乱，迁居丹阳之秣陵焉。觉之在孕，梁代志公不测人也，游宅徘徊，顾而言曰："此处当出神童。"俄而载诞，有若符契，幼而风神特达，气调不群。虽则青襟，便有奇心远识。于五荫六尘，深知泡电，誓求离俗，二亲弗能违也。年八岁出家，研精法相。其

① 《大正藏》第50卷，第431页a–c。

初伏业，即兴皇朗法师也。学门拥盛，咸畅玄风，入室之徒，莫非人杰。觉禀承宏论，备观幽旨，领略津会，镌求幽赜。骋驰众妙，得自匈襟。宗匠加赏，相击称为法器。加以游心九部，备观数论，诡说异门，并寻枝叶。既而叹曰："枪榆岂冲天之举，小道乖适远之津，聊以忘忧，非吾徒也。"夫澄神入慧，莫尚五门，摄山泉石致美息心胜地，乃抠衣独往，止于栖霞寺焉。

有慧布法师，空解第一，深明方等，或有未悟，韫椟于怀。伫知音者及见欣然便即开授，又以《大智度论》江左少弘，布备宗绪将陈请说。乃垂覃思，申畅幽微，布公披襟叹美。即命开讲，于是旧文新意，两以通之，远近餐服，闻所未闻，释论广兴，于斯盛矣。

陈晋安王伯恭为湘州刺史，深加礼异，并请讲众，南行弘演。吏部尚书毛喜、护军将军孙场，并鞠躬顶礼，虔仰殊常。左卫将军傅绰，学通内外，气调甚高，缁素之间，无所推敬，每见觉来，必心形俱肃，剧谈高论，流连无已。天爵服人，皆如此类。

隋朝克定江表，宪令惟新，一州之内，止置佛寺二所，数外伽蓝，皆从屏废。觉惧金刚之地沦毁者多，乃百舍兼行上闻天听，有敕需然从其所请。启沃神衿弘护像法信有力焉。炀帝昔居藩屏化牧淮甸，钦伫胜人义踰反席，乃赐书曰："法师安善，凉暑惟宜。承栖迟龟山之域，阐扬龙树之旨，其义端雄辩，独演畅于稽阴。谈柄微言，偏引级于镜水。弟子钦风籍甚味道尤深，今于城内建慧日道场，延屈龙象，大弘佛事，盛转法轮。上人名称，普闻众所知识。今遣迎候，迟能光拂也。"于即赉然来仪，膺此嘉命。

法济上人者，灵智难思，于永福道场，请开大论。主上亲临法席，称善久之。后止白塔，恒事敷说《大品》、《涅槃》、《华严》、《四论》等二十余部，遍数甚多，学徒满席。法轮之盛，莫是过也。

先是江都旧邸立宝台经藏，五时妙典，大备于斯。及践位东朝，令旨允属，掌知藏事，佥曰得人。大业二年，从驾入京，于路见疾，而神色怡然，法言无废，及至将渐，明悟如常，咸见金刚大神，前后围绕，外国梵僧，烧香供养。初有智觉禅师，爰感灵应，乃见觉名，题于金录。固其所得位地义量难测，至三月二十二日，迁化于泗州之宿预县，春秋五十有三。

惟觉美词令善容止，身长八尺，风表绝伦，摄斋升堂，俯仰可则，觇其威仪，莫不改容易观，寓目忘倦，至于吐纳玄言，宣扬妙义，雄辩清论，云飞泉涌，真可谓日月入怀，凤飙满室，虽复褊志滞情，亦顿忘鄙吝。然其芝兰所化，陶诱之功，日就月将，固亦弘矣。兼通外典，妙善尺牍，属词染翰，造次可观。折简所至，皆为模楷。加以风度淹远，雅量弘深。谈绝是非，心夷彼我。峻矣重忉，人莫之窥。信施相积，随用檀舍。二翼之外，纤芥罔畜，止有论文谈疏，盈于几箧而已。岂非拔俗之奇才，通方之正士也。有诏丧事所须随由备办，恩礼周给务从优厚，并具舟楫，王人将送，其年五月十三日，还窆于江阳县之茱萸里，传业学士，数甚滋多。门人智果，禀承遗训，情深追远，乃与同学，纪诸景行，碑于寺门。秘书诏谘舍人虞世南为文，金紫光禄大夫内史侍郎虞世基为铭，见于《别集》。[1]

晋王杨广镇江都时，还与天台宗开山智者大师交往密切，开皇十一年（591）十一月，杨广把智者大师请到扬州总管驻节的地方——扬州金城（今江苏句容县北），设"千僧斋"，受"菩萨戒"，此事在志盘《佛祖统纪》卷六《智颛传》中有详细记载，兹抄录如下：

---

[1] 《大正藏》第 50 卷，第 516 页 a – c。

十一年（引者按：即开皇十一年），晋王代为总管（引者按：原文夹注：晋王杨广代秦王为扬州总管），遣使奉迎。师曰："我与晋王深有缘契，"即束衣顺流不日而至。王制文请授菩萨戒。师三辞，不免，乃立四愿：一者，虽好禅学，行不称法，愿勿以禅法见欺；二者，身暗庠序，口拙暄凉，愿不责其规矩；三者，为法传灯，愿勿嫌其去就；四者，若丘壑念起，愿放饮啄，以终余年。许此四心，乃赴优旨。时，王方希净戒，遂允其愿。以是年十一月二十三日，于总管大听事设千僧斋，授菩萨戒法。师谓王曰："大王纡遵圣禁，可名总持。"王赞师曰："大师传佛法灯，宜称智者。"（引者按：原文夹注：自受戒后，诸书往来，皆称"弟子总持"）授戒既毕，出居城外禅众寺。即欲西上，王固请留。师曰："先有明约，岂当相违？"王乃遣柳顾言，致书请留。待来年二月，约至栖霞送别。十二年二月，师奉书于王，请为东林峰顶两寺檀越。王复书许之。三月。师将启行，王复致书，请就摄山安居度夏，师不许。王命有司具装发遣。师遂至止庐山。①

隋文帝为了加强对江南宗教思想界的直接控制，派"杨广在江都新建立了四道场。所谓道场，即佛教寺庙。江都四道场则除佛教的慧日、法云二道场外，还包括道教的玉清、金洞二玄坛，均设在江都城内总管府新官邸附近。《续高僧传》卷一五《义解篇·论曰》：'自爰初晋邸即位，道场慧日、沃云广陈释侣；玉清、金洞备引李宗。'四道场广泛收纳名僧高道，'追征四远，有名释李，率来府供'。仅慧日道场招致的名僧就有智脱、洪哲、法澄、道庄、法轮、智矩、吉藏、慧觉、慧越、慧乘、法安、立身、法称等人。杨广自称于城内建慧日道场，延屈龙象，意在'大弘佛事，盛转法

---

① 《大正藏》第49卷，第183页 a－b。

轮'"①。这里所说的吉藏，就是三论宗的集大成者，后随晋王杨广到长安，大弘三论宗。

陈隋之际，扬州民间写经也非常盛行，《法苑珠林》卷十八记载的严法华的写经故事，在福建、长安等地盛传。

> 陈杨（引者按："杨"应为"扬"，下同）州严恭者，本是泉州人，家富于财而无兄弟，父母爱慕，言无所违。陈太建初，恭年弱冠，请于父母，愿得五万钱，往杨州市易。父母从之。恭船载物而下，去杨州数十里，江中逢一船载鼋，将诣市卖之。恭念鼋当死，因请赎之，谓鼋主曰："我正有五万钱，愿以赎之。"鼋主喜取钱，付鼋而去。恭尽以鼋放江中，而空船诣杨州。其鼋主别恭行十余里，船没而死。
>
> 是日恭父母在家，昏时有乌衣客五十人诣门寄宿，并送钱五万付恭父母，曰："公儿杨州附此钱归，愿依数受也。"父怪愕恭死。因审之。客曰："儿无恙，但不须钱，故附归耳。"恭父受之，记是本钱，而皆小湿，留客为设食。客止，明旦辞去。
>
> 后月余日，恭还家。父母大喜，既止，而问附钱所由。恭答无之。父母说客形状，及付钱月日，乃赎鼋之日。于是，知五十客皆所赎鼋也。
>
> 父子惊叹。因共往杨州起精舍，专写《法华经》，遂徙家向杨州，其家转富，大起房廊，为写经室，庄严清净，供给丰厚，书生常数十人。杨州道俗，共相崇敬，号为"严法华"。尝有亲知，从贷经钱一万，恭不获已与。贷者受钱，以船载归，中路船倾，所贷之钱落水，而船没，人不被溺。是日，恭入钱库，见一万钱，湿如新出水。恭甚怪之，后见前贷钱人，乃知湿是所贷者。又有商人至宫亭湖，于神庙所祭酒食并上

---

① 袁刚：《晋王杨广和天台智者大师》，《中国史研究》1997 年第 2 期。

物，其夜梦神送物还之，谓曰："倩君为我持此钱奉严法华以供经用。"旦而所上神物皆在其前。于是商人叹异，送达恭处，而倍加厚施。其后恭至市买经纸少钱，忽见一人，持钱三千，授恭曰："助君买纸。"言毕不见而钱在。其怪异如此非一。

开皇末，恭死，子孙传其业。隋季盗贼至江都，皆相与约，勿入严法华里。里人赖之，获全其家，至今写经不已，州邑共见，京师人士，并悉知委。①

由此可知，佛教在六朝时期，已经在扬州民间逐渐草根化，深入民心，化为佛教民俗。到了隋唐之际，社会动乱，扬州高僧住力，舍身护寺，永载史册，《续高僧传》卷二十九载：

释住力，姓褚氏，河南阳翟人，避地吴郡之钱塘县，因而家焉。宿植胜因，早修慧业，甫及八岁，出家学道，器宇凝峻，虚怀接悟，声第之高，有闻缁俗。

陈中宗宣帝，于京城之左，造泰皇寺，宏壮之极，罄竭泉府，乃敕专监百工，故得揆测指挥面势严净。至德二年，又敕为寺主。值江表沦亡，僧徒乖散，乃负锡游方，访求胜地，行至江都，乃于长乐寺，而止心焉。

隋开皇十三年，建塔五层，金盘景耀，峨然挺秀，远近式瞻。至十七年，炀帝晋蕃，又临江海，以力为寺任缮造之功故也。初梁武得优填王像，神瑞难纪，在丹阳之龙光寺。及陈国云亡，道场焚毁。力乃奉接尊仪及王谧所得定光像者，并延长乐，身心供养，而殿宇褊狭，未尽庄严，遂倡导四部，王公黎庶，共修高阁，并夹二楼，寺众大小，三百余僧，咸同喜舍，毕愿缔构，力乃励率同侣二百余僧，共往豫章，刊山伐木。人

① 《大正藏》第53卷，第419页 b–c。

力既壮，规摹所指，妙尽物情。即年成立，制置华绝。力异神工，宏壮高显，挺冠区宇。大业四年，又起四周僧房，廊庑斋厨，仓库备足。故使众侣，常续断绪无因。再往京师，深降恩礼，还至江都，又蒙敕慰。大业十年，自竭身资，以栴檀香木，模写瑞像并二菩萨，不久寻成同安阁内，至十四年，隋室丧乱，道俗流亡，骸若菱朽，充诸衢市，誓以身命，守护殿阁。寺居狐兔，顾影为俦，啜菽饮水，再离寒暑。虽耆年暮齿，而心力逾壮。泥涂褫落，周匝火烧，口诵不辍，手行治葺。贼徒雪泣，见者哀叹，往往革心，相佐修补。

皇唐受命，弘宣大法。旧僧余众，并造相投。邑室虽焚，此寺犹在。武德六年，江表贼帅辅公佑，负阻缮兵戈，潜图反叛。凡百寺观，撤送江南。力乃致书再请，愿在阁前，烧身以留寺宇。佑伪号尊称，志在倾殄，虽得其书，全不顾遇。力谓弟子曰："吾无量劫来，积习贪爱，不能捐舍形命，以报法恩。今欲自于佛前取尽决，不忍见像济江，可积干薪，自烧供养。吾灭之后，像必南渡，衣资什物，并入尊像。泣服施灵，理宜改革。"便以香汤沐浴，加趺面西，引火自焚，卒于炭聚，时年八十。即武德六年十月八日也。命终火灭，合掌凝然。更足阇维，一时都化。

初力在佛前焚时，群鹊哀鸣，其声甚切，右绕七匝，方始飞去。及身没后，像果南迁，殿阁房廊，得免煨烬，法宝僧众，如畴昔焉。门人慧安、智赜者，师资义重，甥舅恩深，为树高碑，于寺之内，东宫庶子虞世南为文。今像还归于本阁云。①

法向，与住力舍身护寺不同，他以伏虎罗汉的形象，对扬州佛教的发展产生过重大影响，《续高僧传》卷二十载：

---

① 《大正藏》第50卷，第695页 a–b。

释法向，姓李，扬州海陵（引者按："海陵"即今江苏泰州，唐属扬州）葛冈人。形长八尺，仪貌魁杰，眉目秀异，立性威严，言不妄发。足下有黑子，圆净分明。相者曰："长为军将，仍有重名于天下也。"年十六辞亲出家，即事精苦，与人卓异。尼妪参礼，未尝与言。戒行清净，诵《法华》通。

摄山栖霞寺恭禅师，住法后，贤众所归仰。承名延致于寺侧立法华堂，行智者《法华忏》。向依法行，三七专注，大获瑞应，知而不言。

恭既入京，向还江北，海陵、宁海二县，各延供养。隋末海陵大宁寺僧智喜，开房延入，于中静坐，昼卧惊起曰："火发！"喜四出顾视了无。向曰："吾患耳妄闻耶。"明日昼惊。如此三度，遂东还宁海。去后，李子通贼破县烧寺，如所告焉。

大虫伤害，日数十人，乃设禳灾大斋。忽有一虎入堂，搏一人将去。向逐后唤住："何造次！今为檀越设斋，可放此人。"依言即放。诸虎大集，以杖扣头为说法。于是相随远去。

又欲往天台寻智者古迹，谓弟子曰："吾虽欲至天台，而不达，在江南一山中。"西北望见一城，及过江至江阴县，道俗留连于县东南山起寺，号曰"定山"。便经年稔。后天下渐安，又还海陵盐亭，百姓留之。有小孤山，出地百仞，四面无草木，于前立寺，名为正见。处之。

贞观四年冬初，谓门人曰："吾与汝别！近梦恶，将不起矣。"遂卧二十日，忽起索汤，盥浴剃发，自辰至酉，面西而终，年七十八。将终，谓弟子曰："吾愿以身施诸鸟兽，此无林木，食若不尽，秽人眼目，可埋山西南。"及依往埋，掘便值石，盘薄无由。又更试掘，遂得一处，凹陷石上，恰得容身。因厝中置塔其上。

向生常日投陀林野，驯伏猛兽，观想西方，口唱南无佛。
不多说法。随缘一两句，有灾祥者令避，托以梦想所见。贞观
二年，有常洲人，往幽洲（引者按："洲"应为"州"）见一
女人，问海陵向禅师健不？又问识耶？答不识。女人以乌丝布
头巾用寄向师。此人遇患，经年不至。向预知之，每叹息那不
至耶。人至江阴附头巾，与海陵人将至其处，乃令弟子逆之，
恰至门首，相值以巾付还。向得巾执玩，咨嗟裂破付弟子。人
得一片。有不得者。贞观三年，天下大括义宁私度，不出者
斩。闻此咸畏。得头巾者，并依还俗；其不得者，现今出家。
其年大雪深数尺，告弟子曰："吾须新菜。"弟子曰："雪深巨
得。"曰："上山求之，可有。"如言上山，数里，至一树下，
皆是青菜。取之而返。[①]

隋朝江都籍僧人知名者，还有惠琎、道庆等。《续高僧传》卷二十
二《释慧琎》云：

释慧琎，姓吴，杨（引者按："杨"应为"扬"）州江都
人也。母怀之时，即祛嗜欲，辛腥俗味，眇然不顾，识者以为
儿之所致，同身子矣。及年七岁，心慕缁徒，道见沙门，寻而
忘返。亲欣其信仰也，遂放依荣法师而出家焉。孝谨天然，罔
由师训，随从奉敬，初无乖越。每从荣游履诸寺，一无敢出
离，便于荣所卧床下，席地而伏，斯例非一。听荣《摄论》，
大悟时伦，即而讲说，嗟赏者众，谈吐清雅，妙会物情。于仁
寿年中，从荣被召入于禅定。

及具戒后，专精律仪，听遵律师讲，凡二十遍。又听首律
师，数亦相及。谦弱成治，竖论不言，讲扬《摄论》，方敷律
相。时以其寄大乘，而弘行范也。大业末，历郊垒多虞。禅定

---

① 《大正藏》第50卷，第605页 c ~ 606 页 a。

一众，雅推琰善能御敌，乃总集诸处人畜，普在昆池一庄，多设战楼用以防拟。琰独号令，莫敢当锋。时，司竹群贼，鼓行郊野，所至摧殄，无抗拒者，兵临庄次，意在诛荡。琰登楼一望，但见张旗十里，乃收束弓刀，反缚奴仆，大设肴膳，广开仓廪，身先入阵，劳问军主。引至庄中，命令就坐，既见盛设，相与开颜，各执琰手，健道人也。饱噉而旋，惟取牛十头，拟劳军士，牵至中道，琰复从乞。以衔前顾，皆用还之。所以义宁之初，通庄并溃，惟有禅定，如旧无损。即深明机要，善达开遮，一人而已。加又偏工巧，性无施不可，或庄严彩饰，或丹青轮奂，或裁缝服玩，或驱策人物，众兼四百，通用推贤。至于诵说戒经，清音流靡，由来怠堕者，闻琰说戒，皆来坐听，竦耳峻坐，畏其声止。

贞观之初，任云花寺上座，常弘《摄论》，化开律部。晚又下令，征入普光，纲理僧伦，大小清穆。以八年冬，终于此寺。春秋五十余矣。

时，又有沙门满德、善智、真懿、敬道者，同琰所学，慕义朋从。德慧悟天开，谈说弘畅；智博解深奥，情欣护法；懿导说有功，化行多阻；道抱素自资，性存经史，多从物故；懿独存焉，扬敷京辇。①

《续高僧传》卷十二《释道庆传》说：

释道庆，姓戴，其先广陵，后进度江，家于无锡。年十一出家，事吴郡建善寺藏阇梨，服勤尽礼，同侣所推。十七出都，听彭城寺讲《成实论》，大义余论，皆莫之遗。所以时匠目曰："悬日月于怀中，注江河于口内者。"诚归于庆矣。既荷嘉问，倍志兼常。利齿闻于既往，高座属于兹日。及陈祚云

---

① 《大正藏》第 50 卷，第 615 页 a－c。

亡，法朋雕散，东归无锡，居凤光寺，学徒载萃，诲诱如初。
后止毗坛弘业寺，专事阐弘，无弃凉暑。然其美容止善言笑，
淡名利，厚交游，毫翰奔涌，琴诗婉妙，风神闲纵，韵宇虚
凝，应物有方，履机无忤，以武德九年八月终于寺房。春秋六
十一。即以其月二十三日，窆于扶塘之山津也。穿圹之日，锹
锸才施，感白鹤一群，自天而下，遥曳翻翔，摧藏哀唳，自非
道光远被，何由致此异祥。

　　同寺沙门法宣曰："余与伊人，言忘道狎。京辇小年，已
欣共被。他乡衰暮，更喜同袍。月席风筵，接腕晤语。吾子经
堂论室促膝非异人，岂意玄穸歼我良友。千行徒洒，百身宁
赎，未能抑笔，聊书短铭。其曰：十力潜景，四依匡世，踵德
连晖，伊人是继。宫墙戒忍，灯炬禅慧，并驱生林，分庭安
睿。论堂振玉，义室芬兰，坐威师子，众绕栴檀。道洁尘外，
理析谈端，四仪式序，三业惟安。秽土机穷，胜人现灭，帐留
余影，车回去辙。陇月孤照，坟泉幽冽，竹露暂团，松风长
切。气运有终，德音无绝。"①

唐贞观二十二年（648），玄奘翻译出《瑜伽师地论》，太宗当
即下诏，令："秘书省书手写新翻经、论为九本，与雍、洛、并、
兖、相、荆、扬、益、梁等九州展转流通，使率土之人，日禀未闻
之义。"《瑜伽师地论》是法相唯识宗的根本论著，该论强调的阿
赖耶识缘起说，与律宗的戒体说关系密切，这也说明，唐代扬州佛
教与律宗的传播有密切关系。隋唐时期，寺院国家化，扬州龙兴寺
是国家寺院，理所当然地成为供奉唐太宗颁布的《瑜伽师地论》
的寺院。唐代两位律学大师，都是这个寺院里的配额僧人。第一位
律学大师是龙兴寺江都籍的法慎，宋释赞宁《宋高僧传》卷十四
《唐扬州龙兴寺法慎传》载：

---

① 《大正藏》第50卷，第521页 b–c。

释法慎，姓郭氏，江都人也。孩抱之岁，誓齿空门，亲爱所钟，志不可夺。从遥台成律师受具戒。依太原寺东塔，体解律文，绝其所疑，时贤推服。或一言曲分于象表，精理自得于环中，声振京师，如晞爱日。诸寺众请纲领，乃默然而东归。既还杨（引者按："杨"应为"扬"，下同）都，俯允郡愿，恒诵《金刚般若经》、《如意轮》。般若佛心，我得此心，众生亦得；如意胜愿，我如此愿，众生亦如。谓："天台《止观》，包一切经义；东山法门，是一切佛乘。色空两亡，定慧双照，不可得而称也。"

慎暑不摄齐，食不求饱，居不易坐。四方舍施，归于大众，一身有无，均于最下。朝廷之士衔命往还，路出维扬，终岁百数，不践门阈，以为大羞。仰承一盼，如洗饥渴。慎与人子言依于孝，与人臣言依于忠，与人上言依于仁，与人下言依于礼。佛教儒行，合而为一。学者流误，故亲校经论。延来者听受，故大起僧坊。将警群迷，故广图菩萨因地。善护诸命，故曲济众生寿量。以文字度人，故工于翰墨。以法皆佛法，故兼采儒流。以我慢为防，故自负衣钵。以规矩为任，故纲正缁林。以发挥道宗，故上行恭礼。以感慕遗迹，故不远他邦。以龙象参议，故再至京国。以轨度端明，故研精律部欤！

黄门侍郎卢藏用才高名重，罕于推挹，一见于慎，慕味循环，不能离坐。退而叹曰："宇宙之内，信有高人！"黄门于院中置以经藏，严以香灯，天地无疆，像法常在。

太子少保陆象先、兵部尚书毕构、少府监陆余庆、吏部侍郎严挺之、河南尹崔希逸、太尉房管、中书侍郎平章事崔涣、礼部尚书李憕、辞人王昌龄、著作郎綦毋潜，金所瞻奉，愿同洒扫。感动朝宰如此。以天宝七载十月十四日晨兴盥漱，就胡床加趺，心奉西方，既曛而灭于龙兴寺别院，春秋八十三，夏六十二。缁素弟子，北距泗、沂，南踰岭徼，望哭者千族，会葬者万人。其上首曰：会稽昙一、闽僧怀一、南康崇睿、晋陵义宣、钱塘谭山寺惠鸾、洛京法瑜、崇元、鹤林寺法励、法海、维杨惠凝、明幽、灵佑、灵一等，罔不成乐说辩才，入法华三昧。众所知识，物之依怙。天上甘露，正味调柔；人中象王，利根成熟。音乐树下，长流福慧之泉；雪山峰顶，仰见清凉之月。金刚决定，烦恼无余。优昙开敷，香洁盈满。法施之恩，郡居之感，哀奉色身，经始灵塔于芜城西蜀冈之原。像教也，幽公自幼及衰，恒所亲侍，后请吏部员外郎赵郡李华为碑纪述，大历八年癸丑十二月也。大理司直张从申书，赵郡李阳冰题额。其塔亦幽公经度。建塔之地，广袤如素，高卑得中。周临四衢，平视千里。门人环莳列柏，荐以名香。其塔属会昌中例，皆毁焉。①

据李廷先考证，"传中所说太原寺，系指长安西的太原寺，非山西的太原寺。东塔为怀素法师所居之处。怀素曾受学于玄奘大师，后又从南山宗大师道宣弟子道成受戒，并学律。对于道宣、道成的律宗学说不满意，乃自立一宗，被称为'东塔宗'。传中谓法慎'依丰碑寺东塔'，即谓从怀素学也。法慎为怀素高足、淮南东塔宗大师，故声誉远闻。唐朝高僧自玄奘之后，身后大规模的悼念活动如法慎者，极少见。其重要原因还在于他并不严格遵守律宗教义，而能'佛教、儒行，合而为一'，弘扬佛法与维护礼教同时并行，所以受到朝廷重臣及广大僧俗的礼敬"②。另外，法慎认为"东山法门是一切佛乘，色空两亡，定慧双照，不可得而称也"。这在净觉的《楞伽师资记》引玄赜的《楞伽人物志》里，也能找到禅宗五祖弘忍的弟子到扬州传禅法的证据，兹录原文如下：

> 如吾一生，教人无数，好者并亡，后传吾道者，只可十

---

① 《大正藏》第 50 卷，第 796 页 b－c～797 页 a。
② 李廷先：《唐代扬州史考》，第 466 页。

耳。我与神秀，论《楞伽经》，玄理通快，必多利益。资州智诜，白松山刘主簿，兼有文性。莘州慧藏，随州玄约，忆不见之，嵩山老安，深有道行。潞州法如，韶州惠能，扬州高丽僧智德，此并堪为人师，但一方人物，越州义方，仍便讲说。又语玄赜曰：汝之兼行，善自保爱。吾涅槃后，汝与神秀，当以佛日再晖，心灯重照。[①]

这说明，黄梅禅宗形成以后，也传播到了扬州，并对法慎这样的高僧产生了影响。

第二位律学大师，就是鉴真，比法慎小25岁或22岁，"开元二十一年（733）后，二人同在扬州讲律传戒"[②]。为了说明唐代扬州佛教律宗的盛况，兹将《宋高僧传》卷十四《唐扬州大云寺鉴真传》也抄录如下：

释鉴真，姓淳于氏，广陵江阳县人也。总丱俊明，器度宏博，能典谒矣。随父入大云寺，见佛像，感动夙心，因白父求出家。父奇其志，许焉。登便就智满禅师，循其奖训。属天后长安元年，诏于天下度僧，乃为息慈配住本寺，后改为龙兴。殆中宗孝和帝神龙元年，从道岸律师受菩萨戒。景龙元年，诣长安。至二年三月二十八日，于实际寺依荆州恒景律师边得戒。虽新发意，有老成风，观光两京，名师陶诱。三藏教法，数稔该通，动必研几，曾无矜伐。言旋淮海，以戒律化诱，郁为一方宗首。冰池印月，适足清明，猊座扬音，良多响答。

时，日本国有沙门荣睿、普照等东来慕法，用补缺然。于开元年中，达于扬州，爰来请问，礼真足曰："我国在海之

---

① 《大正藏》第85卷，第1289页c。
② 李廷先：《唐代扬州史考》，第467页。

中，不知距齐州几千万里。虽有法而无传法人，譬犹终夜有求于幽室，非烛何见乎？愿师可能辍此方之利乐，为海东之导师乎！"真观其所以，察其翘勤，乃问之曰："昔闻南岳思禅师生彼为国王，兴隆佛法，是乎？又闻彼国长屋曾造千袈裟来施中华名德，复于衣缘绣偈云：'山川异域，风月同天，寄诸佛子，共结来缘。'以此思之，诚是佛法有缘之地也。"默许行焉。所言长屋者，则相国也。真乃慕比丘思托等一十四人，买舟自广陵赍经律法离岸，乃天宝二载六月也。至越州浦，止署风山。真夜梦甚灵异。才出洋，遇恶风涛，舟人顾其垂没，有投弃（木笡）香木者。闻空中声云："勿弃投！"时见舳舻各有神将介甲操仗焉，寻时风定。俄漂入蛇海，其蛇长三丈余，色若锦文。后入鱼海，鱼长尺余，飞满空中。次一洋，纯见飞鸟集于舟背，压之几没。洎出鸟海，乏水。俄泊一岛，池且泓澄，人饮甘美。相次达于日本，其国王欢喜，迎入城大寺安止。

初于卢遮那殿前立坛，为国王授菩萨戒。次夫人、王子等，然后教本土有德沙门足满十员，度沙弥澄修等四百人，用白四羯磨法也。又有王子一品亲田舍宅造寺，号招提，施水田一百顷。自是已来，长敷律藏，受教者多，彼国号大和尚，传戒律之始祖也。以日本天平宝字七年癸卯岁五月五日，无疾辞众，坐亡，身不倾坏，乃唐代宗广德元年矣。春秋七十七，至今其身不施苎漆，国王、贵人、信士时将宝香涂之。僧思托著《东征传》详述焉。[①]

这也证明，盛唐时期，扬州是汉传佛教的律学重镇，肩负着规范汉传佛教僧尼规范的国家重任，属于"佛教中国"（佛教中心地区）的范围以内。这从扬州城里佛教寺院星罗棋布的格局，也能

---

① 《大正藏》第50卷，第797页 a - c。

得到证明。卞孝萱说："在富庶的扬州城里，有三四十寺。"① 李廷先具体考证出的陈、隋、唐的扬州寺院有：陈兴圣寺、陈逮善寺、陈静乐寺、陈东安寺；隋慧日寺、隋安乐寺、隋香山寺、隋救生教寺、隋法华寺；唐龙兴寺、唐崇福寺、唐延光寺、唐大云寺、唐庆云寺、唐华林寺、唐孝感寺、唐决定寺、唐白塔寺、唐既济寺、唐兴云寺、唐证圣寺、唐无量寿寺、唐开元寺、唐法云寺、唐禅智寺、唐永齐寺、唐山光寺、唐慧（亦作惠）照寺、唐宝胜教寺、唐天王教寺、唐太平寺、唐大圣寺、唐清凉讲寺、唐向善寺、唐菩提寺、唐西方禅寺、唐镇国禅寺、唐法义禅院、唐天宁万寿禅院、唐法云寺、唐弥陀院、唐观音院、唐清修院、唐释迦院、唐云居禅院、唐禅证寺、唐祇洹寺、唐净明讲寺、唐尊圣讲寺、唐大圣寺、唐盘石寺、唐灵居寺、唐国清寺、唐西池寺、唐开元寺、唐开化禅寺、唐东山寺、唐南山教寺、唐圣果院、唐定慈禅寺、唐广福寺、唐罗汉寺、唐木塔寺、唐崇福寺、唐光孝禅寺等。② 据顾敦信、贾寿仁考证，在唐朝的扬州寺院里，"仅和鉴真有关系的就有大云寺（后改龙兴寺）、大明寺、既济寺、崇福寺、延光寺、兴云寺、白塔寺、开元寺等"③。

二　东海左旋大回环流：连接唐朝和奈良的自然潮流

在天平时代，日本所拥有的文化几乎都是中国文化的输入。④ 中国文化输入日本的路线，在唐代，就是在东海形成的左旋大回环

---

① 卞孝萱：《鉴真与扬州》，扬州市政协文史资料研究组、扬州师院历史科编《鉴真研究论文集》，1980 年 3 月印刷本，第 86 页。
② 请参阅李廷先《唐代扬州史考》第十一章《唐代扬州的寺庙》，第 483～496 页。
③ 顾敦信、贾寿仁：《试论鉴真——为纪念鉴真和尚圆寂 1200 周年而作》，徐凤仪主编《鉴真文化大观》上卷，第 66 页。
④ 〔日〕内藤湖南：《日本文化史研究》，商务印书馆，1997，第 82 页。

流。所谓左旋大回环流，就是由鄂霍次克海流出的一股亲潮（寒流），被称为利曼海流，顺沿海州南流到达朝鲜的元山湾头，由朝鲜东岸南下，与北上的黑潮（暖流）对撞，形成了左旋的大环流，① 在古代中日交通史上，称为左旋大回环流。左旋大回环流在古代是日本列岛与中国大陆连接的天然纽带，经朝鲜半岛，把大陆上的先进文化，传送到今鸟取县西部，石川县北部，秋田县和山形县一带，然后蔓延到日本列岛。左转大回环流在冬季受南下的亲潮和夏季北上的黑潮支配，其运行规律常常被打乱，只有在春、秋两季相对温和，是中日之间往来的黄金季节，按理来说，春季有利于日本到中国，秋季有利于中国到日本。"自舒明天皇两年（630）至宽平六年（894）间，共任命遣唐使 19 次，其中成行并到达长安的有 13 次"②，这些遣唐使就是漂泊在左旋大回环流上的文化使者，见表 1 - 1。

表 1 - 1　日本遣唐使概况

次数	任命年月	出发年月	基本情况	归国留学生及其他
1		舒明二年，唐贞观四年（630）八月	大使:犬上三田耜药师惠日。舒明四年,唐贞观六年(632)八月归国	灵云、胜鸟养（以上生）、旻（僧），唐使高表仁、新罗使
2		白雉四年，唐永徽四年（653）五月	1 组大使:吉士长丹;副使:吉士驹2 组大使:高田根麻吕;副使:扫守小麻吕。随行留学生、僧:巨势药、冰莲老人、坂合部石积(以上生)。道严、道通、道光、惠施、觉胜、辨正、惠照、信忍、知聪、定惠、安达、道观、知辨、义德、惠妙、智国、智宗、法胜、道福、又向(以上僧)。两组共 241 人。白雉五年,唐永徽五年(654)七月归国	冰莲老人（生）、百济使、新罗使

① 〔日〕坂本太郎:《日本史概说》，商务印书馆，1992，第 7 页。
② 吴廷璆主编《日本史》，南开大学出版社，1994，第 78 页。

续表

次数	任命年月	出发年月	基本情况	归国留学生及其他
3		白雉五年,唐永徽五年(654)二月	押使:高向玄理;大使:河边麻吕;副使:药师惠日。乘船二。齐明元年,唐永徽六年(655)八月归国 注:高向玄理殁于唐	
4		齐明五年,唐显庆四年(659)七月	大使:坂合部石布;副使:津守吉祥。乘二船。齐明七年(661)五月归国 注:第一船去程漂着于南海一岛,大使坂合部被杀	
5		天智四年,唐麟德二年(665)十二月	大使:守大石坂合部石积 送唐客使:吉士岐弥、吉士针间。天智六年(667)十一月归国	
6		天智六年(667)十一月	大使:伊吉博德、笠诸石 天智七年(668)一月归国 注:为送唐使司马法聪派遣,只到百济	
7		天智八年(669)	大使:河内鲸	
8	大宝元年唐长安元年(701)一月	大宝二年,唐长安二年(702)六月	执节使:粟田真人;大使:高桥笠间;副使:坂合部大分(高桥卸任后由坂合部大分代大使,巨势邑治任副使)。道慈、辨正(以上僧,与653年入唐的辨正不是一人) 庆云元年(704)七月归国 注:副使巨势邑治于庆云四年(707)三月回国	
9	灵龟二年唐开元四年(716)八月	养老元年,唐开元五年(717)三月	押使:多治比县守;大使:阿倍安麻吕;大使:大伴山守;副使:藤原马养。随行留学生、僧:吉备真备、大和长冈、阿倍仲麻吕(以上生)、玄昉(僧)。乘第四船 养老二年(718)十月归国 注:阿倍仲麻吕殁于唐	道慈(僧)、坂合部大分(第8次遣唐大使)

次数	任命年月	出发年月	基本情况	归国留学生及其他
10	天平四年,唐开元二十年(732)八月	天平五年,唐开元二十一年(733)四月	大使:多治比广成;副使:中臣名代。随行留学生、僧:荣睿、普照、玄朗、玄法(以上僧)。乘四船 天平六年(734)十一月,天平八年(736)七月,归国 注:第一船于734年回国,第二船于736年回国,第三船漂至昆仑,第四船途中遇难	吉备真备(生)、玄昉(僧)、唐僧道璇、林邑僧佛彻、波罗门僧正菩提、唐人袁晋卿和皇甫东朝、波斯人李密医
11	天平胜宝二年,唐天宝九年(750)九月	天平胜宝四年,唐天宝十一年(752)闰三月	大使:藤原清河;副使:大伴古麻吕;副使:吉备真备;判官:大伴御笠、巨万大山、布势人主 随行留学生、僧:藤原刷雄、膳大丘(以上生)。行贺(僧)。乘四船 天平胜宝五年(753)十二月,天平胜宝六年(754)一、四月归国 注:回国时第一船遇难漂至安南,藤原清河与阿倍仲麻吕回唐均仕唐不归。第二船于753年回国,鉴真随行。第三、四船于754年一月、四月回国	普照(僧),唐僧鉴真及其弟子法进、昙静、思托、法载、法成,胡国人安如宝,昆仑人军法力,瞻波人善听等
12	天平宝字三年,唐乾元二年(759)一月	天平宝字三年(759)二月	迎入唐大使:高元度。乘一船 天平宝字五年(761)八月归国 注:为迎遣唐大使藤原清河派遣。清河不归,殁于唐,唐派沈惟岳等送回	判官内藏全成由渤海归
13	天平宝字五年,唐上元二年(761)十月		大使:仲石伴;副使:石上宅嗣(罢免石上,任藤原田麻吕为副使) 注:因船破中止	
14	天平宝字六年,唐宝应元年(762)四月		送唐客大使:中臣鹰主;副使:高丽广山 注:因无便风中止	

续表

次数	任命年月	出发年月	基本情况	归国留学生及其他
15	宝龟六年，唐大历十年（775）六月	宝龟八年，唐大历十二年（777）六月	大使：佐伯今毛人；副使：小野石根；副使：大神末足（佐伯因病未去，由小野石根代理）。随行留学生、僧：伊豫部家守戒明（？）善议（？）。乘四船宝龟九年（778）十、十一月归国注：大使佐伯今毛人称病未去，回国时第一船遇难，小野石根及唐使赵宝英等皆死	唐使孙兴进。行贺（僧）
16	宝龟九年，唐大历十三年（778）十二月	宝龟十年，唐大历十四年（779）五月	送唐客大使：布势清直。判官：甘南备清野，多治比浜成。天应元年（781）六月归国注：为送唐使孙兴进等派遣	
17	延历二十年，唐贞元十七年（801）八月	延历二十二年，唐贞元十九年（803）三月	大使：藤原葛野麻吕；副使：石川道益；判官：菅元清公，三栋今嗣、高阶远成、甘南备信影。随行留学生、僧：桔逸势（生）、最澄、义真、空海、灵仙（以上僧）。乘四船。延历二十四年归国注：入唐途中第三船遇难	粟田饱田麻吕、桔逸势（以上生）。空海、最澄、义真（以上僧）
18	承和元年，唐太和八年（834）一月	承和五年，唐开成三年（838）七月，第三次出发	大使：藤原常嗣；副使：小野篁随行留学生、僧：春苑玉成、菅原梶成（以上生）。圆行、常晓、戒明、义澄、圆仁、惟晓、圆载（以上僧）。乘四船。承和六年（839）八月、十月和承和七年（840）四月归国注：第一船出发时遇难，未入唐。其余雇用九只新罗商船于839年回国。第二船漂至南海，于840年回国	春苑玉成、菅原梶成（以上生）。圆行、常晓、戒明、义澄（以上僧）
19	宽平六年，唐乾宁元年（894）八月		大使：菅原道真；副使：纪长谷雄注：菅原上奏唐国动乱，请停遣唐使。当年9月起遂停派	

资料来源：吴廷璆主编《日本史》，第84~87页。

就表 1 - 1 所列举的遣唐使的历史而言，李寅生把这种漂泊在左旋大回环流上的日唐关系，分为四个阶段：第一阶段是从日本舒明天皇时代（629～641）到齐明天皇时代（655～661），约30年间，派出遣唐使4次，正值唐太宗、高宗时期；第二阶段是日本天智天皇时期（662～671），正值唐高宗时期，日本派出2次遣唐使，主要斡旋唐朝与百济的政治关系，"与其他时期的遣唐使有所不同"；第三阶段是从文武天皇时代（697～707）到孝谦天皇时代（749～758），相当于唐朝中宗、睿宗、玄宗时期，在大约50年间，共派出4次遣唐使；第四阶段是从光仁天皇时代（770～780）到仁明天皇时代（834～850），相当于代宗、德宗、顺宗、宪宗、穆宗、敬宗、文宗、武宗所统治的中唐时期，大约60年间，派出遣唐使3次。在这四个阶段里，第三阶段是"唐朝的文化发展到鼎盛时期。而此时的日本在与唐朝的交往中，已深受中华文化之惠，它已不再满足于前代那样单纯形式主义的模仿，而要进一步深入地探索中华文化的精髓，进行彻底的汲取。所以，这一阶段的遣唐使规模宏大、整容严整，可以说是遣唐使的全盛阶段。在这以后的天平时代，日本的文化、艺术之所以繁盛一时，完全是由于这一阶段的学问僧和留学僧们起了非常重要的作用"。这一阶段的航海线路，"从筑紫出发，经由南岛，横渡东海，以到达长江口附近"。[①]也就是说，左旋大回环流把长安、洛阳、扬州和奈良串连在一起，四地成为盛唐时期东北亚的明星都市，其中以扬州为黄金枢纽。

三 奈良：唐风化了的日本大都市

日本地处亚洲东部，是一个岛国，位于欧亚板块东部、太平洋西部日本海沟附近隆起的四个大岛和许多小岛组成的列岛上，"总面积约为370000平方公里，只有苏联的1/60，中国本土的1/27，

① 李寅生：《论唐代文化对日本文化的影响》，巴蜀书社，2001，第80～81页。

美利坚合众国的 1/25”①。日本的“西北接近西伯利亚，西面与中国仅一水之隔，西南离印度不远。印度、中国、西伯利亚这三个亚洲古代的文明圈，以其强大的文化势能向周围辐射，结果这三种文化都达于日本列岛，造就了古代日本的文化进步”②。

1. 前奈良时代：从原初文化到飞鸟、白凤文化

（1）原初文化的三个时期

坂本太郎认为，“在日本，迄今仍未发现旧石器时代的遗物，所以最古的文化认为是从新石器时代开始的”③。北京大学教授魏常海也说：“论述日本文化的起源，还得从新石器时代的所谓绳纹文化开始。绳纹文化与后来的弥生文化、古坟文化，是日本原初文化的三个时期。”④ 台湾学者郑梁生认为，“我们可以确定的，就是今天的日本人绝非单一的民族，乃是由许多周围民族与日本原人混血、融合而成。其中容或有因潮流关系，来自南方的印度尼西亚（Indonesia），或波利尼西亚（Polynesia）的内古利特（Negrito）人，但从地理上言，该是从亚洲大陆方面来者居多”⑤。

①绳纹文化：日本的原始社会

距今 10000～8000 年前，日本历史开始进入绳纹文化时代，一直延续到公元前 3 世纪。其文化因绳纹陶器而得名。就绳纹陶器的演变历史而言，分为早、前、中、后、晚 5 个时期。绳纹人处于新石器时代，使用石器从事狩猎、捕鱼与采集。大约公元前 1000 年前后，大陆上的水稻经华南、华中和西南两条海路，以及河北、辽宁的陆路和山东的水路传入日本。绳纹人还会人工取火，烧制精美的绳纹陶器就是明显的证据。正是因为会人工取火，烧制陶器，决

---

① 〔日〕坂本太郎：《日本史》，汪向荣、武寅、韩铁英译，中国社会科学出版社，2008，第 3 页。
② 魏常海：《日本文化概论》，中国文化书院“中外比较文化教学丛书”，无出版日期，第 2 页。
③ 〔日〕坂本太郎：《日本史》，第 17 页。
④ 魏常海：《日本文化概论》，第 4 页。
⑤ 郑梁生：《日本通史》，台北：明文书局股份有限公司，1993，第 5 页。

定了绳纹人居住在竖穴式的房屋之中，围绕着宗教祭祀活动，形成了一个个村落，也就是以血缘关系为纽带，以生产资料公有制为基础的母系氏族社会。① "原始的宗教崇拜已经存在，巫祝咒术支配着人们生活的各个方面"②。绳纹人已经有了灵魂不灭的原始宗教理论，"在屈肢葬的尸体胸部放置大石块或头部扣上深钵，这可能出自对死者魂灵的恐惧心"③。绳纹人也有万物有灵的思想，"他们食后的动物骨头和贝壳，积成一堆堆贝冢，这大概也不是无意中形成的垃圾堆，可能与某种祈祷祭仪有关。当时人们慑于自然的威力，把许多自然物作为崇拜对象，从日、月、山、川、草、木，到猫、狗、蛇、猪、狼、熊，都被信为神明"。④

②弥生文化：日本奴隶制国家的起源

公元前 3 世纪，日本历史演变到弥生文化时代。⑤ 弥生时代（公元前 3 世纪～公元 3 世纪），是日本历史上的金石并用时代，分为前期、中期和后期三个阶段，每个阶段约 200 年左右。其时中国已经处于封建社会的隆盛时期，大陆和朝鲜半岛上先进的铁器、铜器、陶器制造技术和水稻耕作方法等，传入日本，促使绳纹文化质变为弥生文化，绳纹人走出依山而居的生活方式，开始到九州岛北部和四国的部分平原地区栽培水稻，并向近畿一带扩散，到中期波及东北地方。凭借大陆先进生产技术的大范围扩张，标志着日本历史从绳纹人的母系氏族社会直接跳跃到弥生人的邪马台国。⑥ 我国历史典籍《山海经·海内北经》称之为"倭北"和"倭"，《汉书·地理志》称之为"倭人百余国"，《后汉书·东夷传》称之为"倭奴国"。倭国的势力范围主要在北九州岛一带，以筑后（今福

---

① 吴廷璆主编《日本史》，第 7～11 页。
② 魏常海：《日本文化概论》，第 5 页。
③ 吴廷璆主编《日本史》，第 12 页。
④ 魏常海：《日本文化概论》，第 5 页。
⑤ 弥生文化是因在日本东京都文京区弥生町首先发现了弥生式陶器而得名。
⑥ 《三国志·魏志·倭人传》说："其国本亦以男子为王，住七八十年，倭国乱，相伐攻历年，乃共立一女子为王，名曰卑弥呼。"

冈市）山门郡一带为政治、经济、文化中心。① 在邪马台国，"自然崇拜和咒术迷信依然盛行。特别是对许多与农业生产有关的事物，仍信以为神而虔诚祭拜"。人们相信祭祀活动直接关系到农作物的丰收与否，所以稻灵和祖灵祭祀占有同样重要的地位。②

据范晔《后汉书·东夷传》记载，光武帝建武中元二年（57），"倭奴国奉贡朝贺，使人自称大夫，倭国之极南界也。光武赐以印绶"。说明中日关系开始在弥生时代萌芽。

③古坟文化：日本奴隶制国家的鼎盛时期

3 世纪末，在本州岛中部，以大和（今奈良）为中心的畿内地区，兴起了大和国，并且逐渐征服了日本的大部分地区，首领称为"大王"，后改称天皇。从 3 世纪末到 7 世纪的 300 年间，以"大王"为代表的大和国贵族，为了自己死后的生活，建造高冢式坟墓，日本史学家称之为古坟，并把这一时期的文化称为古坟文化。

古坟文化是日本奴隶制国家的鼎盛时代，大和国完成了日本国土的统一，武力扩张到朝鲜半岛，在日本列岛广泛使用铁器，制陶业、纺织业、制盐业、金工业（镀金、贴金、镶嵌、雕金）等手工业技术相当发达。就社会制度而言，确立了部民制③、氏姓制④。

---

① 可参阅吴廷璆主编《日本史》，第 13 ~ 27 页。
② 魏常海：《日本文化概论》，第 8 页。
③ 日本的部民制产生于 4 世纪。"部民是皇室和贵族的私有民集团，冠有主人名、职业名、地名，种类有田部、子代、名代、品部、部曲（民部）等。部民来源于中国、朝鲜移民、被征服者、战俘、罪犯。"（吴廷璆主编《日本史》，第 33 页）
④ 氏姓制是建立在部民制基础上的统治体制，是大和国的贵族制度。"氏是由有力族长的直系、旁系血缘家族和非血缘家族组成的社会集团，冠有居住地名（如葛城氏、石川氏）、职业名（如忌部氏、服部氏）、祖先名（如久米氏）。氏的首领为氏上，对内主持氏神的祭祀，裁决氏内的争论，对外代表氏同他氏和朝廷交涉。有势力的氏上担任朝廷的官职，参与国政。他们拥有田庄和部曲、奴婢，是奴隶主贵族。氏的一般成员为氏人，是自由民，有势力的氏人拥有奴婢。氏上有表示身份高低的世袭称号姓。姓原来是氏人对氏上的尊称，后来随着大和国势力的发展，天皇作为通知贵族的手段，掌握赐予和剥夺姓的权力，从此，姓成为氏上身份尊卑的象征。受姓的氏上史称氏姓贵族。天皇赐姓的标准是根据血统和职务。姓的种类有臣、连、君、别、公、直、造、首、史、村主、稻置等。一般天皇的后裔姓臣、君，所谓天神地祇的后裔姓连，（转下页注）

倭五王（赞、珍、济、兴、武）与东晋、刘宋、齐、梁通好，把冶炼术、制陶术、土木建筑术、纺织术等大陆上先进的科学技术输入日本列岛，又把汉字、儒学、汉传佛教等大陆上的先进文化输入日本列岛。尤其是汉传佛教传入日本以后，"先进的中国文化以佛教为媒介，源源不断地流入日本，促使日本产生了辉煌的飞鸟文化"。据《扶桑略记》记载，日本继体天皇十六年（522），即梁武帝普通三年，南朝移民司马达等来到日本，在大和国高市郡坂田原建立草庵，供奉佛像，在大和国民间传播汉传佛教。又据《日本书纪》记载，钦明天皇十三年（552），百济圣明王派使者把一尊金铜佛像及若干幡盖、经论送给大和朝廷，引起执政贵族长达 35 年的争论，最终在用明天皇二年（587），反对信仰佛教的贵族中臣胜海和物部守屋被杀，主张信仰佛教的苏我氏获胜。①

（2）飞鸟、白凤文化：汉传佛教在日本的滥觞

飞鸟文化得名于今奈良县的飞鸟地方（今明日香村，当时的都城藤原京）。以推古天皇即位（592）肇始，到日本迁都平城京（710）的 118 年间的文化。这是日本最早的佛教文化时代，深受大陆上北魏佛教和南朝佛教的双重影响，在以飞鸟为中心的畿内及其周围遗存有大量建筑、雕刻、工艺美术等佛教艺术。

飞鸟寺（法兴寺，元兴寺的前身）是日本最早的佛教寺院，建于推古天皇即位不久，《日本书纪》记作 596 年。飞鸟寺的结构

（接上页注④）中国、朝鲜移民的后裔姓使主、史、村主等。臣姓、连姓的贵族地位最高，其中最有权势者称大臣、大连，辅佐天皇，处理朝政。参与国政的又有伴造、国造、县主。伴造是世袭朝廷的某种职务，管理品部、子代、名代等部民的中小贵族，多姓首、造、连。国造是一国之长官，由朝廷派遣或任命臣服于大和朝廷的地方贵族，一般姓臣、君、公、连、直等。他们负责向朝廷上缴贡品，提供劳力，从一族中选送舍人（宫中杂役）、采女等事务，统辖范围相当于后来律令制下的郡。县主是国下面的行政单位县之首长，姓之长等。国造、县主也属于中小氏姓贵族。氏姓制的实质是以身份序列维持奴隶主阶级统治的政治体制"。（吴廷璆主编《日本史》，第 37 页）

① 吴廷璆主编《日本史》，第 42 ~ 43 页。

布局是以塔为中心，金堂、东西两金堂鼎立，"这种伽蓝布局和高句丽的清岩里废寺相同"①。

法隆寺是圣德太子在 607 年所建，当初叫斑鸠寺，毁于火灾，现存遗址，叫"若草伽蓝址"，从保留下来的凸肚状柱子、云形的斗拱和肘状支木来看，是"采用了中国六朝建筑式样"。现在的法隆寺金堂、五重塔、中门、回廊等寺院建筑，是天智天皇九年（670）后重建的，"是现存世界最古的木造建筑物之一"②。

除上述两所寺院外，还有四天王寺（在今大阪市）、丰浦寺（也叫向原寺，在今奈良县）、广隆寺（在今京都市）等。据文献记载，至 624 年，飞鸟朝共建造佛教寺院 46 所。③

在佛教传入日本以前，日本的宗教思想，"是自然崇拜与祖先教相结合而成的神话传说，这个关于天神地祇，祖先游魂保卫国土子孙的信仰，可以说，也就是一般国民所谓的宗教"④。这就是日本传说时代的"祭政一致"的政治体制。所谓的祭政一致，是指日本在大化革新以前的古代国家政治制度。根据考古发现，大约在距今 1 万年时，日本文化进入绳纹文化（新石器时代），产生了原始的神道，即把日神、月神、海神、草神、山神、土神、木神、八雷神、八岐大蛇等作为神灵，加以崇拜。黄兴川主编的《世界十大宗教》一书说：

> 神道的主神天照大神是位女神，大约与当时的女性崇拜有关。这些可以作为神道思想最初的端倪。神道最初形成于公元前 3～前 2 世纪。进入弥生文化时代，水稻种植和铁器开始使用，形成了以农耕为中心的经济。这时建立了定居的共同

---

① 吴廷璆主编《日本史》，第 48 页。
② 吴廷璆主编《日本史》，第 48 页。
③ 吴廷璆主编《日本史》，第 48 页。
④ 〔日〕村上专精：《日本佛教史纲》，杨曾文译，商务印书馆，1981，第 4 页。

体……进入以农耕生活为中心的血缘社会，由于对家长及氏族首领的尊敬，在他们死后被尊为氏神。……相传在第十代崇神天皇及第十一代垂仁天皇时，创建了伊势神宫。在此以前，天皇只在宫中设殿祭祀天照大神，天皇与神器共居宫中，称为"同殿共床"。①

到了继体天皇十六年（522），佛教又从大陆上的萧梁传入日本，钦明天皇十三年（552）十月，史载佛教又从百济传入日本。到了飞鸟时代初期，已经形成佛教政治气候，"佛教是圣德太子文化立国的基础"，"是包容一切新文化的广泛的文化体系"，所以飞鸟时代的文化从内容来说，"是佛教文化，这也是它同前代文化根本不同的地方"。② 这与圣德太子 30 多年的政治文明建设密不可分，村上专精对此有如下的评述：

　　圣德太子名厩户，是用明天皇的第二皇子，母亲是穴穗部间人皇后。他生于敏达天皇三年正月元旦，自幼聪明，出类超群，对于从百济等国传来的书籍，随得随讲读。年甫十四，就参加讨伐物部守屋的军事活动，在推古天皇初年被立为皇太子，掌摄政大权。摄政之职，大概是从圣德太子开始有的。太子从慧慈学佛，随博士觉哿学儒，而且都能精通。推古朝六年四月，他奉敕讲《法华经》、《胜鬘经》，此后又多次开讲，上自天皇、诸王、王女，下至百姓大众，都是他每次讲经的听众。十二年制定宪法十七条，其第二条就是"应崇敬三宝"。在此前后，他又劝天皇对贫民施行医药救济。十五年七月，他派大礼小野妹子为使到中国隋朝联系邦交，求取经论；十六年四月，妹子一度回国。同年九月再派妹子为使赴隋，率

① 黄兴川主编《世界十大宗教》，社会科学文献出版社，2007，第 167 页。
② 〔日〕坂本太郎：《日本史概说》，第 61 页。

有留学生和学问僧多人。一行中有舒明天皇末年在宫中讲《无量寿经》的慧隐。总之，和中国的交通是由皇太子为求取经论而开辟的。以后，太子撰《法华经》、《维摩经》、《胜鬘经》的义琉，并颁给畿内各地。太子还到处修建寺塔，救济贫穷。推古朝三十年二月二十一日，妃子菩岐岐美姬去世，第二天二十二日，太子去世，时仅四十九岁。消息传到各地，百姓如丧慈爱父母，哭泣之声充塞大街小巷。高丽僧慧慈听说太子去世，为之举办追悼法会，说要随太子而去。圣德太子有山背大兄以下王子、王女十余人，都同太子一样信仰佛教三宝。①

这说明，圣德太子开创的飞鸟文化，是日本吹起唐风的滥觞。孝德天皇开始的白凤文化②，唐风强劲，完成了律令政治体制。

2. 奈良时代：以大陆佛教为国家核心价值体系

大约在 3～5 世纪，日本天皇政治权力出现于本州岛中部大和（奈良一带）的东南部，深受朝鲜和中国先进文化的影响。"据中国史书记载，在 413～502 年期间，大和国的 5 代国王曾遣使入贡南朝，累计达 13 次"③。这种吸收中国文化，完善天皇权力中心的举措，到了隋唐时期，越来越明显。推古天皇朝（592～628）建立以后，以飞鸟为都城，由圣德太子（574～622）执政，长达 30 多年，从隋文帝开皇二十年（600）到隋炀帝大业十年（614），共派遣四次遣隋使出访隋朝。其中第三次遣隋使，在隋炀帝大业四年，即日本推古天皇十六年（608），完成了推古朝与隋朝的平等

① 〔日〕村上专精：《日本佛教史纲》，第 14～15 页。
② 白凤文化是指从 645 年大化改新到 710 年迁都奈良前一段时期的文化；也有学者把白凤文化并在飞鸟文化之内。如果细分，应为推古天皇即位（592）开始，到大化革新（645）为飞鸟文化；从大化革新到迁都平城京，即今奈良（710）为白凤文化。
③ 余干生：《藤原京·平城京与京都文化——日本都城史纪略》，《外国问题研究》1995 年 Z1 期，第 56 页。

外交，改变了此前的朝贡关系①，并大力提倡佛教、儒学，引进隋朝的律令制度。

　　推古天皇之后三传而至孝德天皇，又开始引进唐朝的律令制度，推行"大化革新"，标志着日本由奴隶制社会进入封建社会。天智天皇即位后，于667年移都至大津京（遗址在今滋贺县大津市内）。天武天皇即位以后，致力于强化皇族的权力。到了持统天皇即位以后，在694年迁都藤原京，大力推行律令制度，在其夫天武天皇制定的飞鸟净御原律令的基础上，于701年颁布了大宝律令。

　　藤原京位于奈良盆地内，三面环山，北面有耳成山，东面有天香具山，西面有畝傍山，"东西宽2.1千米，南北长3.2千米，中央偏北是天皇宫禁，成边长1千米的正方形。都城内还分布着官员邸宅，以及寺院24处"，是日本模仿中国都城的棋盘格子式格局，在日本最早出现的"计划城市"（按既定规划建立起来的城市）。②

　　元明天皇（707～715在位）是天智天皇的第四位皇女，她即位后的第三年（710），将京城由藤原京迁到平城京，标志着日本历史进入奈良时代（710～794）。

　　平城京是唐都长安城的日本化，面积约为唐长安城的1/4，而为藤原京的3倍。东西宽约40町（4.3公里），南北长约45町

---

①　《日本书纪·推古纪》："东天皇敬白西皇帝，使人鸿胪寺掌客裴世清等至，久忆方解，季秋薄冷，尊候如何？想清念此即如常，今遣大礼苏因高、大礼呼那利等往，谨白不具。"（转引自王辑五《中国日本交通史》，中华书局，1998，第53页）网上有一篇帖子说："北京大学中国古代史研究中心教授王小甫说，日本第二次遣隋使到中国递交的国书中称'日出处天子致书日没处天子'。第三次遣隋使国书称'东天皇敬白西皇帝'。王小甫认为，'那些国书中充分表露出，这个岛国欲与中国分庭抗礼的心态'。甚至在唐初的公元660年，日本遣使向唐朝皇帝提出要求一些小国'每岁入贡本国之朝'，以显示自己是和中国一样使夷狄臣服的大国。王小甫认为，这一态度反映了日本对当时中国国力和文化的先进性认识不足。"（《日本朝野震动："日本"国名原来是大唐皇帝所赐》，http://club.sohu.com/read_elite.php? b = lishi&a = 4812382）

②　余干生：《藤原京·平城京与京都文化——日本都城史纪略》，《外国问题研究》1995年Z1期，第57页。

（4.8 公里）。"事实上，它是以藤原京的东边界为东边界，而以藤原京的西边界为中轴线筑成的。这条中轴线也叫朱雀大路，它把京城分为左、右二京。左京（东部）向南延伸，成为外京，约当现今奈良市区，有几处遗址可见。右京（西部）则向北延伸而形成北边坊。两京各由东西、南北走向的大路分隔成棋盘状坊町，南北走向有 4 条大路，东西走向有 9 条"①。

就盛唐时代的东北亚而言，"恐怕当时日本的首都奈良已经进步得拥有和唐朝进步的地方长安、洛阳、扬州相同水准的文化"②。"飞鸟地方的各个寺院也陆续迁到平城京。壮丽的平城京，反映了中央集权早期封建国家的繁荣。为了便于政令通达，租调的运送，军队的调动，政府修建了从京城通向东海、东山、北陆、山阴、山阳、南海、西海的 7 条干道。干道设有驿家，驿家备有驿马等。贯通全国各地的 7 条干道的开辟，有助于新兴封建国家政治经济文化的发展"③。从此日本历史进入唐风盛行的奈良时代，可以看做飞鸟时代的延续，"它是实行律令政治的初期，是以佛教为中心的各种文化取得惊人发展的时代"④。律令社会虽然使日本社会法制化了，但也使社会矛盾日趋表面化，再加上天灾、疫病流行，贫民增加，政治处于困境之中，只凭儒家的道德教化，无法解决新的社会问题。就在社会矛盾丛生，难以应付的关键时期，从天武天皇起，从唐朝传来的《金光明最胜王经》和《仁王护国般若经》发挥了巨大的构建和谐社会的作用。这两部佛教经典宣扬说，如果有人诵读和讲说这两部经的功德，就能国泰民安，消灾解难。再加上在庄严的寺院里，用肃穆的仪轨诵读这两部经，更具有吸引力。圣武天皇之所以推行佛教政治，就是这两部佛教经典所强调的，君王

---

① 余干生：《藤原京·平城京与京都文化——日本都城史纪略》，《外国问题研究》1995 年 Z1 期，第 56 页。
② 〔日〕内藤湖南：《日本文化史研究》，商务印书馆，1997，第 80 页。
③ 吴廷璆主编《日本史》，第 70 页
④ 〔日〕坂本太郎：《日本史概说》，第 82 页。

应该"具有一种护国安民的自觉责任感"①。于是，圣武天皇在天平十二年（740）发愿建造东大寺及卢舍那佛大金铜像，在天平十五年（743）破土动工，开始兴建，到天平胜宝四年（752）四月举行盛大的卢舍那大佛开眼供养法会，花费了10年时间以及巨大的人力和财物。据统计，仅铸造卢舍那佛大金铜像，就用去熟铜739560斤，白银12618斤，炼金10446两，水银58620两，碳18656石。东大寺全称"大倭国分金光明寺"，也称"总国分寺"。②

东大寺是日本的皇家寺院，是以华严宗的思想建立的国家佛教信仰体系。华严宗是唐僧法藏在长安依据《华严经》创立的宗派。法藏（643～712），祖籍康居，出生于长安（今陕西西安市）。17岁起研读大乘经典，后师事智俨和尚，听讲《华严经》。曾参加玄奘译场。咸亨元年（670），武则天舍宅为太原寺，广度沙门，法藏正式出家。先后于太原寺、云华寺讲晋译《华严经》。武则天命京城十大德为之授具足戒，并赐号"贤首"，故人称"贤首大师"。中宗时又赐"国一"的尊号。证圣元年（695），实叉难陀在洛阳大遍空寺重译《华严经》，法藏奉诏笔受。圣历二年（699），受诏于洛阳佛授记寺宣讲新译《华严经》，后奉诏入长生殿，专为武则天讲新译《华严经》，其弟子加以整理，即成《华严金师子章》，概括了华严宗的基本论点。法藏一生，前后讲述旧译、新译《华严经》30余遍，并参与《华严经》、《楞伽经》、《大宝积经》、《金光明最胜王经》等重要经典的译场证义。他诠释《华严经》的著作很多，除《华严金师子章》外，尚有《华严经探玄记》二十卷、《华严经旨归》一卷、《华严策林》一卷、《华严经文义纲目》一卷、《华严一乘教义分齐章》（即《五教章》）四卷、《华严问答》二卷、《华严义海百门》一卷、《华严游心法界记》一卷、《修华严

---

① 〔日〕坂本太郎：《日本史概说》，第83页。
② 杨增文：《日本佛教史》，浙江人民出版社，1995，第45～46页。

奥旨妄尽还原观》一卷、《华严经普贤观行法门》一卷、《华严三昧章》一卷、《华严经关脉义记》一卷、《华严经传记》五卷、《华严经明法品内立三宝章》二卷等多种。此外尚有《楞伽经心玄记》、《密严经疏》、《大乘起信论义记》等佛学著作多种。尤其是《五教章》和《大乘起信论义记》，就是在今天，也是研究佛教的必读书籍。

圣武天皇营造东大寺和卢舍那佛大金铜像，正是受华严宗传播到日本后发出的"一即多（一对应全宇宙）的思想"启示而建立的。当时在奈良华严宗学者中，以良弁（689～771）最享盛名。[1]

3. 遣唐使：促使日本在东北亚和平崛起的外交使团

自从圣德太子派出的第一批遣隋使在外交上取得日本天皇与隋炀帝的平等地位以后[2]，尤其是"遣隋使和遣隋留学生回到日本以后，把先进的中华文化和政治思想传入了日本。日本的有识之士，由于遣隋使而一度接触到优秀的中华文化，在多少吸收了一些精华并尝到甜头以后，越发感到不满足了。他们对先进的中华文化更加赞叹和向往，进而狂热地试图汲取和模仿。遣唐使的派遣就是实现这种愿望的手段"[3]。遣唐使来华的主要目的有以下三个：

政治上：发展与唐朝的睦邻关系，以取得唐朝在一系列对外政策中对日本的支持。

经济上：与唐朝进行朝贡贸易。即以贡献"礼物"的形式，给唐朝送去一些物产，由此而得到唐朝回赠的大量珍贵物品，来满足宫廷贵族的需求。

文化上：广泛吸取唐朝先进的文化，并把它带回日本普及推广，从而丰富和发展日本的文化。[4]

① 〔日〕末木文美士：《日本佛教史》，台北：商周出版，2002，第56页。
② 《隋书·倭国传》说："日出处天子，致书日没出天子，无恙。"
③ 李寅生：《论唐代文化对日本文化的影响》，巴蜀书社，2001，第79页。
④ 李寅生：《论唐代文化对日本文化的影响》，第80页。

　　就唐日关系而言，飞鸟时代的遣隋使和遣唐使，一般从日本"难波的三津浦（今大阪市南区三津町附近）出发，西经濑户内海至筑紫的大津浦（今博德）"，"再经壹岐、对马，沿朝鲜半岛西海岸北上，或在今仁川附近西折横断黄海，或继续北上，再顺中国辽东半岛东岸而行，最后横渡渤海湾口，在山东半岛登州一带上岸"①。"从这儿开始走陆路，经青州——兖州——曹州——汴州（开封）——洛阳后，最后到达长安。归国时仍按原路返回"②。但在日本天智天皇（662～671 在位）时代，朝鲜半岛上的新罗崛起，灭了对日本友好、"愿意充当日唐交通媒介"的百济、高句丽二国，统一了朝鲜半岛。到了文武天皇时代（697～707 在位），新罗更加强大，常常对日本遣唐使进行刁难。在这种情况下，文武天皇派出的遣唐使被迫放弃了这条被称为"北路"的路线，而改换成"南路"。③ "南路有二条：一条是从大津浦起航后沿筑紫西海岸南下，绕经夜久（屋久岛）、奄美（大岛），横渡中国海，到达扬子江口"；"另一条是由大津浦至筑紫的值嘉岛（今五岛列岛和平户岛），由此横断东海至扬子江口"。④

4. 天平文化：一以贯之的大陆学问佛教

　　圣武天皇开创的天平文化⑤，更是唐风盛行的巅峰。唐朝在州县建立官寺的制度，天平时期也完全照搬，在各国（日本古代的国比现在的县略小）建立国分寺，即在各国国都建立比丘住的"金光明四天王护国之寺"和比丘尼住的"法华灭罪之寺"。金光

---

①　吴廷璆主编《日本史》，第79页。
②　李寅生：《论唐代文化对日本文化的影响》，第85页。
③　李寅生：《论唐代文化对日本文化的影响》，第85～86页。
④　吴廷璆主编《日本史》，第79页。
⑤　日本奈良时代，以京城为中心的文化通称天平文化。和铜三年（710），元明天皇奠都平城（奈良），至延历三年（784）迁都山城国长冈（京都西郊），是日本史上的奈良朝，其间729～748年以天平为年号，以后又以天平感宝、天平胜宝、天平宝字、天平神护等为年号，是奈良时代的全盛期，称为"天平文化"，又称奈良文化。

明四天王护国之寺，又称为国分僧寺；法华灭罪之寺，又称为国分尼寺。圣武天皇规定，每个国分寺里建造七重塔 1 座，塑造 1 丈 6 尺高的释迦牟尼佛像 1 尊，置备有《金光明经》、《妙法莲华经》和《大般若经》的抄本；在国分僧寺住僧 20 人，国分尼寺住尼 10 人。僧尼们在国分寺里供养、诵读、宣讲《金光明最胜王经》、《法华经》和《仁王般若经》"三大护国经典"，祈祷国泰民安，风调雨顺。"这说明中央集权机构的势力渗入到佛教界，佛教深入到地方政治"。这是因为，尽管"当时交通颇为不便"，但利用中国文化却非常神速。"这也许只限于日本当时的贵族，但在日本享受最高教育的人，具有较高教养的人，却与中国享有最高教育的人，具有最高教养的人几乎处于同一水准上，在把中国文化引进日本这一点上不仅有方便条件，而且拥有实力"。① 末木文美士对这种国家佛教的繁荣评述如下：

　　自圣德太子的时代开始，经大化革新、律令制，而逐渐确立了天皇中心的中央集权的国家体制。在这之间，佛教一方面受到国家的保护、育成，甚至被编入国家的例行行事中，另一方面也必须受到国家的制约。国家之所以大肆引进佛教，虽然有种种理由，但一般认为最大的理由是国家利用大陆传来的新宗教文化，来排出旧氏族社会的障碍，同时也企图树立新的国家体制；也可以说是一种律令体制的意识形态的层次。但是，新的律令体制并没有让旧的氏族社会绝灭，毋宁说新的律令体制使旧的氏族苏醒，同时也将之导向新秩序组织内。另外，大幅度采用佛教的天武朝时代也同时是确立以天照大神为最高顶点的神祇体制的时期，这些最后被汇归为记纪神话。佛教与古有的神祇体制并存，或是两者相关联地发展起来。②

---

① 〔日〕内藤湖南：《日本文化史研究》，第 82 页。
② 〔日〕末木文美士：《日本佛教史》，第 51 页。

在国家佛教的主导下，充满生命力的民间佛教在奈良时代非常盛行，不在国家佛教管束下的私度僧尼泛滥，行基就是代表奈良民间佛教的第一人。末木文美士对他的评价是：

养老元年的诏旨，严厉指责"小僧行基"的活动是"妄说罪福，合构朋党"、"诈称圣道，妖惑百姓"。但是，正因为民间的佛教者充满活力生气的活动，促使佛教落实在民众中，且有了举足轻重的力量。官方在建造大佛时，不得不封"小僧行基"为大僧正以得到民间力量的协助，毕竟只有官方的佛教，还是有无法突破的瓶颈。①

从末木文美士的上述评价来看，奈良朝廷对于为数众多、无法管理的民间佛教十分头痛。要想突破这种社会管理的瓶颈，树立朝廷的权威，从唐朝输入佛教管理制度，达到"以僧管僧"的社会管理目的，是天平时代最大的政治需求。这是因为，在奈良民间佛教泛滥的同时，奈良的义理佛教也非常盛行，有奈良六宗或南都六宗之称。

奈良六宗指的是与印度小乘佛教有直接源流的成实宗、俱舍宗和律宗，与隋唐佛教有直接师承的三论宗、法相宗和华严宗。就这六个宗派而言，成实宗与三论宗在理论上是相通的，俱舍宗与法相宗是相通的，律宗和华严宗在教义上都建立在如来藏思想上，与法相宗的阿赖耶识缘起说也是相通的，不过法相宗有个转识成智的拐弯，不像如来藏缘起那样直接。所以日本著名的佛教史家村上专精在他的《日本佛教史纲》里，干脆就把第一期日本佛教史称为"三论宗和法相宗时代"，即从汉传佛教传入日本到奈良末年，有230多年的历史（552～784），他说：

从钦明天皇十三年（552）到奈良朝终了，其间有二百三

---

① 〔日〕末木文美士：《日本佛教史》，第52页。

十余年。当时的佛教……作为现世佛教的结果，便是与政治混同，政教不分，因此当时的佛教可称之为政治佛教。其最兴盛时期是在圣武天皇时代，这个时期的两大事业就是东大寺和国分寺的建立。自此以后，盛极而弊渐生。在奈良朝以前，可以推古天皇的朝代作为一个阶段，以后，佛教才有明确的宗派之名，这时最盛行的是三论和法相二宗。此后虽有华严和戒律二宗的传入，但因为这两宗在本期的势力为时较短，因此特地把这个时期称作三论和法相两宗的时代。尽管如此，当时的宗派决不是如同后代那样壁垒森严，不仅一寺不单布一宗，就是一人不兼二宗、三宗的也很少。因为这些宗派主要是表明在对佛经的学习和解释上所注重的专门方面的不同，而不是信仰宗派的区别。我们称之为"学派佛教"，这实际是平安朝以前值得注意的佛教的特征。①

三论宗和法相宗在隋唐佛教里的地位，是确立了隋唐佛教理论框架和知识体系。笔者在 1998 年版《汉传佛教概论》一书的第五章中专门介绍这两个宗派的基本教义，标题为"唯理的三论宗和唯识宗"，后在 2008 年修订版《汉传佛教概论》里分章论述，即"第五章三论宗：佛教信仰理论的中国化"，"第六章唯识宗：佛教知识体系的中国化"。

（1）三论宗：确立了奈良佛教的理论框架

三论宗的创始人是吉藏。吉藏（549～623），俗姓安，祖籍安息国（今伊朗），生于金陵（今江苏南京市），幼年时随其父去见真谛，并请真谛取名为吉藏。后来其父出家，名道谅，常携吉藏到兴皇寺听法朗讲经。7 岁时从法朗出家，后以善讲三论和《涅槃经》闻名江南佛教界。为避陈朝末年的社会动荡，吉藏移锡会稽秦望山嘉祥寺，摄取天台宗的《法华玄义》讲法，活跃一时，引

---

① 〔日〕村上专精：《日本佛教史纲》，第 4～5 页。

来听众常达千余人，世称"嘉祥大师"。隋大业二年（606），应炀帝之诏，住扬州慧日道场，又迁长安日严寺，专事讲经说法。唐武德初，为十大德之一，历任实际寺、定水寺、延兴寺大德，倾其全力于三论的阐扬，著《三论玄义》，树立宗要，开创三论宗，弘扬印度龙树学说，为长安佛教界带来了前所未有的新气象。

吉藏开创的三论宗，创立了中国汉传佛教的真谛和俗谛的理论框架。真谛就是三论所强调的缘起性空，或者称为空性见，就是在研究三论（《中论》、《百论》、《十二门论》）、四论（三论＋《大智度论》）、《成实论》、《涅槃经》时，必须排除一切杂念，破邪显正。俗谛则是对现实社会的肯定，是北朝直言不讳的"帝王即是如来，王公即是菩萨"的含蓄隐晦的佛教语言表达。

嘉祥大师关于真俗二谛的论述，完成了佛教真理观的中国化。尤其是他在《二谛章》提出的"三种二谛"理论，更是搭起了汉传佛教理论的框架。嘉祥大师首先把真俗二谛分为于谛、教谛二种。于谛，是"所依义"，就是客体；教谛，是"能依义"，就是主体。于谛又包括本于二谛和末于二谛二种。本于二谛又叫所依于二谛，末于二谛又称为迷教于谛。这样，嘉祥大师就把印度佛教的真理观中国化为三种二谛理论框架，表列如下：

$$\text{真俗二谛}\begin{cases}\text{于谛二谛}\begin{cases}\text{本于二谛（1）}\\\text{末于二谛（2）}\end{cases}\\\text{教谛二谛}\ \text{———}\ （3）\end{cases}\Bigg\}\text{三种二谛}$$

所谓的本于二谛，是指凡夫从感性经验出发，把现象（有）看成是真实，这叫世谛；圣人从理性出发，透过现象发现事物存在的客观规律（空），这叫真谛。这种本于二谛的理论，是十方三世诸佛所说经教的依据。不管有佛出世，还是无佛出世，都是一种客观的存在，既不依佛的意志为转移，也不依人或神的意志为转移，所以叫本于二谛。

所谓的末于二谛，又叫迷教于谛，是说有些人学习了佛法容易走极端，要么过左，要么过右，不能正确地理解佛法，把佛说的经教当成教条，看到佛在有的经教里说有，就把幻有当成实有，看到佛在某些经教里说空，就把真空当成顽空，而不能理解佛说真空妙有的确切含义，这就叫迷教于谛，即学经教走火入魔了，这是非常危险的，因为活生生的人，反而被僵死的理论给窒息死了。

所谓的教谛二谛，是说诸佛出世演教时，依据凡夫所说的有而说有，目的不在于说现象是真实的存在（有），而在于说现象是处于不断的运动变化中（不有）；依据圣人之空而说空，目的不在于说明现象的不断运动变化的概念（顽空），而在于说现象的不断变化是有规律的。

大陆佛教是一种唯经论的佛教，这是中国人的唯经思维方式在佛教中国化过程中的反映，大陆佛教经朝鲜半岛，延伸到日本海岛的方式，也是经典的传承，主要是鸠摩罗什和玄奘所翻译经论的传承，搭起了日本飞鸟、白凤文化的理论框架和知识体系。

鸠摩罗什（343～413），义译为童寿，祖籍天竺，生于龟兹（今新疆库车），7 岁出家，从师游学，据《高僧传》卷二记载，罗什 9 岁时随母离开龟兹到罽宾（今克什米尔）学习小乘佛教说一切有部经典，12 岁随母归龟兹途中入沙勒国住一年，先修学小乘，后改学大乘。而后到温宿国，也到龟兹升座说法，誉满西域。公元 384 年，罗什 41 岁时，被吕光掠到凉州 16 年，学会了汉语，接触汉文经史典籍，研究中国传统文化，为他以后的译经生涯做了充分准备。从公元 402 年到 413 年的 11 年多的时间里，他在长安共译佛经 35 部 294 卷。罗什的翻译事业，主要表现为重译和新译两大类。重译是对前辈译经事业的校正和补充，也就是对汉传佛教界已经盛行的大小品《般若经》、《维摩经》、《正法华经》等经典的重新翻译，使其语句更加符合汉文的表述，更容易让汉僧理解。新译是将当时印度、中亚流行的大乘佛教——中观学派的经典著作翻译成汉文，介绍国际佛教界的最新动态，系统地介绍了龙树的中观学说，把该学派主要论著，诸如龙树的《中论》、《百论》、《大智度论》以及龙树弟子提婆的《十二门论》等译成了中文。另外还译有与龙树学派接近的部派佛教名著《成实论》，再加上规范僧尼行为的《十诵律》、修禅观的《坐禅三昧经》，就把以缘起性空为理论基础的大乘佛教基本上和盘托出，为中国汉传佛教的形成作出了重大贡献。罗什的译典成为南北朝佛教的一些学派和隋唐某些宗派所依奉的重要经典，并直接促使"般若王僧肇"和"涅槃圣道生"的佛学思想产生，也对"汉传佛教教父慧远"的佛教思想产生了间接的影响。正如村上专精所说：

> 从圣德太子所著的义疏引用提婆的空宗很多来看，其师慧慈当是三论宗系统的僧人。推古天皇十年，从百济来的观勒僧正，显然属三论宗系统，但他并没有大力宣扬其教义。推古朝三十三年，来日的高丽僧慧灌僧正开始宣讲三论宗的"八不中道"的教义。因此，古来以慧灌为日本空宗的始祖。慧灌曾入唐从吉藏受教。成实宗在中国虽然一度压过三论，但传到日本却未独立成宗，自古以来就被称为三论的附宗，大概在开始是与三论宗同时传入的。直到天武天皇［673～686］时，百济僧道藏才注有《成实论》疏，并加宣讲。[①]

这说明，鸠摩罗什翻译的《中论》、《百论》、《十二门论》和《成实论》，在被吉藏整合成三论宗以后，经慧慈、慧灌等百济、高丽僧人连同《成实论》一起传播到日本推古朝。"因此，三论宗是日本有佛教宗派的开端"[②]，同时也说明日本飞鸟文化的开放性。

---

① 〔日〕村上专精：《日本佛教史纲》，第15页。
② 〔日〕村上专精：《日本佛教史纲》，第16页。

在齐明天皇（655～660在位）朝，法相宗又从长安传入日本。正如村上专精所说：

> 三论宗传入后经过三十余年，在齐明天皇［655～660］朝，道昭大僧都传入法相宗。俱舍宗是法相宗的附宗，大抵是同时传入日本的。道昭俗姓船连，河内丹比人，是百济王辰尔的后代，父名惠尺。他在白雉四年［653］五月，随遣唐使赴唐，受教于玄奘三藏，并且傍学禅宗。在唐七年，归国后住元兴寺，盛张法筵。他周游各地时，在路旁凿井，于渡口设船，做了许多其它有利于民众的事情。在文武天皇即位的第二年［698］，他以七十二岁圆寂于元兴寺禅院。据他的遗言，举行火葬。这是日本举行火葬的开始。齐明天皇四年［658］七月，即道昭赴唐后的第五年，智通、智达二人又乘新罗船西航赴唐，跟玄奘和窥基（慈恩大师）学法相教义。到大宝三年［703］，智凤、智鸾、智雄等人奉旨赴唐，跟智周学唯识教义。以上的三传中，第一、第二两传，合称为"南寺传"或"元兴寺传"，而把第三传称为"北寺传"或"兴福寺传"。①

（2）法相宗：确立了奈良佛教的知识体系

法相宗连同《俱舍论》一起进入飞鸟文化和白凤文化中，表明玄奘翻译的印度佛教的瑜伽行派的经论传入日本，丰富了日本佛教的知识体系。

玄奘（602～664），俗姓陈，名祎，洛州缑氏县（今河南省偃师市南）人。隋唐之际，遍历陇、蜀、荆、赵诸地，就道基、宝迁学《摄论》、《毗昙》，从震法师听《发智论》。唐武德五年（622）受具足戒，又学律部。后又从道深受《成实论》，就道岳学《俱舍论》，听法常、僧辩讲《摄大乘论》。因慨叹众师所论不一，

---

① 〔日〕村上专精：《日本佛教史纲》，第19页。

誓游天竺，以消解惑疑。贞观三年（629，一作贞观元年）孤身西行，经中亚进入印度，至摩揭陀国，时为贞观五年（631），年仅30岁，遂留学那烂陀寺，入戒贤论师门下，习《瑜伽师地论》、《显扬》、《婆沙》、《俱舍》、《顺正理》、《因明》、《声明》、《集量》、《中》、《百》等论5年。其后，游学12年，还那烂陀寺，依戒贤之命讲《摄大乘论》、《唯识抉择论》，并与讲《中论》、《百论》的师子光进行辩论，融会贯通中观、瑜伽二宗，作《会宗论》3000颂，后又造《破恶见论》1600颂，破斥乌荼国小乘论师的《破大乘论》，名震五天竺。戒日王等闻名，竞相礼谒。时年仅41岁，意欲东返。戒日王于曲女城召开大法会，五印度18国王均列席，大小乘僧及婆罗门等7000余人到会，此即佛教史上著名的"曲女城辩论大会"。玄奘受请为论主，称扬大乘，提出论文《真唯识量颂》，悬于会场门外，经18日，竟无人发难。会毕，决意辞归，戒日王坚留不成，遂邀集18国王于首都钵罗那迦城，开75天"无遮（布施）大会"，隆重饯行。贞观十七年（643），正式东归，经由今新疆南路、于阗、楼兰而回国，行程50000里，于贞观十九年（645）正月抵达长安，往返共历17年，唐太宗敕命梁国公房玄龄等文武百官举行盛大欢迎仪式。

玄奘带回佛像及佛舍利150粒、佛经梵文原典520夹657部，先后于弘福寺、大慈恩寺、玉华宫从事翻译事业，历19年，共出经论七十五部，一三三五卷，主要有《大般若经》六百卷、《瑜伽师地论》一百卷、《大毗婆沙论》二百卷、《俱舍论》、《成唯识论》、《摄大乘论》等，在初唐创立慈恩宗，又叫法相宗，或叫唯识宗。其中的六百卷《大般若经》是奈良时代的重要护国经典。

所谓的法相宗，实际上是印度瑜伽行派的无著在公元310年至390年间，钻研弥勒论师的《瑜伽师地论》，著《摄大乘论》、《显扬圣教论》张扬出来的法相佛教，即从断除人的烦恼的根源着手，针对人的个性及思想动态，乃至引起思想动态的宇宙万有，进行分门别类的深入分析，诸如五蕴、十二处、十八界、《俱舍论》所说的五位七十五法、《百法明门论》所说的五位百法，加以严格判释，就叫法相宗。

所谓的唯识学，是无著的弟弟世亲在公元 320 至 400 年间，钻研弥勒论师的《瑜伽师地论》，著《唯识二十颂》、《唯识三十颂》而张扬的唯识佛教，即阿赖耶识缘起论，又叫"分别自性缘起论"，或"自性缘起论"。"分别"，指一切法，即一切现象；"自性"，就是人们的认识功能，就是阿赖耶识，被称为"阿赖耶识种子"。阿赖耶识种子依前七识熏力的熏发，即人们长期积累下来的观念、经验、习惯的熏习影响、作用，使种子生长，生起"现行"（显形行起），展现为宇宙万象。人们的经验认识遗留在阿赖耶识里，就成为种子，在人的思维活动中会变现出种种影像。归根到底，阿赖耶识是一种万有的总根源、总依据。奈良六宗所说的法相宗实际是玄奘所传的法相学和窥基及其门人所传的唯识学，丰富了飞鸟、白凤时代贵族权臣的佛教知识，以兴福寺为传播中心。由于兴福寺是"藤原氏的家寺，随着藤原氏在朝廷逐渐得势，反而呈现盛况，但其它诸宗如三论宗、华严宗等，则均陷于绝境"①，并使佛教向草根化的方向发展，这主要是出身于该宗的行基菩萨的功劳。村上专精说：

> 行基菩萨，俗姓高志氏，是和泉国〔在今大阪县〕大鸟郡家原人，十五岁出家，入药师寺，后来在道昭、义渊门下学《瑜伽》、《唯识》妙义。他三十五岁时回到故乡，从此周游各地，大力从事弘法事业。常常沿街行走独自高唱阿弥陀佛的名号，道、俗跟随如市，当时人们一听说行基到来，都出来礼拜。他的足迹所到之处，建寺院、掘池塘、开荒地、架桥梁、修道路、筑港湾、救济贫民、帮助医病，几乎走遍六十余州。他所建立的寺院，仅在畿内地区据称就有六十九所。像菅原

---

① 〔日〕村上专精：《日本佛教史纲》，第 5 页。

寺、昆阳寺等有名的寺院很多。从难波通到西国的航路，每隔一日路程设置一个港湾，又开凿难波的堀江，在木津川、泉川等河上架设桥梁。有马温泉也是他所开辟的，施药院等就建在此地。其它事业不胜列举。当时人尊敬他的德行，称之为菩萨。到圣武天皇［724~748］时，他帮助天皇建成了国分寺和东大寺，自任东大寺的劝化之事，天平十七年［745］正月，一跃受任大僧正。大僧正的官位始于此时，此后二百余年不见此名。接着，他又担任天皇、皇后、皇太后出家的戒师。天平感宝元年［749］二月，他把所写遗诫留给弟子，以八十岁高龄寂于菅原寺。据说他亲度的弟子有一百余人，受菩萨戒的弟子达三千余人。①

（3）华严宗：确立了奈良佛教的一佛乘信仰体系

华严宗，又称贤首宗，是汉传佛教八大宗派之一。隋唐之际的杜顺和尚，僧传上说是文殊师利菩萨化身，依据《华严经》确立了一佛乘的观修方法，成为华严宗初祖。后经云华智严禅师、贤首法藏禅师、清凉澄观禅师、圭峰宗密禅师继续努力，尤其是法藏禅师，集华严宗之大成，使华严宗教理纲目备举。

华严宗的观修方法，是建立在一心法界无尽缘起的理论基础之上的。华严宗所说的"一心"，指的是人的思维方式。笔者在拙著《汉传佛教概论》里认为：

清凉大师正是以华严五教来说明"一心"有五种思维方式：（1）"假立一心"，这是小教学人的思维方式，其特征是认为世界上的万事万物都是真实的存在。（2）"异熟赖耶一心"，这是大乘相始教学人的思维方式，即以主观性（阿赖耶）作为思维的前提，只有自我，目空一切，好为人师的唯

---

① 〔日〕村上专精：《日本佛教史纲》，第20页。

我论者。(3)"如来藏性一心"，这是大乘终教学人的思维方式，其特征是认为人人都有成佛的可能性，所以谦卑礼让是其修行的准则。(4)"泯绝无寄一心"，这是大乘顿教学人的思维方式，强调在主体思维的每一个念头上下功夫，解脱在我，立地成佛。(5)"总该万有一心"，这是大乘圆教学人的思维方式，也就是华严宗所推崇的思维方式，其特征是通过对主客体的双互观照，心境合一，在事上磨练的成佛理论。①

"总该万有一心"的理论，即一心对应全宇宙的思想，是大化革新以后奈良佛教发展的总趋势。换句话说，奈良佛教以中国化了的华严宗为主流信仰，华严宗成为奈良时代的核心价值体系。正如村上专精所说：

　　一般地说，在奈良朝传播的佛教按其宗派进行分类，三论宗和法相宗属于权大乘教，而成实宗和俱舍宗是小乘教。由于这四宗都根据"论部"创立宗派，所以称为"论宗"。律宗是"分通大乘教"，因为依据律部创立，所以名为律宗。除了上述论宗、律宗之外，其它依据"经部"创立的宗派就是所谓经宗；而属于"实大乘教"的称为华严宗。《华严经》传到日本是相当早的，在元正天皇养老年间［717～723］，天皇为追善修福曾已让人誊写了《华严经》。但讲解《华严经》却是在圣武天皇以后。天平八年［736］道璿来到日本，据说带来许多《华严经》的章疏，而且与他同船的婆罗门僧正也经常诵读《华严经》，由此看来，日本的华严宗无疑就是由他们兴起的。当时新罗的审祥高僧来到日本，住在大安寺，他精通华严宗深义。开始无人知道他的德能。恰巧良辨僧正深怀兴隆华严宗的愿望，在天平十二年，他为灵梦所感，请审祥到金钟寺道

---

① 李尚全：《汉传佛教概论》，东方出版中心，2008，第104页。

场首次开讲《华严经》。这是日本华严宗兴起的开始。所以，一般把审祥看作本宗的第一祖，把良辨看作第二祖。

　　良辨僧正，江州［近江，今滋贺］人，俗姓浅部氏，虽然民间对他有种种不同的传说，但身世不详。据说，良辨二岁时，母亲领着他到桑林里，忽然被大鹫捉去放到大和春日祠前，义渊僧正见而收养。稍长出家，一面服侍义渊僧正，一面学习法相宗义。后来退隐东山，建筑一个小堂，安置自刻的执金刚神像，日夜练心修行，时人称之为金钟行者。圣武天皇闻其德风，特别敕赐不空绢索院。此后就改称金钟寺。这是天平五年［733］的事情。以后审祥于此寺前讲说《华严经》，把金钟寺当作弘布华严宗的道场。后来东大寺就建立在这里。良辨首任东大寺的别当，司寺务，兼法务；其官职从僧都升到僧正。[①]

　　（4）律宗：圣武天皇企盼的佛教

　　奈良六宗里的律宗，"最初是善信尼去百济传受来的，推古天皇朝虽有律师来日，但还不足称道。传到日本的南山律宗前后有过三传。天武天皇朝道光律师入唐受传戒律是第一传；圣武天皇天平七年［735］道璿律师来日是第二传；天平十三年［741］，鉴真和上来到我国，是第三传。"[②] 从此，日本佛教才有了律宗，标志着日本佛教制度的确立。

四　时势造盲圣

　　从历史唯物主义的视角来看，自然界和人都是历史的产物，历史则是时间和空间的统一。日本的母系氏族社会，在秦汉归化人带

---

① 〔日〕村上专精：《日本佛教史纲》，第28～29页。
② 〔日〕村上专精：《日本佛教史纲》，第32页。

来的先进大陆文化的发酵下，跳跃式地进入弥生文化（日本早期奴隶制国家），在政治上建立了邪马台国。后来，九州岛北部的邪马台国被近畿的大和国所统一。在大陆南朝文化的影响下，大和国的五倭王，把日本的奴隶制发展到鼎盛时期，即古坟文化。从圣德太子开始，日本派遣隋使和遣唐使直接到大陆输入汉字、儒学、律令制和佛教，使日本社会全盘唐风化，正如日本著名的文艺评论家龟井胜一郎（1907~1966）所说：

> 日本受了外来文化的影响，全面地经历着很大变化的时期，我称它为"民族变貌期"。在古代，从七世纪初至九世纪末约三百年间，日本受唐代文化的影响最为强烈，这是众所周知的。从佛教思想至政治上的各种制度，乃至贵族的风尚，在这三百年间，可以说是向唐化一边倒的时代。日本古代的文化史，如抽去了这个事实，那是不能设想的。[①]

鉴真成为日本佛教律宗的开山祖师、医药鼻祖和文化恩人，正是日本"民族变貌期"造就的盲圣，一千多年来，深受日本人民的爱戴，"在中日人民友好往来和文化交流的历史长河中，鉴真是一位作出了重大贡献，值得永远纪念的人物"[②]。日本自古坟文化晚期起，汉传佛教经朝鲜半岛传入日本，成为飞鸟文化和白凤文化的主流文化。到了奈良时代，来自大陆的汉字、儒学、律令制和佛教更是成为标志性的四人元素。尤其是汉传佛教，从圣德太子到圣武天皇一以贯之，其间导致了大化革新运动，促使日本社会由奴隶社会质变成封建社会，成为天平文化的核心价值体系。

大化革新以后，在飞鸟、白凤文化时期带有明显印度佛教色彩的三论宗、成实宗和法相宗、俱舍宗，开始褪色，具有中国特色的

---

① 〔日〕龟井胜一郎：《盲圣》，志静译，《现代佛学》1963 年第 4 期。
② 邓小平：《一件具有深远意义的盛事》，1980 年 4 月 19 日《人民日报》。

华严宗佛教日益凸显出来，华严宗的一佛乘思想与传统的氏姓制，成为天皇加强中央集权的两大法宝。但任何事物的发展都有两面性，佛教自飞鸟文化以来，一方面满足了天皇唐风化的需求，同时也带来了佛教的无序发展，正如龟井胜一郎指出的：

> 鉴真来到日本，是天平胜宝六年（七五四）；是奈良东大寺举行了大佛开眼供养（即开光法会）的二年以后的事。大佛的开眼，虽可说是国家佛教成立的象征，但其相反的一面，却造成财力的浪费，和给参加这个营造工程的人民带来了非常的疲弊、穷乏和流离。在《续日本纪》上就能看到非难此事的记载。同时许多住在大寺院的僧尼们的腐败堕落，也是由来已久了。八世纪后半的奈良佛教，可说是处于一种颓废的状态。①

也就是说，日本国家佛教的确立，以及解决日本佛教界的混乱现象，急需像鉴真这样的律宗高僧。

就鉴真自身而言，他生活的扬州，是唐日关系最为密切时期的中转站，日本在文武天皇时代（697～706）到孝谦天皇时代（749～757），相当于唐朝中宗、睿宗、玄宗时期，在大约 50 年间，共派出四次遣唐使，"每次四船，总数达五六百人"②。他们从日本的难波港出发，向西横穿濑户内海，经筑紫大港，即博德大港，继续向西航行到五岛列岛之值嘉屿的美弥良久海角，略做休整，"观测风向，在顺风之时一鼓作气，扬帆横渡东海"③，漂流到长江三角洲的明州（宁波）、越州（绍兴）和扬州的海陵县，乃至福州等地，

---

① 〔日〕龟井胜一郎：《盲圣》，志静译，《现代佛学》1963 年第 4 期。
② 李寅生：《论唐代文化对日本文化的影响》，第 83 页
③ 〔日〕古濑奈津子：《遣唐使眼里的中国》，郑威译，武汉大学出版社，2007，第 16 页。

然后汇集扬州。①

　　在 8 世纪上半叶来到扬州的四次遣唐使，规模虽然庞大，每次有五六百人，但到长安的人数为二三十人，最多不会超过 45 人，②绝大部分遣唐使和随行人员滞留在扬州，学习先进的唐文化，同时也把日本的社会风气介绍到了扬州。鉴真正是通过如此众多的遣唐使，了解到了日本佛教的现状，对日本佛教界的混乱状况甚为惋惜。正如赵朴初所说：

　　　　鉴真所生活的时代正是我国中世纪封建文化达于顶峰的开元、天宝盛唐时期，它代表着当时东方世界各个体系的文明长期融汇发展达到高度成熟的阶段。鉴真的活动地区扬州，又是当时东方各国人民接触聚合极为密切的一个大国际都市。那时候的先进人物，其胸襟之恢弘与视野之开阔，往往为前代所无。在这样的时代环境下面，产生了鉴真那样崇高无私的精神，是完全可以理解的。③

也就是说，作为一代宗师的鉴真大师，是汉唐以来，扬州盛行的佛教文化孕育出来的佛教高僧，他生活的扬州，是唐朝最繁华的大都市之一。他出家为僧的那一年，即周长安元年（701），日本和新罗交恶，遣唐使被迫改道航行到长三角登陆，把长安、洛阳、扬州与日本的政治、经济、文化中心奈良，连成一线，当时唐日交流最为密切，遣唐使规模最大，每次有五六百人。乘坐四艘航船的第 8 次、第 9 次、第 10 次、第 11 次遣唐使团，他们每次在扬州滞留550 多人，这对鉴真了解日本佛教混乱现状，无疑起了重要的作用，增加了鉴真到日本弘法度众生的使命感和紧迫感。日本从鉴真

---

①　〔日〕古赖奈津子：《遣唐使眼里的中国》，第 17 ~ 18 页。

②　〔日〕古赖奈津子：《遣唐使眼里的中国》，第 19 ~ 20 页。

③　赵朴初：《纪念鉴真大师　展望中日人民友谊的光明前途》，徐凤仪主编《鉴真文化大观》（上卷），中国炎黄文化出版社，2010，第 3 页。

出家的周长安元年（701），到唐玄宗天宝十二载（753）鉴真到达日本的 50 多年间，是唐风劲吹，全盘唐化的天平时代，对像鉴真大师这样的高僧的政治需求，达到了如饥似渴的地步，圣武天皇创建的国家寺院东大寺，筑起的传戒台，十分迫切地需要像鉴真这样的高僧来填补空白，奈良时代的整个核心价值体系急需像鉴真这样的高僧来充实。

第二章　长安与洛阳：名师陶冶鉴真佛教信仰的摇篮

隋唐佛教是中国佛教的黄金时代。它是国家政权干预佛教的直接结果，国家寺院、度牒制度和出家制度三位一体。在国家政权的保护下，隋唐佛教出现了八大宗派争相吐艳的盛况。在整个隋唐之际到盛唐，对中国文化乃至东亚文化作出重大贡献的高僧林立，诸如智𫗧、吉藏、玄奘、法藏、道宣、义净、弘忍等高僧，都对鉴真的成才有间接甚至直接影响。鉴真在长安和洛阳求法长达6年，在两京佛教名师的陶冶下，夯实了佛教信仰的基础，成为他东渡日本弘法的资本。

一　国家佛教：隋唐前期佛教的主旋律

1. 十六国、北朝：国家佛教意识形态形成

国家佛教肇始于十六国、北朝（316～589）。在十六国的汉化过程中，高僧通过预言社会动乱中的国家命运，战争的胜负，与统治者联络在一起，又通过治病、祛除旱灾和火灾、祈雨等咒术与普通民众水乳交融在一起，难解难分。为了报答佛教咒术的奇特感应性和笼络民众，十六国乃至北朝的统治者不惜动用国家财力，兴建寺院，雕塑佛像，启建大法会，凸显出国家佛教色彩，出现了佛教和政府互相利用的社会气象。为了达到使汉族人民服从佛教教规以

至臣服十六国、北朝少数民族政权的目的，少数民族帝王礼请佛图澄、道安、鸠摩罗什、昙无谶等高僧直接参与国家政治，弱化儒家知识分子在国家政权中的作用，[①] 促使佛教意识形态化，并进一步影响到东北亚佛教，"导致了东北亚藩属国佛教意识形态化。直接吸纳北朝国家佛教的高句丽，尤其是新罗佛教，也把佛教作为核心价值体系，其后传入日本，更是青出于蓝而胜于蓝"[②]。

2. 隋唐前期的佛教事务：国家意志的重要组成部分

隋唐之际，中央政府借鉴了北朝的国家佛教意识形态体系，进一步完善为寺院国家化、出家为僧律令化、僧尼生活规范化。

（1）佛教寺院国家化

隋文帝在开皇元年（581）统一全国以后，一改北周武帝灭佛的政策，开始大力恢复佛教。这与隋文帝的个人经历密切相关。他从小就生活在寺院里，《隋书》卷一《帝纪第一·高祖上》说：

> 皇妣吕氏，以大统七年六月癸丑夜，生高祖于冯翊般若寺，紫气充庭。有尼来自河东，谓皇妣曰："此儿所从来甚异，不可于俗间处之。"尼将高祖舍于别馆，躬自抚养。皇妣尝抱高祖，忽见头上角出，遍体鳞起。皇妣大骇，坠高祖于地。尼自外入见曰："已惊我儿，致令晚得天下。"为人龙颜，额上有五柱入顶，目光外射，有文在手曰"王"。长上短下，沈深严重。初入太学，虽至亲昵不敢狎也。[③]

道宣在《集古今佛道论衡》卷丙里，对隋文帝在寺院里的童年生活说得更加具体详细：

---

①　李尚全：《简明中国佛教史》，上海社会科学院出版社，2011，第 43～44 页。
②　李尚全：《简明中国佛教史》，第 59 页。
③　魏征等撰《隋书》一，中华书局，1973，第 1～2 页。

案：隋著作王邵述隋祖起居注云：帝以后魏大统七年六月十三日，生于同州般若尼寺。于时，赤光照室，流溢户外，紫气满庭，状如楼阁，色染人衣，内外惊异。帝母以时炎热，就而扇之，寒甚，几绝，困不能啼。有神尼者，名曰智仙，河东刘氏女也。少出家，有戒行，和上失之，恐堕井，乃在佛屋，俨然坐定，时年七岁，遂以禅观为业。及帝诞日，无因而至，语太祖曰："儿天佛所佑，勿忧也。"尼遂名帝为"那罗延"，言如金刚，不可坏也。又曰："儿来处异伦，俗家秽杂，自为养之。"太祖乃割宅为寺，以儿委尼，不敢召问。后皇妣来抱，忽化为龙，惊遑堕地。尼曰："何因妄触我儿，遂令晚得天下。"及年七岁，告帝曰："儿当大贵，从东国来。佛法当灭，由儿兴之。"尼沈静寡言，时道吉凶，莫不符验。初在寺养，帝年至十三，方始还家。及周灭二教，尼隐皇家。帝后果自山东入为天子，重兴佛法，皆如尼言。及登位后，每顾群臣，追念阿阇梨，以为口实。①

隋文帝几乎是在神尼智仙的培养下，度过了整个青少年时期，对佛教有深厚的感情，用他自己的话说，就是"我兴由佛法"②。所以他在开皇元年（581）"即位同时，设置官寺，未顷，即将北周废佛后周静帝所建之都——大兴陟岵寺，改称大兴善寺，其城廓又各为大兴城、大兴殿、大兴门等，又举行佛道祭奠。此外，又于四十五州大兴国寺，准昙延（516～588），得度一千人等，行一连串复兴佛教之举"③。换句话说，隋文帝即位以后，在长安建立了大兴善寺，作为中央级官寺；在开皇元年闰三月，在东岳泰山、南岳衡山、西岳华山、北岳恒山、中岳嵩山，各建置一官寺，七月，又在

---

① 《大正藏》第 52 卷，第 379 页 a。
② 《大正藏》第 52 卷，第 379 页 a。
③ 〔日〕中村元：《中国佛教发展史（上）》，余万居译，台北：天华出版事业股份有限公司，1984，第 191 页。

其父征战过的襄阳（今湖北襄阳）、隋郡（今湖北隋县）、江陵（今湖北荆州）、晋阳（今山西太原）四地各建置一官寺；统一全国以后，又在45州建立大兴国寺，作为地方政府的官寺。

隋文帝推行的佛教寺院国家化政策，被唐政府全盘接受，也被日本奈良政府引进日本。早在天武天皇（673～686在位）、持统天皇（女，686～696在位）时代，就准备建立相当于隋唐地方政府性寺院国分寺，专门念诵护国经典《金光明经》、《仁王经》和《般若经》。到了圣武天皇（724～749在位）执政的25年间，建立了统辖国分寺的中央级寺院总国分寺——东大寺、总国分尼寺——大和法华寺。中央级总国分寺——东大寺，地方级国分寺——金光明四天王护国寺（简称金光明寺），是圣武天皇主持兴建的国家寺院，是比丘居住的寺院，专门念诵《金光明最胜王经》，为国祈福。中央级总国分尼寺——大和法华寺，地方级国分尼寺——法华灭罪寺，是光明皇后主持兴建的国家寺院，是比丘尼居住的寺院，专门念诵《法华经》，为国祈福。①

（2）唐前期的宗教政策：优先发展道教，强化管理佛教事务工作

武德元年（618），唐高祖李渊建立唐朝，在宗教政策上继承了隋炀帝的宗教政策。隋炀帝在位12年（605～617），虽然他受菩萨戒，但奉行佛教和道教平等的宗教政策，在隋文帝开皇九年（589）任扬州总管时，"于扬州置镇抚江南的总管府，旋又置佛教慧日、法云二道场，道教玉清、金洞二玄坛，招集江淮地方僧尼、道士、女冠，皆厚遇之。慧日道场中举凡智脱、法灯、吉藏、智矩、慧越、法安、法称等，皆旧南朝佛教界名僧，道教者受招有玉清玄坛主的王远知，亦堪称隋、唐初道教界中之翘楚。彭城寺靖嵩、武丘山智琰、天台山智颛等杰出高僧，虽坚辞招请，然晋王仍极力延请，于此亦可窥知炀帝对南朝佛教的宗教政策意图。凡此，

---

①　可参阅〔日〕村上专精《日本佛教史纲》，第26～28页。

又规定四道场大众不属地方政厅管辖，其一切资给悉由国家赋予，以家僧之礼待之，优遇非常。文帝开国初即统制北周宗教，废通道观，于长安朱雀门街东西建大兴善寺、玄都观；而炀帝此等措施，亦可谓承继其父文帝采道、佛二教并信的政策"①。晋王杨广这种平等管理宗教事务的模式，随着他被立为太子，先移植到长安日严寺，即隋文帝开皇二十年（600），"晋王广被立为太子，随即于京师大兴城建日严寺。据云，此寺原为居朱雀门街青龙坊内的晋王广，为造营府邸施入材木而建。晋王广自江都慧日道场招聘智脱、法澄、道庄、法论、吉藏等僧，除彦琮、法显、慧常等名僧外，大抵均为南朝高僧。其时，长安已有文帝所建的大兴善寺、玄都观等佛、道二教中心寺观，长安已蔚为隋代宗教政策的根据地，多数高僧猬集于此。日严寺住僧，或为江南名僧，或多为晋王广所招聘者，《高僧传》中多列于义解僧、杂科艺能僧中；故有极浓厚的晋王家僧及贵族佛教的色彩，亦可谓江都慧日道场的延长。总之，多数高论荣达之僧，此时多云集长安，所谓'日严大德四十余人，比四海宗师，一时翘楚'。此之谓也"②。此时正是推古天皇（女，592~628在位）在日本执政时期，由圣德太子摄政，他在晋王杨广立为太子的开皇二十年（600），派出的第一次遣隋使也到了长安，《隋书》卷八十一《列传第四十六·倭国》说：

开皇二十年，倭工姓阿每，字多利思比孤，号阿辈鸡弥，遣使诣阙。上令所司访其风俗。使者言倭王以天为兄，以日为弟，天未明时出听政，跏趺坐，日出便停理务，云委之我弟。高祖曰："此太无义理。"于是训令改之。③

① 〔日〕中村元：《中国佛教发展史（上）》，第195~196页。
② 〔日〕中村元：《中国佛教发展史（上）》，第198页。
③ 魏征等撰《隋书》二（简体字本），中华书局，1999，第1225页。

长安佛教的这些新动态，肯定被第一次遣隋使带到了日本，反馈给了以大陆文化立国的圣德太子。晋王杨广在大业元年（605）即帝位的同时，大力营建东都——新洛阳城，在"景运门内建慧日、法云二道场及通真、玉清二玄坛。江都扬州四道场中有金洞玄坛，东都内四道场中有通真玄坛，其名虽异，然乃基于佛、道并信的宗教政策，亦即江都四道场的延长，实无容置疑的。而其与江都时相同，现存详细资料阙如，法云道场、通真玄坛极可能为女尼及女冠道场，玉清玄坛极可能为道士道场，所存者仅有关慧日道场的记述。虽道教方面资料不足无法征信，然此四道场乃基于佛道并信的宗教政策而建，但在实质上极可能以佛教活动为主，尤其以僧侣的活动为中心"①。由此可知，表面上看，隋炀帝的宗教政策似乎强调佛教和道教的平等发展，但实质上仍然推行隋文帝的"佛教优先"宗教政策，主要表现在外国留学僧的教育上，正如日本著名中国佛教史家镰田茂雄所说：

> 隋炀帝时，在鸿胪寺四方馆进行外国留学僧的教育。大业四年（608）净业负责教授蕃僧；大业九年（618）静藏负责教授东蕃；大业一〇年灵润负责教授三韩；神迥负责教授三韩诸方士。此外，无碍（552～645）和慧乘（555～630）也在四方馆任教。
>
> 日本早在开皇二〇年（600）就派遣了第一批遣隋使。接着大业四年（608）又派遣了第二批遣隋使，佛教僧侣数十人跟随遣隋使大礼小野妹子到中国留学。次年即大业五年中国僧道判在鸿胪寺教授蕃僧，在这些蕃僧中也许就有日本留学僧。②

---

① 〔日〕中村元：《中国佛教发展史（上）》，第199页。
② 〔日〕镰田茂雄：《简明中国佛教史》，郑彭年译，上海译文出版社，1986，第164页。

所以，在隋文帝优先发展佛教的政策促动下，到隋朝灭亡的时候，隋朝的僧尼人数有 236200 人，寺院达 3985 所。①

唐高祖登基以后，在隋炀帝佛教与道教平等政策的基础上，在武德九年（626）颁布《沙汰佛道诏》，推行强化管理佛教事务工作的政策，全文如下：

门下：释迦阐教，清静为先，远离尘垢，断除贪欲。所以宏宣胜业，修殖善根，开导愚迷，津梁品庶。是以敷演经教，检约学徒，调伏身心，舍诸染著，衣服饮食，咸资四辈。

自觉王迁谢，像法流行，末代陵迟，渐以亏滥。乃有猥贱之侣，规自尊高；浮惰之人，苟避徭役。妄为剃度，托号出家，嗜欲无厌，营求不息。出入闾里，周旋阛阓，驱策畜产，聚积货物，耕织为生，估贩成业，事同编户，迹等齐人。进违戒律之文，退无礼典之训。至乃亲行劫掠，躬自穿窬，造作妖讹，交通豪猾，每罹宪网，自陷重刑，黩乱真如，倾毁妙法。譬兹粮莠，有秽嘉苗，类彼淤泥，混夫清水。又伽蓝之地，本曰净居，栖心之所，理尚幽寂。近代已来，多立寺舍，不求闲旷之境，唯趣喧杂之方。缮筑崎岖，甍宇舛错，招来隐匿，诱纳奸邪。或有接近廛邸，邻迹屠酤，埃尘满室，膻腥盈道。徒长轻慢之心，有亏崇敬之义。且老氏垂化，本实冲虚，养志无为，遗情物外。全真守一，是为元门，驱驰世务，尤乖宗旨。

朕膺期驭宇，兴隆教法，志思利益，情在护持。欲使玉石区分，薰莸有辨，长存妙道，永固福田，正本澄源，宜从沙汰。诸僧、尼、道士、女冠等，有精勤练行守戒律者，并令就大寺、观居住，官给衣食，勿令乏短。其不能精进戒行有阙者，不堪供养，并令罢退，各还桑梓。所司明为条式，务依法教，违制之事，悉宜停断。京城留寺三所，观二所，其余天下

① 唐·法琳：《辨正论》卷三，《大正藏》第 52 卷，第 509 页 c。

诸州各留一所，余悉罢之。①

表面上看，这篇诏书与隋炀帝的佛教和道教平等对待一样，但实质上与隋炀帝优先发展佛教的政策恰恰相反，在唐高祖的骨子里是推行"优先发展道教"的宗教政策，从"京城留寺三所，观二所，其余天下诸州各留一所，余悉罢之"的诏文来看，这无疑是一个抑佛扬道的不平等的宗教政策，对道教极为有利。据《长安志》记载，在唐高祖执政时期（618～626），僧尼人数与道士人数的比例是91∶16，寺院与道观的比例是120∶10；而一州一寺一观的政策，实际上要淘汰2000多座佛教寺院。就长安的佛教和道教情况而言，"道观减少到原来的五分之一"，"佛寺则萎缩至原来的四十分之一"。② 所以唐高祖的宗教政策，表面上看来是平等的，但在实际工作中是不平等的，这也许与唐朝的皇帝自称是"老子的苗裔"有关，③ 与北朝和隋朝的"帝王即是如来，王公即是菩萨"形成了极大的反差。不过，"对于佛教徒而言，值得庆幸的是，在高祖颁布了沙汰令之后才一个月，他就不得不逊位于他的第二个儿子李世民，即后来的唐太宗。新皇帝认识到佛教徒的支持对于他获取权力的重要性，立即停止了他父亲的诏令"④。

据郭朋研究，唐太宗李世民即位以后，"对佛教表现了异常的热心"，"简直是在步隋文帝父子的后尘哪"⑤。正如他在《度僧于天下诏》里所说的：

门下：三乘结辙，济度为先；八正归依，慈悲为主。流智

---

① 唐高祖：《沙汰佛道诏》，周绍良总主编《全唐文新编1》，吉林文史出版社，2000，第21～22页。
② 〔美〕斯坦利·威斯坦因：《唐代佛教》，张煜译，上海古籍出版社，2010，第9页。
③ 〔日〕中村元：《中国佛教发展史（上）》，第205页。
④ 〔美〕斯坦利·威斯坦因：《唐代佛教》，第9页。
⑤ 郭朋：《隋唐佛教》，齐鲁书社，1980，第285、286页。

慧之海，膏泽群生；翦烦恼之林，津梁品物。任真体道，理叶
至仁；妙果胜因，事符积善。朕钦若金轮，恭膺宝命，至德之
训，无远不思，大圣之规，无幽不察，欲使人免盖缠，家登仁
寿，冥缘显应，大庇含灵。《五福》著于《洪范》，三灾终于
世界。比因丧乱，僧徒减少，华台宝塔，窥户无人。绀发青
莲，栉风沐雨，眷言凋毁，良用恻然。其天下诸州有寺之处，
宜令度人为僧尼，总数以三千为限。其州有大小，地有华夷，
当处所度多少，委有司量定。务须精诚德业，无问年之幼长。
其往因减省还俗，及私度白首之徒，若行业可称，通在取限。
必无人可取，亦任其阙数。若官人简练不精，宜录附殿失。但
戒行之本，惟尚无为。多有僧徒，溺于流俗：或假托神通，妄
传妖怪；或谬称医筮，左道求财；或造诣官曹，嘱致赃贿；或
钻肤焚指，骇俗惊愚。并自贻伊戚，动挂刑网，有一于此，大
亏圣教。朕情深持护，必无宽舍，已令依附内律，参以金科，
具陈条制，务使法门清整，所在官司，宜加检察。其部内有违
法僧不举发者，所司录状奏闻，庶善者必采，恶者必斥。伽蓝
净土，咸知法味；菩提觉路，绝诸意垢。[1]

唐太宗在下诏度僧的同时，也强调了法律维护僧团清净的重要性，
并"指令检察官杜正伦'检校佛法，肃清非滥'"[2]。这是因为，
"此时太宗的主要考虑是，随着隋王朝的土崩瓦解，佛寺私自剃度
僧尼以逃避税赋，数目已达到惊人的地步。太宗从一上台就很清楚
地表明，对于这一类私度的僧人将严惩不贷，比如公元627年他就
曾下令'有私度者处以极刑'。两年之后对于私度者的搜捕似乎变
得更加严厉，又有诏令称私度僧不投降政府的将被斩首"[3]。

---

① 唐太宗：《度僧于天下诏》，周绍良总主编《全唐文新编1》，第54～55页。
② 〔美〕斯坦利·威斯坦因：《唐代佛教》，第14页。
③ 〔美〕斯坦利·威斯坦因：《唐代佛教》，第15页。

另外，在加强佛教事务管理法制化的同时，唐太宗也相信佛教信仰的神秘感应，例如，他因南征北战而患有严重的风湿病，经常关节疼痛，一旦病愈以后，他认为是佛菩萨感应的结果，就立即颁布了《诸州寺度僧诏》，以表达对佛教的虔诚信仰之情。文字不多，兹抄录如下，以为佐证：

> 昔隋季失御，天下分崩，四海涂炭，八埏鼎沸。朕属当戡乱，躬履兵锋，亟犯风霜，宿于马上，比加药饵，犹未瘥除。近日已来，方就平复。岂非福善所感，而致此休征耶？京城及天下诸州寺宜各度五人，宏福寺宜度五十人。①

当然，作为唐朝最为英明的皇帝，他也对隋末战争给社会、国家、人民带来的灾难进行反思，于是他颁布了《为战阵处立寺诏》和《为战亡人设斋行道诏》。

唐太宗颁布的《为战阵处立寺诏》，旨在通过在战阵立寺的方式，让僧人做佛事法会，来慰藉蒙受战争创伤的百姓心灵，化解社会敌对矛盾，正如诏文所说：

> 门下：至人虚己，忘彼我于胸怀；释教慈心，均异同于平等。是知上圣恻隐，无隔万方；大悲宏济，义犹一子。有隋失道，九服沸腾，朕亲总元戎，致兹明罚，誓牧登陑，曾无宁岁。老弱被其桀犬，愚惑婴此汤罗。衔须义愤，捐躯抗节，各徇所奉，咸有可嘉。日往月来，逝川斯远。虽复项籍方命，封树纪于邱坟；纪信捐生，丹青著于图史。犹恐九泉之下，尚沦鼎镬；八难之间，永缠冰炭。悄然疚怀，用忘兴寝，思所以树其福田，济其营魄。可于建义以来交兵之处，为义士凶徒陨身戎阵者，各建寺刹，招延胜侣。望法鼓所震，变炎火于青莲；

---

① 唐太宗：《诸州寺度僧诏》，周绍良总主编《全唐文新编1》，第88页。

清梵所闻，易苦海于甘露。所司宜量定处所，并立寺名，支配僧徒，及修造院宇，具为事条以闻，称朕矜愍之意！①

据郭朋的研究，唐政府遵照唐太宗这道诏书的旨意，在以下 7 个地方，修建了 7 所官寺：

> 于幽州（破薛举处），立昭仁寺（朱子奢撰碑）。
> 于台州（一作莒州。破宋老生处），立普济寺（许敬宗撰碑）。
> 于晋州（破宋金刚处），立慈云寺（褚遂良撰碑）。
> 于汾州（破刘武周处），立弘济寺（李百药撰碑）。
> 于邙山（破王世充处），立昭觉寺（虞世南撰碑）。
> 于郑州（破窦建德处），立等慈寺（颜师古撰碑）。
> 于洛州（破刘黑闼处），立弘福寺（岑文本撰碑）。②

唐太宗颁布的《为战亡人设斋行道诏》，旨在通过僧人在官寺里做佛事经忏的方式，消弭百姓内心深处的战争阴影，化解人民对唐中央政府的敌对情绪，接受由隋朝的臣民变成唐朝臣民的社会现实，正如该诏文所说：

> 门下：刑期无刑，皇王之令典；以战止战，列圣之通规。是以汤武干戈，济时静乱，岂期不爱黔首，肆行诛戮，禁暴戢兵，盖不获已。朕自隋末创义，志存拯溺，北征东伐，所向平殄。然黄钺之下，金镞之端，凡所伤殪，难用胜纪。虽复逆命乱常，自贻绝殒。恻隐之心，追以怆悯。生灵之重，能不哀矜？悄然疚怀，无忘兴寐。窃以如来圣教，深尚慈仁，禁戒之

---

① 唐太宗：《为战阵处立寺诏》，周绍良总主编《全唐文新编 1》，第 48 页。
② 郭朋：《隋唐佛教》，第 291 页。

科，杀害为重。永言此理，弥增悔惧。今宜为自征讨以来，手所诛翦，前后之数，将近一千，皆为建斋行道，竭诚礼忏。朕之所服衣物，并充檀舍。冀三途之难，因斯解脱，万劫之苦，藉此宏济。灭怨障之心，趣菩提之道。①

但到了贞观十一年（637）二月，唐太宗执政将近一半，战争给社会造成的创伤，通过创立国家佛教寺院的方式得以康复以后，为了抑制地方上门阀士族对中央集权的抗衡，唐太宗又回到唐高祖"优先发展道教"的老路上，他颁布《令道士在僧前诏》强调指出：

老君垂范，义在清虚；释迦贻则，理存因果。求其教也，汲引之迹殊途；穷其宗也，宏益之风齐致。然大道之兴，肇于邃古，源出无名之始，事高有形之外。迈两仪而运行，包万物而亭育，故能经邦致治，反朴还淳。至如佛教之兴，基于西域，逮于后汉，方被中华。神变之理多方，报应之缘匪一。洎乎近世，崇信滋深，人觊当年之福，家惧来生之祸。由是滞俗者闻元宗而大笑，好异者望真谛而争归，始波涌于闾里，终风靡于朝廷。遂使殊俗之典，郁为众妙之先；诸华之教，翻居一乘之后。流遁忘反，于兹累代。朕夙夜寅畏，缅惟至道，思革前弊，纳诸轨物。况朕之本系，出于柱史。今鼎祚克昌，既凭上德之庆；天下大定，亦赖无为之功。宜有改张，阐兹元化。自今以后，斋供、行立，至于称谓，其道士、女冠，可在僧、尼之前。庶敦本之俗，畅于九有；尊祖之风，贻诸万叶。告报天下，主者施行。②

与此同时，唐太宗还颁布了新法《贞观律》，其中的一部分法律是

---

① 唐太宗：《为战亡人设斋行道诏》，周绍良总主编《全唐文新编1》，第46页。
② 唐太宗：《令道士在僧前诏》，周绍良总主编《全唐文新编1》，第60~61页。

针对佛教和道教的，称为《道僧格》，对日本《养老律令》（717～723）中的《僧尼令》有直接影响，正如美国学者斯坦利·威斯坦因所说：

> 通过清原夏野的《令义解》与惟宗直本的《令集解》这两本后出的公元 9 世纪的日本官方法律注解书的征引，可以清楚地看出至今尚保存完整的《僧尼令》，大部分源出《道僧格》。《道僧格》被首次采用的准确日期尚不清楚，因为唐代的法律经常会作修订。既然日本最早的《僧尼令》收在大宝时期（701～704）的法令中，发布于公元 702 年，距离养老时期的《僧尼令》在时间上非常接近，那么我们可以认为《僧尼令》所依据的中国的《道僧格》在时间上应该更早。虽然看上去《道僧格》很有可能是在公元 637 年首次被收入律令，但很遗憾我们找不到任何确凿的文献证据。有件事值得一提，玄琬，一位在朝廷地位举足轻重的僧人，在公元 635 年上书太宗，要求对触犯教规的僧人，以佛教的戒律而非由适用于普通人的世俗法律来处置。虽然当太宗读到奏书时，玄琬已经辞世，但太宗还是接受了这个请求。玄琬的上书清楚地表明直至 635 年《道僧格》尚不存在。而在公元 656 年，声望卓著的翻译家玄奘上书高宗感谢他"还依旧格"。玄奘所论说明《道僧格》在公元 649 年高宗登基前已经存在。所以我们应该可以认为《道僧格》被采用于公元 637 年太宗推出经修正的新法之时。①

唐太宗在加强佛教事务管理法制化，推行"优先发展道教"政策的同时，又把佛教信仰祭祀祖灵化。早在贞观三年（629），太宗在《舍旧宅造兴圣寺诏》里说：

---

① 〔美〕斯坦利·威斯坦因：《唐代佛教》，第 17～18 页。

丹陵启圣，华渚降祥，叶德神居，克隆鸿业。朕丕承大宝，奄宅域中，远藉郊禋之庆，仰惟枢电之祉。思园之礼既宏，抚镜之情徒切，而永怀慈训，欲报无从，静言因果，思凭冥福。通义宫皇家旧宅，制度宏敞，以崇神祠，敬增灵佑，宜舍为尼寺，仍以兴圣为名。庶神道无方，微伸凯风之思，主者施行。①

一直到了贞观十五年（641），唐太宗在《宏福寺施斋愿文》里仍然坚持说：

皇帝菩萨戒弟子稽首和南，十方诸佛、菩萨圣僧、天龙大众：若夫至理凝寂，道绝名言，大慈方便，随机摄诱，济苦海以智舟，朗重昏以慧日。开晓度脱，不可思议。弟子夙罹罚罚，早婴偏罚，追维抚育之恩，每念慈颜之远，泣血崩心，永无逮及，号天蹄地，何所厝身。岁月不居，炎凉亟改，荼毒之痛，在乎粉骨。敬养已绝，方恨不追，怨酷之深，百身何赎？惟以丹诚，归依三宝，谨于宏福道场，奉施斋供，并施净财，以充檀舍。用斯功德，奉为先灵，愿心悟无为，神迁妙喜，策绀马以入香城，蹑金阶而升宝殿。游玩法乐，逍遥净土，永荫法云，尝餐甘露。疾证菩提，早登正觉，六道四生，并同斯愿。②

又，道宣在《集古今佛道论衡》卷丙记载了唐太宗在宏福寺里施斋以后，与僧人的一段交谈，对他推行的"道教优先"的政策作了说明：

帝谓僧曰："比以老君是朕先宗，尊祖、重亲，有生之

---

① 唐太宗：《舍旧宅造兴圣寺诏》，周绍良总主编《全唐文新编 1》，第 92 页。
② 唐太宗：《宏福寺施斋愿文》，周绍良总主编《全唐文新编 1》，第 140 页。

本，故令在前。师等大应恨恨！"

寺主道懿奉对："陛下尊重祖宗，使天下成式。僧等荷国重恩，安心行道，诏旨行下，咸大欢喜，岂敢恨恨！"

帝曰："朕以先宗在前可即大于佛也。自有国已来，何处别造道观？凡有功德，并归寺家。国内战场之始，无不一心归命于佛，今天下大定，战场之地，并置佛寺。乃至本宅先妣，唯置佛寺。朕敬有处，所以尽命归依。师等宜悉朕怀。彼道士者，止是师习先宗，故位在前。今李家据国，李老在前；若释家治化，则释门居上。可不平也。"

僧等起谢。

帝曰："坐。是弟子意耳，不述不知。天时大热，房宇窄狭，若为居住，今有施物，可造后房，使僧等宽展行道。"①

贞观十六年（642），唐太宗在《为太穆皇后追福手疏》里，把佛教信仰祭祀祖灵化的时代特色说得更加清楚了。他说：

圣哲之所尚者孝也，仁人之所爱者亲也，朕幼荷鞠育之恩，长蒙抚养之训，《蓼莪》之念，何日忘之？罔极之情，昊天匪报。昔子路叹千锺之无养，虞邱嗟二亲之不待，方寸乱矣，信可悲夫。朕每痛一月之中，再罹艰疚，兴言永慕，哀切深衷。欲报靡因，唯资冥助，敬以绢二百匹奉慈悲大道。傥至诚有感，冀销过去之怨，为善有因，庶获后缘之庆。②

到了乾封元年（666），唐高宗在泰山封禅以后，加大了落实一州一寺一观宗教政策的力度，③ 使佛教又一次经受了政治上的优胜劣

---

① 《大正藏》第 52 卷，第 386 页 a。
② 唐太宗：《为太穆皇后追福手疏》，周绍良总主编《全唐文新编 1》，第 137 页。
③ 〔日〕中村元：《中国佛教发展史（上）》，第 212 页。

汰，并在回来的途中，临幸老子在河南的出生地，追封老子为"太上玄元皇帝"，"在老子的祠庙置令、丞各一员，改他的出生地为真源县"。① 唐高宗在晚年大力推行的"道教优先"的政策，从某种程度上来说，并不是一件坏事，他把唐朝佛教推向了精英佛教的高速发展轨道。

武则天当了皇帝以后，为了体现"武周革命"合法性，颁布《释教在道法上制》，实行"佛先道后"的宗教政策，她说：

> 朕先蒙金口之记，又承宝偈之文，历教表于当今，本愿标于曩劫。《大云》阐奥，明王国之祯符；《方等》发扬，显自在之丕业。驭一境而敦化，宏五戒以训人。爰开革命之阶，方启惟新之运，宜叶随时之义，以申自我之规。虽实际如如，理忘于先后；翘心恳恳，畏展于勤诚。自今已后，释教宜在道法之上，缁服处黄冠之前，庶得道有识以皈依，极群生于回向。布告遐迩，知朕意焉。②

为了使"武周革命"合法化，武则天开始在长安、洛阳两京及各州设置官寺大云经寺。所谓的《大云经》，是武则天进行"武周革命"的理论依据，据《旧唐书》卷六《本纪第六·则天皇后》记载：

> 载初元年秋七月……有沙门十人伪撰《大云经》，表上之，盛言神皇受命之事。制颁于天下，令诸州各置大云寺，总度僧千人。……九月九日壬午，革唐命，改国号为周。改元为天授，大赦天下，赐酺七日。③

---

① 〔美〕斯坦利·威斯坦因：《唐代佛教》，第35页。
② 武则天：《释教在道法上制》，周绍良总主编《全唐文新编2》，第1110页。
③ 刘昫等撰《旧唐书》一，中华书局，1975，第121页。

又过了四年，在长寿二年（693），印度僧人菩提流支翻译出来的《佛说宝雨经》卷一，更加说明了武则天当皇帝的神圣性，经文说：

> 尔时，东方有一天子，名日月光，乘五身云来诣佛所。右绕三匝，顶礼佛足，退坐一面。
>
> 佛告天日：汝之光明，甚为希有。天子！汝于过去无量佛所，曾以种种香花珍宝严身之物，衣服卧具饮食汤药，恭敬供养，种诸善根。天子！由汝曾种无量善根因缘，今得如是光明照耀。天子！以是缘故，我涅槃后最后时分，第四五百年中法欲灭时，汝于此赡部洲东北方摩诃支那国，位居阿鞞跋致，实是菩萨，故现女身，为自在主。经于多岁，正法治化，养育众生，犹如赤子，令修十善，能于我法，广大住持，建立塔寺。又以衣服饮食卧具汤药供养沙门，于一切时常修梵行，名日月净光。天子！然一切女人身有五障，何等为五？一者不得作转轮圣王，二者帝释，三者大梵天王，四者阿鞞跋致菩萨，五者如来。天子！然汝于五位之中，当得二位。所谓阿鞞跋致及轮王位。天子！此为最初瑞相，汝于是时，受王位已，彼国土中，有山涌出，五色云现。当彼之时，于此伽耶山北，亦有山现。天子！汝复有无量百千异瑞，我今略说。而彼国土，安隐丰乐，人民炽盛，甚可爱乐，汝应正念，施诸无畏。天子！汝于彼时，住寿无量，后当往诣睹史多天宫，供养承事慈氏菩萨，乃至慈氏成佛之时，复当与汝授阿耨多罗三藐三菩提记。①

这段经文，进一步为"武周革命"的合法性，提供了理论支持。但纵观武则天的"佛教优先"政策，并没有改变一州一寺一观的

---

① 《大正藏》第16卷，第284页 b－c。

宗教政策。所谓在各州设置大云经寺，只不过是对原来寺院改个寺额罢了。

神龙元年（705），武则天退位，中宗登基，复兴唐王朝。就中宗李显本人而言，与佛教关系十分密切。唐高宗显庆元年（656），武则天生中宗时的情况，在圆照撰《贞元新定释教目录》卷十二《总集群经录》上之十二里有记载，原文如下：

> 冬十一月，中宫在难，归依三宝请垂加佑。法师启曰："圣体必安和无苦。""然所怀者是男，平安之后，愿听出家。"当蒙敕许。其月一日，皇后施纳袈裟一领，妙胜前者，并时服玩，百有余件。五日，有敕令报法师："皇后分难已讫，端正奇特，神光满院，自庭烛天。朕欢喜无已，内外舞跃，必不违所许，愿法师护念。"遂号为佛光王，当受三归被袈裟服。十二月五日满月。敕为佛光王度七人，仍请法师为王剃发。其佛光王即中宗孝和皇帝初生之瑞号也。①

上文所说的"中宫在难"，指武则天将要生唐中宗李显的前几天，疼痛难忍，不得不皈依玄奘法师，请求佛菩萨加持护佑，并许愿说"如果平安出生的是男孩，就让他跟玄奘法师出家为僧"。所以中宗李显出生以后，就皈依玄奘法师，玄奘法师给他取法名"佛光王"。中宗重新执政以后，据美国学者斯坦利·威斯坦因的研究，他的佛教政策有如下举措：

> 公元705年登基后，他有很多虔诚的行动：驾临龙门的佛寺；请僧人到皇宫坐夏安居，并请求他们为自己授菩萨戒；为义净所作的翻译御赐序文；下诏令僧人在剃度前必须通过有关佛教经典的考试，以试图提高教界的知识水准。中宗在位的五

---

① 《大正藏》第55卷，第860页b。

年之中，一直都是护佑佛教的帝王楷模。公元 706 年，他亲自协助翻译家菩提流支抄录经文。同一年他赐予刚刚圆寂的神秀以谥号，又赐予在公元 696 年被请至朝廷的禅师慧安紫衣。后者的十四弟子被允许在此时剃度。中宗慷慨地为至少十位高僧授予朝官称号。公元 707 年他请一些著名的律师来朝廷授戒，其中的道岸律师即使在皇帝面前，也长揖不拜，受到了中宗的称赞。当公元 708 年《华严经》的译师实叉难陀从于阗返回时，他像当年他的母亲一样，亲自来到城门候接。同年稍后他又请佛指骨舍利入皇宫供养，并与著名的中亚异僧僧伽讨论佛法。公元 710 年下诏在壮丽的长安化度寺设无遮大会。①

中宗在宫廷政变中丧身以后，唐睿宗李旦开始在景云元年（710）执政，虽然他本人也从法藏法师"受菩萨戒"，甚至《旧唐书》卷一〇一《辛替否传》批评他在短短的两年执政期间，"甚兴佛寺，百姓劳弊，帑藏为之空竭"②。但与此同时，睿宗又开始悄悄地抑制佛教，他登基不久，就颁布了《令僧道并行制》，认为：

> 朕闻释及元宗，理均迹异，拯人救俗，教别功齐。岂于中间，妄生彼我。不遵善下之旨，相高无上之法，有殊圣教，颇失彝章。自今每缘法事集会，僧尼道士女冠等，宜令齐行并进。③

睿宗的《令僧道并行制》，成为唐玄宗推行抑制佛教发展的新台阶。据郭朋的研究，唐玄宗在执政期间，颁布的限制佛教发展的诏书主要有：

---

① 〔美〕斯坦利·威斯坦因：《唐代佛教》，第 50～51 页。
② 刘昫等撰《旧唐书》一〇，第 3155 页。
③ 唐睿宗：《令僧道并行制》，周绍良总主编《全唐文新编 1》，第 239 页。

《禁百官与僧道往还制》（《全唐文》卷二一）；

《禁坊市铸佛、写经诏》（《全唐文》卷二六）；

《禁创建寺观诏》（同上）；

《禁士女施钱佛寺诏》（《全唐文》卷二八）；

《分散化度寺无尽藏财物诏》（同上）；

《禁僧道掩匿诏》（同上）；

《禁僧道不守戒律诏》（《全唐文》卷二九）；

《括检僧尼诏》（《全唐文》卷三〇）；

《禁僧俗往还诏》（同上）；

《禁僧徒敛财诏》（同上）；

《澄清佛寺诏》（同上）；

《令僧尼致拜父母诏》（同上）；

《流僧人怀照敕》（《全唐文》卷三四）。①

唐玄宗推行限制佛教的政策，并不等于取缔佛教，因为开元盛世，是一个开放的时代，首都长安是国际性的大都市，光靠儒家和道教，难以肩负起开元盛世的国际化趋势，所以唐玄宗在抑制佛教的同时，又在主动引导佛教与开元盛世相适应。郭朋把唐玄宗主动引导佛教的政策导向列举如下：

开元元年（七一三），玄宗敕令，用他的寝殿材料，修建安国寺的弥勒佛殿。

开元四年（七一六），印僧善无畏来华，玄宗请他住内道场，并尊之为"教主"。

开元八年（七二〇），印僧金刚智来华，玄宗召见；敕住慈恩寺。

印僧不空，自幼来华。住慈恩寺。

---

① 郭朋：《隋唐佛教》，第 336~337 页。

以上三僧，佛教史上称之为"开元三大士"。中国佛教的密宗，就是由他们创建的。天宝五年（七四六），玄宗请不空住进鸿胪寺；又把他请进宫里，为玄宗授"灌顶法"。从此，唐玄宗也成了"菩萨戒弟子"！

开元十八年（七三〇），西京崇福寺和尚智升进所撰《开元释教录》二十卷。敕入大藏。

开元二十四年（七三六），玄宗把他的《御注金刚般若经》"颁行天下"。对此，（金紫光禄大夫、尚书右丞相）张九龄等上表祝贺。玄宗诏复说：

"僧徒固请，欲以兴教；心有所得，辄复疏之。今请颁行，仍虑未惬。"可见玄宗是经常读诵、研习《金刚经》的，不然，怎么能够"心有所得，辄复疏之"？而且，已经"颁行"，还"仍虑未惬"，足见玄宗对于佛教的"虔诚"。

开元二十六年（七三八），敕天下诸郡，立龙兴、开元两寺。

开元二十七年（七三九），敕天下僧尼，遇国忌日，就龙兴寺行道、散斋。千秋节，就开元寺祝寿。

开元二十九年（七四一），正月，河南采访使、汴州刺史齐澣奏请：僧、尼、道士、女冠等，有犯罪的，应按教规处理，"所由州、县官，不得擅行决罚，如有违越，请依法科罪！""敕旨：'宜依'！"

天宝三年（七四四），四月，敕两京、天下州郡，取官物铸金铜天尊及佛像各一躯，分送开元观、开元寺。

天宝六年（七四七），敕天下僧尼属两街功德使。（祠部发的度牒，都要用白绫子做。）天下寺院择"真行"童子，每郡三人。①

---

① 郭朋：《隋唐佛教》，第337～338页。

由此可见，唐玄宗与以前的执政者不同，不热心于佛教本土化的寺院建设和大规模的度僧活动，而把佛教的功能锁定在国家祭祀、祈福活动和密宗的成立三个方面。自开元二十七年（739）始，僧尼每年在国祭日为已故的皇帝、皇后，在龙兴寺做佛事，超度其亡灵往生西方极乐世界；在开元寺，在当今皇帝、皇后的生日，在开元寺举办祈福法会，祈祷当今皇帝、皇后长命百岁。除此之外，唐玄宗积极支持"开元三大士"和一行阿阇梨，成立密宗，为国家祈福。例如，善无畏在唐代早期帝王建立的寺院里翻译佛经期间，就经常被唐玄宗"请入皇宫，主持诸如祈雨一类的密教法会"①。

（3）唐前期国家佛教的四大特色

从唐高祖到玄宗推行的唐前期佛教政策来看，中间虽有武则天"佛教优先"政策的干扰，但优先发展道教，严格管理佛教事务的政策，则是一以贯之的佛教政策，主要表现在以下几个方面。

①通过完善僧官制度，达到控制僧团的目的。

在隋唐前期的佛教复兴运动中，之所以能够出现八大宗派，得益于强大国家政权的庇护，即以任命僧人为国家僧官的方式，来统辖僧团，避免了国家政权对僧团事务的直接干预，达到了以僧管僧的佛教事务管理的目的。

僧官制度是佛教中国化的一种特有现象。汉至西晋，佛教在中国的发展规模不大，寺院、僧尼不多。但到了十六国时期，佛教有了飞跃式的大发展、大繁荣，寺院林立，僧尼众多，尤其在后赵、前秦、后秦、北凉和北魏，发展的势头极为迅速，引起了中央政府的高度关注。处于十六国时期的北魏道武帝于皇始年间（396～397），礼征赵郡沙门法果赴京师，随后迁都平城（今山西大同），以法果为"道人统，绾摄僧徒"②。又据《高僧传》卷六《僧传》

---

① 〔美〕斯坦利·威斯坦因：《唐代佛教》，第57页。
② （北齐）魏收撰《魏书》八，中华书局，1974，第3030页。

记载，伴随着后秦僧尼人数的激增，秦主姚兴任命义学沙门僧䂮为僧主（即僧正），僧迁为悦众，法钦、慧斌为僧录，掌管秦地僧尼事务。北魏统一北方以后，文成帝把中央级的僧务机关监福曹改为昭玄曹，道人统改为沙门统，又称昭玄统，其下设都维那等；在诸州、镇、郡，设维那、上座、寺主等，分别掌管中央、地方以及各寺庙僧务。

东魏、西魏以及北齐、北周都设立僧官，管理国家佛教事务。

北齐沿袭北魏僧官制度，并有所发展，设立中央级僧务机关昭玄寺，列为朝廷诸卿寺之一。各寺置大统、僧统各一人，都维那三人，又有功曹、主簿等辅助人员，管理诸州、郡、县地方佛教事务。在昭玄寺之外，北齐鸿胪寺所属典寺设有僧祇部丞一人，执掌佛教事务。

北周在中央设置春官卿，春官属员有典命一人，主管沙门、道士之法；又在宗正卿下别置司寂上士、中士，专管沙门之事。

南朝的僧官设置，沿袭后秦僧官制度，中央级僧官称僧正或僧主，只管某一寺院事务的叫法主或寺主，由皇帝敕授。

隋文帝统一全国以后，沿袭了北齐僧官制度，中央设立昭玄寺，置昭玄大统（一称大沙门统、国统）、昭玄统、昭玄都等僧官，州置统都、沙门都、断事、僧正等，分别管理全国和地方僧尼事务，对外国僧侣还设有外国僧主。在有学问的僧侣中设"五众"（即讲大论、讲论、讲律、涅槃、十地等五种）制度，五众设有众主，由朝廷任命，但这个制度至文帝末年即告终止。开皇十一年（592），又特置鸿胪寺崇元署令、丞，掌管佛教事务。炀帝即位，郡、县佛寺，改为道场，置监、丞进行管理。

唐代的僧官制度一承隋制。天下僧尼隶鸿胪寺（一度改称司宾寺）。高宗以后，屡有改易。武则天延载元年（694），令天下僧尼转隶礼部祠部。祠部设郎中、员外郎各一人，主事、令史、书令史多人。寺院管理，设立三纲（上座、寺主、都维那各一人）。凡试经度僧，由祠部给牒。僧人簿籍，三年一造。天宝六年（747）

到至德二年（757），置祠部使，典领全国佛教事务。[①]

总之，唐政府的佛教事务工作，是建立在唐律和佛教戒律的基础之上，通过僧官制度的完善和道僧格的健全，达到依法管理佛教事务的目的的。

②通过进一步完善度僧制度，达到控制僧尼数量和质量的目的。

在中国，由于出家僧尼享有免除徭役和各种苛捐杂税的特权，所以唐政府对度僧制度严加管理。要求出家的青年，必须年满16岁，且在寺院里的田地里从事过一段时间的劳动，学会念诵经典和咒语，等待将来出家为僧的机遇。这些在寺院里一边劳动一边学习佛教教义的青年，一般被称为童子、童行、行者。他们寻求的出家机会主要有以下几种。

试经度僧。在唐代，度僧是国家行为，私自出家，是违法行为。所以，在唐朝出家为僧，要经过国家考试，才能取得僧籍。据日本学者中村元考证，这种试经度僧的国家考试制度，始于唐高宗显庆三年（658），他说：

> 此种考试制度称为"试经度僧"，正式采用此制度者为唐高宗六五八年；高宗于此年遴选大德五十人，铨试童子百五十人的业行，使之得度，玄奘亦被任命为考试委员，此远较佛教人士所记录的中宗时诏示天下的"试童子经义"为早。[②]

又据《佛祖统纪》卷四十载：

> 诏天下试经度人，山阴灵隐僧童大义，年十二，诵《法华经》，试中第一。[③]

---

① 请参阅谢重光《中古佛教僧官制度和社会生活》，商务印书馆，2009，第1～114页。
② 〔日〕中村元：《中国佛教发展史（上）》，第226页。
③ 《大正藏》第49卷，第371页b。

这说明，试经度僧时，主要是背诵《法华经》。

这种试经度僧的程序，在《宋高僧传》卷十五《唐越州称心寺大义传》里记载得颇为详细，现抄录如下：

> 释大义，字元贞，俗姓徐氏，会稽萧山人也。以天授二年五月五日，特禀神异，生而秀朗。七岁，父训之以经典，日可诵数千言。年十二，请诣山阴灵隐寺求师，因习内法，开卷必通，人咸叹之。属中宗正位，恩制度人，都督胡元礼考试经义，格中第一。削染，配昭玄寺。自兹听习，旁赡玄儒。开元初，从吴郡圆律师受具。复依本州开元寺深律师，学《四分律指训》。义因游长安，深公已亡，乃抠衣法华寺玄俨律师，其俊迈出伦。俨云："于今传法，非子而谁！"及称心本寺超律师请为寺任。开元中丧亲，誓入天台佛陇转《藏经》，答劬劳也。天宝中遂筑北坞之室，即支遁、沃州之地也。初梦二梵僧曰："汝居此与二十日。"至宝应初，复梦曰："本期二十日，今满矣。魔贼将至，不宜更处。"无何，海贼袁晁窃据剡邑，至于丹丘。义因与大禹寺迴律师同诣左溪朗禅师所，学止观，而多精达。前后朝贵归心者，相国杜鸿渐、尚书薛兼训、中丞独孤峻、洺州刺史徐峤、次徐浩，皆宗人也。以大历己未岁五月终于本院。春秋八十九，僧腊六十三。殡于寺之北坞旧居，因造塔焉。义前后戒坛计二十七登，受戒弟子三万余人。终时，室中闻天乐声，验乎生诵《法华经》、《大涅槃经》、小大乘戒本，以为口业德行，非归兜率，不往净土，未可议其生处也。[1]

上述大义的个人传记，把一个唐代官度僧人的一生经历和盘托出。

---

[1] 《大正藏》第50卷，第800页 a－b。

特恩度僧。在唐朝实行的特恩度僧制度，与试经度僧并用，又称恩度，是指在皇帝的诞日或帝后、皇族忌辰等重大或特殊节日，经皇帝特别恩准，给予度僧名额后，剃度出家人的制度。明杰发表的一篇网络论文《唐代佛教度僧制度探讨》①，是一篇研究唐代度僧制度的力作，他把唐代的特恩度僧分为以下三种情况：

第一种情况是为建福田的恩度。这是指遇皇族诞辰、忌辰、皇帝即位等重大日子，以度僧来修建福田的度僧行为。《缁门警训》卷二即有"国家度僧，本为祈福"之说，表明了此种度僧的目的或意义。唐太宗在贞观二十二年（648）九月因风湿病康复而下诏"京城及天下诸州寺宜各度五人，弘福寺宜度五十人"，"计海内寺三千七百一十六所，计度僧尼一万八千五百余人"。另外，在唐代，皇家寺院落成，也要度僧。《大慈恩寺三藏法师传》卷七记载，唐高宗为太子时，因思念其母文德皇后而建慈恩寺，寺成之后，共请50位出家僧众居住，度僧300人。《大慈恩寺三藏法师传》卷十记载唐高宗为皇太子时，造西明寺落成以后，"敕先委所司简大德五十人、侍者各一人，后更令诠试业行童子一百五十人拟度。至其月十三日，于寺建斋度僧，命法师看度。至秋七月十四日，迎僧入寺，其威仪、幢盖、音乐等一如入慈恩及迎碑之则。敕遣西明寺给法师上房一口，新度沙弥海会等十人充弟子"。

第二种情况是由大德推荐的恩度。这是指由有名望的大德高僧向皇帝提出请求，而得到特恩度僧的许可。一般是借皇帝诞辰等喜庆的机会，大德上表荐举推恩度人。例如玄奘法师就曾为善洛、法通、处俨等请求恩度。

第三种情况是针对个人的恩度。这是指针对个别人的特恩度僧。《宋高僧传·窥基传》载："及乎应法，奉敕为奘师弟子，始

————————

① 明杰：《唐代佛教度僧制度探讨》，http：//www.hgmzw.gov.cn/zjwh/2011 - 04 - 27/144.html。

住广福寺。"《释氏稽古略》卷三也说："甲寅永徽五年，帝特旨度沙弥窥基为大僧。"与窥基相似，华严宗的法藏，也是因武则天的恩度而得以特许出家，后又在武则天的安排下受戒。

另外，自唐中宗时代开始，通过给国家捐款的方式，获得僧尼的资格，称为"进纳僧"。到了唐玄宗时期，实行度牒制度。度牒是国家发给僧尼的特殊身份证，上面有僧尼的籍贯、俗名、年龄、所属寺院、师名，以及有关官署的官员署名和盖印，始于唐玄宗天宝六年（747），由祠部颁发。在唐玄宗朝获得度牒，是表明国家允许其人出家为僧的证明，必须妥善保存，还俗或死亡，要回交祠部。一个人出家后，经过受具足戒的程序，获得戒牒，才算是获得了僧人的身份。在度牒和戒牒俱全的条件下，才能获得免徭役和免税的特权，并得到国家授田30亩的优惠待遇。①

③通过给高僧赐号和授爵位的方式，把佛教事务纳入国家管理体制之中。

唐朝国家佛教的最明显特征，是通过给高僧赐号和授爵的方式，把佛教事务管理纳入政府工作之中，正如中村元所说：

一般认为隋智者大师乃赐号之嚆矢，至唐时亦有法藏、不空等不胜枚举。北齐法常曾受国师号，唐则有神秀、慧忠、法照、澄观、知玄等高僧受过国师号。自神秀圆寂，中宗授以禅师号后，其例无穷；而则天武后授法朗、薛怀义等九人以紫袈裟、银龟袋以来，甚至日本平安朝以后的僧衣，亦多使用紫衣。更饶趣味的是，中宗授慧范"银青光禄大夫"；宪宗授迈回"司徒号国公"，授法藏"鸿胪卿"；代宗封不空"特进鸿胪卿"、"开府仪同三司"、"肃国王"等，至此，唐代佛教已完全被编入国家体制中了。②

---

① 请参阅〔日〕中村元《中国佛教发展史（上）》，第 230～232 页。
② 〔日〕中村元：《中国佛教发展史（上）》，第 234 页。

④内道场：唐朝的皇家佛教寺院。

所谓的内道场，就是皇宫内的宗教活动场所，就佛教而言，是指皇宫内的佛教寺院，就道教而言，是指皇宫内的道观。其历史可以追溯到东汉灵帝时代，以及晋孝武帝、梁武帝都在皇宫内举行过佛事活动，但"内道场"之名，起于隋朝在"福寿殿"安置佛像、经藏，为皇族进行祈祷活动。内道场在唐朝皇宫里的盛行，始于武则天时代，主要是为了方便药商薛怀义以伪僧的身份在皇宫内的合法活动，以取悦武则天。此后，在皇宫里一直存在下来，虽有德宗暂撤内道场的举措和唐武宗灭佛的影响，日趋没落，但时断时续，一直持续到唐末，才退出历史舞台。①

内道场也是皇家支持有名望高僧翻译佛经的地方。例如，在西京长安、太极宫和大明宫内都建有内道场，玄奘法师在唐太宗的支持下，曾于太极宫弘法院和凝阴殿翻译佛经。又据《开元释教录》，玄奘法师还将大内顺贤阁、修文殿作过短期译场。《宋高僧传》说，睿宗登极以后，敕菩提流志于北苑白莲池、甘露亭"续其译事"。《续高僧传》卷三《唐洛阳广福寺金刚智传》记载，太上皇唐玄宗在西内立灌顶道场，请金刚智把"所赍梵经尽许翻度"。大明宫亦设有译经道场。《续高僧传》卷三《唐大圣千福寺飞锡传》和《全唐文》卷四十九《新翻护国仁王般若经序》说，代宗永泰元年四月十五日，沙门良贲等十六人奉诏于大明宫内道场南桃园译《仁王护国般若经》并《密严经》。《大慈恩寺三藏法师传》记载，在东京洛阳，高宗显庆年间，玄奘法师在积翠宫译经。《开元释教录》说，东都大内丽日殿、明德宫等，都曾作过玄奘法师的短期译场。《宋高僧传》说，武周时期，实叉难陀在证圣元年乙未在东都洛阳大内大遍空寺翻译佛经，中宗神龙元年，义净法师在东都洛阳内道场译《孔雀王经》。②

---

① 〔日〕中村元：《中国佛教发展史（上）》，第215页。
② 陈瑞霞：《略说唐代两京佛经译场》，《长安学刊》2010年第2期。

内道场作为皇家寺院，主要凸显"宫廷佛教"的社会职能，通过做佛事活动和念诵诸如《仁王般若经》、《金光明经》、密咒等经忏活动，祈祷国泰民安，以及满足皇家祭祀祖宗活动等贵族社会需求，也是皇帝笼络在社会上有影响的高僧，为皇帝决策建言的一种政治模式。但就本质而言，内道场的政治职能，是国家通过控制著名高僧的社会活动，通过给予国师的尊荣，达到冷冻其社会活动、弱化其社会影响力，消弭因佛教事务失控而招致的社会动乱，达到唐中央政府有效管理佛教事务的目的。

二 隋唐前期东西二京的佛教

隋唐时期的长安和洛阳，并称"两都"或"两京"。长安是隋唐两朝的都城，是全国政治、经济、文化中心，也是一座国际性的大城市，是亚洲各国经济、文化交流的中心，是当时世界上最大城市之一，整座长安城分宫城、皇城和外郭城三个部分。宫城为宫殿区。皇城为中央衙署区，是长安城的核心。在外郭城中，列置108个坊（住宅区），由11条南北大街和14条东西大街分割而成。还有东、西两市，各占两坊之地，对称地坐落在皇城外的东南和西南部。市是经营手工业和商业的场所。东市有220行，西市的繁华超过东市。

洛阳在隋唐时期，是仅次于长安的政治、经济、文化中心。东都城洛阳有外郭城，周围56里，为官吏住宅和居民区，还有三个市；皇城，位于外郭城的西北部，呈长方形，是王公宅第和百官府署所在；宫城，在皇城中，为皇帝宫殿所在地。东都城洛阳既是沟通中、西的丝绸之路的东端起点，又是南北大运河的中枢。外商或由陆路经河西走廊，或由扬州循通济河前来长安与洛阳，使东西两都成为当时有名的国际都市。自周武则天长安元年（701）起，经扬州，从长江口出海，直航日本奈良，使长安和奈良连成一线，长安、洛阳、扬州和奈良，成为唐前期政治、经济、文化最为发达昌盛的四个明星城市。从长安、洛阳和扬州，传播到日本奈良的汉字、佛教、律令制度、儒学成为构成日本平安文化的四大基本元素。

1. 末法思想：隋唐前期佛教复兴运动的理论根据

末法思想最早出现在西晋竺法护翻译的佛教经典里，例如，他翻译的《正法华经》卷九《常被轻慢品第十九》说：

> 佛语德大势：寂趣音王如来，普为诸天自境界人，讲经化导，与声闻乘演四圣谛，度老病死，使近泥洹；解十二缘，所由从起；为诸菩萨，讲六度无极，使至无上正真之道。现如来慧所行常连，佛寿四江河沙亿百千娓劫，佛灭度后，正法住立，如一阎浮提；亿百千娓尘数劫，其像法立，如四天下亿百千娓尘数劫。
>
> 又语德大势：其佛灭度后，像法没尽。次复有佛，续号寂趣音王，展转相承二十亿千如来、至真、等正觉、明行成为、善逝、世间解、无上士、道法御、天人师，时此诸佛，次第灭度，正法没已，像法次尽。彼世比丘，骄慢自大，越背法诏。①

上述经文里，只出现了正法和像法的字眼，但"彼世比丘，骄慢自大，越背法诏"，就是此后所翻译佛教经典里所说的"末法时代"的特征。

僧伽提婆在东晋隆安元年至二年（397~398）翻译的六十卷《中阿含经》和鸠摩罗什在后秦弘始十二年至十四年（410~412）翻译的六十卷《四分律》里说，在佛陀时代，因阿难请求佛陀允许女人出家为僧，导致了千年正法锐减到500年。求那跋陀罗在刘宋时翻译的四十八卷《杂阿含经》里说，如来正法灭时，乃生相

---

① 《大正藏》第9卷，第122c。

似像法。慧觉等人在北魏太平真君六年（445）译出的十五卷《贤愚经》说，正法500年，像法1000年。昙无谶在北凉翻译的《大集经》的《法灭尽品》指出有顺序沿袭的"五个五百年坚固说"，即解脱坚固说、禅定坚固说、读诵多闻坚固说、多造塔坚固说、斗争言颂白法隐没捐灭坚固说。昙无谶在北京玄始十年（421）翻译的四十卷《大涅槃经》说，在末法中有12万大菩萨，持法不灭。那连提黎耶舍和法智在北齐天保九年（558）翻译的五卷《大悲经》说，末法10000年。

在东晋南北朝时代，流传的上述印度佛教关于正法、像法和末法三时的理念，经过北魏太武帝和北周武帝的灭佛运动，已经深深地嵌入汉僧的灵魂深处，他们普遍认为，他们所处的时代，就是末法时代。他们逐渐把各经的零散记载，整合成正法500年，像法1000年，末法10000年的佛教发展史观。隋唐佛教正处于末法时代，这是隋唐时代高僧们的忧患意识，他们自觉地肩负起在末法时代，承担如来家业，维护佛法不灭的历史重任。

2. 隋唐前期在二京传播的佛教宗派

（1）净土宗

道绰（562～645）在隋炀帝大业五年（609）来到汶水玄中寺（今山西交城县西北10公里的石壁山上），专修净土法门。由于他亲历了北周武帝的大规模灭佛运动，所以他依据《大集经·月藏经》把佛教发展史概括为："佛灭度后第一五百年，我诸弟子学慧得坚固；第二五百年，学定得坚固；第三五百年，学多闻读诵得坚固；第四五百年，造立塔寺，修福忏悔得坚固；第五五百年，白法（善法）隐滞，多有争讼，微有善法得坚固。"在这"五个坚固"佛教发展史观里，隋唐之际的佛教，是处在第四个500年的时间段上，即末法时代，正是忏悔修福，应一心称念阿弥陀佛名号的时代。[①]

---

① 〔日〕中村元：《中国佛教发展史（上）》，第259～260页。

善导（613～681）在贞观十五年（641）冬，赴玄中寺拜谒道绰，听讲《观无量寿经》，道绰授以念佛往生法门。道绰卒后，善道入长安光明寺、慈恩寺等道场，专弘净土法门，集净土宗教义之大成，倡导民众念佛，后人誉为"弥陀化身"。另外，长安千福寺沙门怀感，在善道的启迪下，也成为净土宗高僧。①

（2）三论宗

吉藏（549～623）是三论宗的集大成者，大业二年（606），奉晋王杨广命住持扬州的慧日道场。隋炀帝后来又在首都长安设立日严寺，请吉藏前往居住。

到了唐朝，吉藏成为十大德之一，住于长安的实际寺、定水寺、延兴寺等多家寺院。② 吉藏的再传弟子元康，于唐太宗贞观（627～649）中奉诏入长安安国寺讲三论。③

（3）玄奘法师与法相宗

①玄奘法师的译经事业。玄奘（602～664）是法相宗的创始人。俗姓陈，名祎，出生于洛州缑氏县（今河南省偃师市南），他在唐太宗、高宗的支持下，从事印度佛教经典的翻译伟业，据游侠的研究，主要表现在以下三个阶段：④

第一阶段，从贞观十九年（645）夏到贞观二十三年（649），在长安弘福寺翻译经典。"法师首先以他发心赴印愿切求取的《十七地论》（即《瑜伽师地论》）为中心，从事翻译大乘瑜伽学系的'一本、十支'诸论书。计出瑜伽学的根本论典《瑜伽师地论》一百卷；和要约瑜伽法义，明染净以立教之旨的《显扬圣教论》二十卷；发展瑜伽学说，特阐所知依，开创唯识学的《摄大乘论》三卷，及此论的世亲、无著的释本各十卷；综括瑜伽法门，以三科

---

① 黄忏华：《净土宗》，中国佛教协会编《中国佛教》一，知识出版社，1980，第267～268 页。

② 〔日〕镰田茂雄：《简明中国佛教史》，第169 页。

③ 黄忏华：《三论宗》，中国佛教协会编《中国佛教》一，第281 页。

④ 游侠：《玄奘法师的译经事业》，http：//www.douban.com/group/topic/7847840/。

为宗，建立法相学的《阿毗达磨杂集论》十六卷；别广唯识义理的《唯识三十论（颂）》一卷；随出略录瑜伽本地分的名数、境事，分别明一切法无我和无我唯法义的《百法明门论》和《五蕴论》各一卷。瑜伽之学统摄三乘，而归趣所在乃在菩萨乘，法师为宣扬胜业，故于开译之初，特郑重其事，首先译出他西游途中得之于中印呋舍厘国、呋多补罗城，开示菩萨行纲领的《大菩萨藏经》二十卷，标出所宗。瑜伽之极果究竟于佛地，同时译出《佛地经》一卷。接着复出代表那烂陀寺瑜伽学说，总结了发挥大觉地所依、所摄、所行境界诸义的《佛地经论》七卷。瑜伽学著重践行，特出弥勒菩萨集菩萨诸学处而成的《菩萨戒本》及《菩萨戒羯磨文》各一卷，以示大乘戒之通轨。又重出瑜伽学抉择境、行、果所据的《解深密经》完本五卷。还译出和瑜伽学说立异的清辨论师的《掌珍论》二卷，以供参考。又出专明思辨真似、论议立破理则的《因明入正理论》和《因明正理门论》各一卷，为因明学奠下基础。"

第二阶段，从高宗永徽元年（650）到显庆四年（659），移居长安慈恩寺，翻译经典。"法师以代表小乘毗昙最后结论的《俱舍论》为中心，译出世亲菩萨的《阿毗达磨俱舍论》三十卷，以及和《俱舍论》有关的有部诸重要论书。在《俱舍》以前的有部重要论书，有所谓'一身六足'，法师译出了被尊为'一身'的《阿毗达磨发智论》二十卷，和对《发智论》广事解释的《阿毗达磨大毗婆沙论》二百卷，以及'六足'内的《阿毗达磨识身足论》十六卷，《法蕴足论》十二卷，《品类足论》十八卷。在《俱舍》以后的，译出众贤论师批评《俱舍》，为有部辨护的《阿毗达磨顺正理论》八十卷，及略出《顺正理论》正宗义的《阿毗达磨显宗论》四十卷，以及代表后来有部思想趋于极端的《入阿毗达磨论》二卷。法师在这阶段之初，先出无著菩萨结大乘毗昙之终的《阿毗达磨集论》七卷，最胜子论师造的《瑜伽师地论释》的卷首一卷。中间还译出大乘中观学说的要典，即圣天（提婆）菩萨的《广百论》一卷，及对此论用瑜伽学说来解释发挥的护法论师的《广百论释》十卷。另出世亲菩萨成立爱非爱缘起说的《大乘成业论》一卷，陈那论师成立唯识相分唯在心内的《观所缘缘论》一卷。最后，法师还以穷极发展瑜伽学说的用意，采纳其高足窥基的建议，将印度注释世亲菩萨《唯识三十论（颂）》的十家论书糅纂为《成唯识论》十卷，而以护法论师之学折中众说，对于各项法义都作了抉择的结论，以指示瑜伽学之究竟。"

第三个阶段，从高宗显庆五年（660）到麟德元年（664）的最后四年间，在坊州玉华寺（今陕西省铜川市北42公里的唐玉华山风景名胜区，现为玉华宫森林公园），"法师以编译《大般若经》为中心，译出《大般若经》四处、十六会，全部总六百卷。法师之出《大般若经》，盖具有将瑜伽学说上通于般若的用意。他在这期间内，特重译瑜伽学系分别中道义的《辨中边论》三卷。世亲菩萨于论首解释'虚妄分别有'二颂，即说'如是理趣妙契中道，亦善符顺《般若》等经'，以表示他所信解的大乘中道义乃是一贯中观、瑜伽两系学说的看法。又出世亲菩萨成立唯识无境义的《唯识二十论》二卷，以之和《唯识三十论》相辅而行。还补译'六足'中之《阿毗达磨集异门足论》二十卷，《界身足论》三卷，法救论师解释世友尊者《五事论》的《五事毗婆沙论》二卷。又重译关于部派佛教的首要史料《异部宗轮论》一卷"。

②唯识宗。法相宗的实际创始人是窥基（632~682），俗姓尉迟，字洪道，京兆长安（今陕西西安市）人。贞观二十二年（648），窥基17岁，受敕成为玄奘弟子，先住广福寺，后奉敕住进著名的大慈恩寺。唐高宗显庆元年（656），窥基奉诏入玄奘译场译经，自此一直随玄奘在慈恩寺、西明寺、玉华宫等处译经，担任笔受。在慈恩寺玄奘译场，窥基建议玄奘以护法的解释为主，选择其余九家注释，编译出《成唯识论》，并在玄奘的指导下，撰成

《成唯识论述记》，创立了唯识宗。[①]

（4）华严宗

华严宗的实际创始人是法藏（643～712），字贤首，祖籍康居国。天后证圣元年（695）于阗沙门实叉难陀在东都洛阳大内大遍空寺，重译《华严经》，法藏奉诏笔受。参与这次新译《华严经》工作的还有南印度沙门菩提流支和义净法师，最终于圣历二年（699）在佛授记寺完成八十卷的翻译工程。[②] 不久，法藏迁至长安大崇福寺，即当年武则天舍宅而立的太原寺，该寺载初元年（689）改称为崇福寺，由武则天亲笔赐写飞白体寺额。因此，该寺可以看做在长安的武周皇家寺院。选中法藏当寺主，无疑体现了武则天对他的信任和垂青。长安四年（704）腊月，法藏供奉于洛阳内道场，建置华严法会。武则天在洛阳上阳宫去世，随着李唐政权的恢复，长安再度成为政治中心，法藏也就永远地离开了洛阳，在长安从事活动，继续受着几代皇帝的高度尊崇，传播华严宗教义。

（5）神秀与禅宗

禅宗的实际创始人是弘忍（601～674），他在 7 世纪蕲州双峰山东山寺（今湖北黄梅县东北）传授禅法，7 世纪后半叶，由他的两位大弟子神秀和慧能在南北传播开来。慧能在华南传播，称为南宗禅，主要在民众间传播，而神秀则在两京传播禅法，称为北宗禅，主要在贵族间传播，并得到了女皇武则天和唐中宗的大力支持。神秀（606～706），俗姓李，汴州尉氏（今属河南）人，唐武德八年（625）在洛阳天宫寺受具足戒。50 岁时，到蕲州出家受具足戒，曾从事打柴汲水等杂役六年，弘忍深为器重，称其为"悬解圆照第一"、"神秀上座"，后离开弘忍僧团，隐居潜修 14 年之久。[③] 弘忍圆寂后，他在江陵当阳山（今湖北当阳县东南）玉泉

---

① 郭朋：《隋唐佛教》，第 414～415 页。

② 汤用彤：《隋唐佛教史稿》，中华书局，1982，第 168 页。

③ 吕澂：《中国佛学源流略讲》，中华书局，1979，第 217～218 页。

寺，大开禅法，声名远播。武则天闻其盛名，于久视元年（700）遣使迎至洛阳，后召到长安内道场，时年 90 余岁。中宗即位，更加礼重。中书令张说也执弟子礼。神龙二年（706）在天宫寺逝世，中宗赐谥"大通禅师"。①

（6）律宗

十六国南北朝以来，国家佛教成为中国佛教发展的主流，中央政府对佛教事务的管理越来越严密，与此同时，伴随着佛教的大发展，佛教自身也需要统一实行戒律来加强僧团组织建设。到了唐代，"就有了一群讲求律学的律师。其中道宣（596～667）继承北朝慧光（468～537）到智首（567～635）的系统，专事《四分律》的宏扬。他做了《四分律戒本疏》、《羯磨疏》、《行事钞》等大部著作，在理论上吸收了玄奘译传的新义，较旧说为长。因为道宣后来居住在终南山丰德寺，所以一般称呼他一系传承的律学宗派为南山宗。同时还有法砺（569～635）的相部宗、怀素（625～689）的东塔宗，对于《四分律》的运用和解释，各有不同的见解，也各成一派。他们的声势虽不及南山宗之盛，但流行经过了较长时期，彼此存着分歧，不得统一"②。

（7）密宗

密宗是隋唐佛教八大宗派里最晚成立的一个宗派，得到了唐玄宗的大力支持，是从印度直接移植来的一个宗派，"纯粹用陀罗尼（咒语）来作佛教的修习方便，这在当时的印度还是比较新鲜的事，但因中印间交通发达，很快地就传播过来了。相继来唐的善无畏（637～735）、金刚智（671～741），本来修学地点不同，分别传承胎藏界和金刚界的法门，及到达中国之后，互相授受，就融合成更大的组织。接着经过一行（683～727）、不空（705～774）的

① 黄忏华：《神秀》，中国佛教协会编《中国佛教》二，知识出版社，1982，第134 页。
② 吕澂：《唐代佛教》，中国佛教协会编《中国佛教》一，第 66 页。

阐述，更充实了内容，乃于一般的佛教而外，创立密教（从真言秘密得名）一宗。此宗带着神秘色彩，为统治阶级所特别爱好。当时几代帝王都对不空十分优礼，并以官爵相笼络，这样形成了王公贵族普遍信仰密教的风气"①。

三　鉴真是两京佛教陶冶出来的佛教精英

隋唐前期的国家佛教，从国家管理层面看，把佛教事务管理看做国家工作中极其重要的组成部分，皇帝直接参与，不断地沙汰那些腐化堕落、不守戒律的出家沙门，以行政干预的方式，维护僧团的纯洁，把整个佛教发展成精英佛教，使之成为隋唐国际化的一个重要量化指标。就佛教信仰的层面来说，国家佛教缺乏群众基础，在唐后期就一落千丈，被草根化的南禅宗和净土宗取代，失去了隋唐前期的辉煌。

鉴真出家为僧的时代，正处于隋唐前期国家佛教的黄金时代，并直接由两京精英佛教陶冶而成。《唐大和上东征传》说："大和上讳鉴真，扬州江阳县人也，俗姓淳于，齐（大夫）髡之后。"②江阳县即今扬州市，据孙蔚民考证，"扬州自战国末楚怀王建城起，即名广陵。北齐增置江阳郡，与广陵郡并治。隋初废郡，改名江阳县，与江都并为郡治。唐初一度并入江都，贞观十八年（644）又重新析置江阳县，至南唐始废。唐代江阳县是扬州（天宝元年扬州改为广陵郡）的附郭，其辖境约当现在扬州市区内汶河路以东，东北至湾头、邵伯各地，东南至江都县张纲镇沿河以西的地域"③。

1. 天台教观：鉴真的家学传承和大云寺师承

正如第一章所说，扬州佛教的历史最早可以追溯到汉魏时代，

---

① 吕澂：《唐代佛教》，中国佛教协会编《中国佛教》一，第67～68页。
② 〔日〕真人元开：《唐大和上东征传》，汪向荣校注，中华书局，1979，第33页。
③ 孙蔚民：《鉴真和尚东渡记》，上海古籍出版社，1979，第1页。

自东晋以后，日趋发展，隋唐前期，佛教昌盛，民众信仰佛教的热情很高。鉴真就出生在一个信仰佛教的家庭，他的父亲是一个受了在家五戒和菩萨戒的居士。给他父亲授戒的扬州大云寺智满禅师，很有可能是天台宗的传人，因为此时，禅宗还局限在湖北黄梅的大别山中，禅宗传到扬州是弘忍圆寂以后的事情，基本上是武则天执政的时代，由高丽僧智德传播到扬州的，并对比鉴真年长20多岁的法慎律师产生过影响。窃以为，大云寺是武则天执政期间设立的官寺，在扬州处于主导地位，智满禅师能够有传戒的资格，说明他是大云寺的三纲之一。之所以说智满禅师是天台宗的传人，这是因为天台宗早在隋炀帝时代，就已经传入扬州，智者大师是天台宗的实际创始人，在扬州给当时是晋王的隋炀帝授过菩萨戒。天台宗尊奉的根本经典是《法华经》，《法华经》在扬州的流行有群众基础，陈隋之际的严恭，祖籍泉州，但客居扬州以后，以抄写流通《法华经》的感应故事闻名遐迩。也就是说，天台宗在扬州的传播，有一定的群众基础。在汉传佛教八大宗里，天台宗和华严宗创立各具特色的判教理论体系，天台宗的判教理论主要在南方，而华严宗则在北方。又据《唐大和上东征传》记载，鉴真带到日本的佛教典籍，其中属于天台宗的有：《天台止观法门》（计四十卷），《玄义》、《文句》各十卷，《四教义》十二卷，《次第禅门》十一卷，《行法华忏法》一卷，《小止观》一卷，《六妙门》一卷。[①] 这些经典不是鉴真在长安所学的经典，可以肯定地说，是鉴真的家学传承和大云寺的师承。因为《唐大和上东正传》里说，"其父先就扬州大云寺智满禅师受戒，学禅门"[②]。禅门又叫止观法门，"学禅门"，即学习天台宗的《天台止观法门》、《小止观》、《六妙门》，这些禅门书籍是智满禅师授给鉴真父亲的。这是鉴真的家学渊源。

---

① 〔日〕真人元开：《唐大和上东征传》，第87页。
② 〔日〕真人元开：《唐大和上东征传》，第34页。

就鉴真的师承而言，鉴真是智满禅师的剃度弟子。《唐大和上东征传》说：

> 大和上年十四，随父入寺，见佛像感动心，因请父求出家；父奇其志，许焉。是时，大周则天长安元年有诏于天下诸州度僧，便（就）智满禅师出家为沙弥，配住大云寺，（引者按：原夹注：后改为龙兴寺）。①

在家学的熏陶下，鉴真对佛教的信仰日益浓厚，所以在 14 岁的时候，巧遇女皇武则天在长安元年（701）的特恩度僧的机会，就依智满禅师出家为僧。按理来说，从此以后的六七年，鉴真跟随智满禅师学习天台教观。其间，鉴真在唐中宗神龙元年（705），"从道岸律师受菩萨戒"②。道岸律师在《宋高僧传》卷十四里有传，传文如下：

> 释道岸，姓唐氏，世居颍川，是为大族。汉尚书令琳、司空珍、吴尚书仆射固、雍州刺史彬、凉镇北将军瑶之后也。永嘉南度，迁于光州，衣冠人物，晖映今古。岸生而不群，少而奇概，爰在髫龀，有若老成。齿胄胶庠，佝齐坟典，犹恐闻见未博，艺业有遗。遂浮江淮，达洙泗，探禹穴，升孔堂，多历年所矣。操翰林之鼓吹，游学海之波澜，讨论百家，商榷三教。乃叹曰："学古入官，纡金拾紫，儒教也；餐松饵柏，驾鹤乘龙，道教也；不出轮回之中，俱非筏喻之义，岂若三乘妙旨，六度宏功，缁铢世间，掌握沙界哉！"遂落发出家，洗心访道，一音克举，四句精通。竖修律仪，深入禅慧。夜梦迦叶来为导师，朝阅真经，宛契冥牒。由是声名籍甚，远近吹嘘，

---

① 〔日〕真人元开：《唐大和上东征传》，第 34 页。
② 〔日〕真人元开：《唐大和上东征传》，第 34 页。

为出世之津梁，固经行之领袖。十方龙象，罔不师范焉；万国
鹓鸾，无敢訕对者。向若回兹妙识，适彼殊途，议才必总于四
科，济世雅符于三杰。有若越中初法师者，秘藏精微，罔不明
练，道高寰宇，德重丘山。岸闻善若惊，同声相应，乘杯去
楚，杖锡游吴。云雾一披，钟鼓齐振，期牙合契，澄什联芳。
由是常居会稽龙兴寺焉。扬越黎庶，江淮释子，辐辏乌合，巷
少居人，罕登元礼之门，且睹公超之市。岸身遗缠盖，心等虚
空，不择贤愚，无论贵贱，温颜接待，善诱克勤，明鉴莫疲，
洪钟必应。皆窥天抇海，虚往实归，其利博哉，无得称也！时
号为大和尚。登无畏座，讲木叉律，容止端严，辞辩清畅，连
环冰释，理窟毫分，瞻仰者皆悉由衷，听受者得未曾有。于是
高僧大士，心醉神倾，捐弃旧闻，佩服新义，江介一变，其道
大行。

　　孝和皇帝精贯白业，游艺玄枢，闻而异焉。遣使征召，前
后数介。然始入朝，与大德数人同居内殿，帝因朝暇，躬阅清
言。虽天眷屡回，而圣威难犯，凡厥目对，靡不魂惊，皆向日
趋风，灭听收视。岸人望虽重，僧腊未高，犹沦居下筵，累隔
先辈。惜帝有轮王之位，不起承迎，以吾为舍那之后，晏然方
坐。皇帝睹其高尚，伏以尊严，偏赐衣钵，特彰荣宠。因请如
来法味，屈为菩萨戒师，亲率六宫，围绕供养，仍图画于林光
宫。御制《画赞》，辞曰："戒珠皎洁，慧流清净，身局五篇，
心融八定。学综真典，观通实性，维持法务，纲统僧政。律藏
冀兮传芳，象教因乎光盛。"比夫灵台影像，麟阁丹青，功德
义殊，师臣礼异。铨择网管，统帅僧徒者，有司之任也。以岸
盛德广大，至行高邈，思遍雨露，特变章程。所历都白马、中
兴、庄严、荐福、罔极等寺，纲维总务，皆承敕命，深契物
心，天下以为荣，古今所未有。中宗有怀罔极，追福因心，先
于长安造荐福寺，事不时就，作者烦劳，敕岸与工部尚书张锡
同典其任。广开方便，博施慈悲，人或子来，役无留务，费约

功倍。帝甚嘉之，顿邀赏锡，何间昏晓。

　　既荷天泽，言酬恩地，遂还光州，度人置寺。于是祇陀苑囿，郁起僧坊，拘邻比丘，便为人宝，能事斯毕，夫何恨哉！江海一辞，星霜二纪，每怀成道之所，更迫钟漏之期。遂去上京，还至本处。将申顾命，精择门人，僧行超、玄俨者，是称上足也。克传珠髻之宝，俾赐金口之言，右胁而卧，示其泡幻也。以开元五年岁次丁巳八月十日灭度于会稽龙兴道场，时年六十有四。海竭何依？山崩安仰？天人感恸，道俗哀号，执绋衣缘，动盈万计。弟子龙兴寺、慧武寺主义海、都维那、道融、大禹寺怀则、大善寺道超、齐明寺思一、云明寺慧周、洪邑寺怀莹、香严寺怀彦、平原寺道纲、湖州大云寺子瑀、兴国寺慧纂等，秀禀珪璋，器承磨琢，荷导蒙之力，怀栝羽之恩，思播芳尘，必题贞石，乃请礼部侍郎姚奕为碑纪德。

　　初，岸本文纲律师高足也，及孝和所重，其道克昌。以江表多行《十诵律》，东南僧坚执，罔知《四分》。岸请帝墨敕执行南山律宗。伊宗盛于江淮间者，岸之力也。[①]

仔细推敲这段道岸律师传文，道岸律师给鉴真授菩萨戒，是在唐中宗邀请道岸北上长安，在内道场为皇族授菩萨戒，由越州龙兴寺到扬州专途中，于神龙元年（705），在扬州龙兴寺礼请道岸律师授菩萨戒。唐中宗非常器重信任道岸律师，在道岸律师的请求下，唐中宗以行政手段，取缔了南方盛行的十诵律宗，改辙四分律宗，从此以后，南山律宗盛行中华大地，并由鉴真传播到日本。

2. 南山律宗：鉴真在长安的佛学传承

　　唐中宗神龙元年（705）是鉴真人生的转折点，在这一年，他和越州龙兴寺的律宗大师——道岸律师建立了师生关系，从此鉴真被导引到一个新的佛学天地。道岸律师到长安以后，受到了唐中宗

---

① 《大正藏》第50卷，第793页a–c。

的热捧，在长安佛教界走红。景龙元年（707），鉴真 19 岁，追随
道岸律师北上，准备受足具戒，成为正式的僧人，"杖锡东都"。①
在唐初，东都洛阳的大内丽日殿、明德宫等处，也曾做过玄奘法师
的短期译场。② 武周仪凤垂拱年间（676~688），中印度僧人日照
曾在东都太原寺（后改福先寺）翻译佛经；永淳神龙间（682~
706），南印度僧人菩提流支曾在东都福先寺翻译佛经；长寿神龙
间（692~706），北印度僧人宝思唯在东都福先寺翻译佛经；证圣
圣历间（695~699），于阗实叉难陀在东都大内大遍空寺、佛授记
寺翻译佛经；义净三藏法师也曾在东都福先寺翻译过佛经。③ 由于
武则天长期居住在东都执政，在她的"佛教优先"政策引导下，
佛教发展很快，再加上汉魏两晋南北朝，洛阳就是佛教传播的重
镇，佛教文化积淀深厚。鉴真北上的第一站，就滞留在洛阳一年，
首先感受了一番东都佛教浓郁的信仰芳香，"因入长安"，驻锡在
实际寺。④

实际寺建于隋，唐殇帝时易名为温国寺，唐武宗灭佛时被撤
除，后来重建，易名崇圣寺，毁于唐末战乱，遗址现在西北大学
内。根据北宋史家宋敏求所撰《长安志》的记载，实际寺本是隋
初名臣长孙览妻子郑氏的宅院，后来改建成实际寺，隋炀帝则将实
际寺列为长安四道场之一。《续高僧传》卷十一《释吉藏》说：唐
高祖"武德之初，僧过繁结，置十大德，纲维法务，宛从初议，
居其一焉，实际、定水，钦仰道宗，两寺连请，延而住之，遂通受
双愿，两以居之"⑤，说明吉藏在实际寺等寺院内，从事三论教学，
"为长安佛教界带来了前所未有之新风气"⑥。在实际寺学习三论的

---

① 〔日〕真人元开：《唐大和上东征传》，第 34 页。
② 张弓：《汉唐佛寺文化史（上）》，中国社会科学出版社，1997，第 406 页。
③ 张弓：《汉唐佛寺文化史（上）》，第 406~408 页。
④ 〔日〕真人元开：《唐大和上东征传》，第 34 页。
⑤ 《大正藏》第 50 卷，第 514 页 b。
⑥ 〔日〕中村元：《中国佛教发展史（上）》，第 288 页。

有高丽僧人实法师、印法师、慧观等人。"慧灌后来到日本，是推古朝时三论宗第一代祖师"①。

又据《河洛上都龙门之阳大卢舍那像合龙记》碑文记载，唐高宗永徽年间，净土宗的实际创始人善导驻锡过实际寺，弘扬净土法门。善道的弟子以怀感最为有名，怀恽次之。怀恽"依敕为长安实际寺主，常讲《观经》、《贤护》、《弥陀经》等，劝四众专念弥陀名号"。

实际寺是曾经传播过三论宗和净土宗的祖师道场，在长安佛教史上占有重要地位，鉴真从洛阳到长安以后，驻锡在实际寺。应该说净土宗的信仰仍然是该寺院的主流信仰，对鉴真的佛教信仰有一定的影响，这在《唐大和上东征传》可以找到证据，即天宝十年（751），鉴真第二次东渡失败，在回扬州的路上，途径吉州（今江西吉安），他的大弟子祥彦圆寂时的场景，就足以说明问题。兹抄录如下，以资佐证：

次至吉州，僧祥彦于舟上端坐，问思托师云："大和上睡觉否？"思托答曰："睡未起。"彦云："今欲死别。"思托咨和上，和上烧香，将曲几来，使彦凭几向西方念阿弥陀佛。彦即一声唱佛，端坐，寂然无言。和上乃唤彦，彦悲恸无数。②

追溯鉴真的净土宗信仰，正是他驻锡在长安实际寺求戒期间，深受该寺浓厚的净上宗信仰熏染所致。

据《宋高僧传·鉴真传》记载，景龙二年（708）三月二十八日，鉴真在"实际寺依荆州恒景律师边得戒。虽新发意，有老成风，观光两京，名师陶诱。三藏教法，数稔该通，动必俹几，曾无

---

① 〔日〕镰田茂雄：《简明中国佛教史》，第 169～170 页。
② 〔日〕真人元开：《唐大和上东征传》，第 76 页。

矜伐"①。据孙蔚民考证，恒景律师即《唐大和上东征传》中所说的弘景律师，"《宋僧传》作'恒景'，系避太祖匡胤的父亲弘殷的讳而改"②。弘景法师在《宋高僧传》卷五有传，不是放在"明律篇"，而是放在"义解篇"，说明弘景法师的主要佛学成就在佛教理论研究方面，这一点很重要，应该说他对鉴真的佛学修养有非常深刻的影响。先看《宋高僧传》卷五《唐荆州玉泉寺恒景传》原文：

> 释恒景，姓文氏，当阳人也。贞观二十二年敕度，听习三藏，一闻能诵，如说而行。初就文纲律师隶业毗尼，后入覆舟山玉泉寺，追智者禅师习止观门。于寺之南十里别立精舍，号龙兴是也。自天后、中宗朝，三被诏入内供养为受戒师。以景龙三年奏乞归山，敕允其请。诏中书、门下及学士于林光宫观内道场设斋。先时追召天下高僧兼义行者二十余人，常于内殿修福，至是散斋，仍送景并道俊、玄奘各还故乡。帝亲赋诗，学士应和，即中书令李峤、中书舍人李乂等数人。时景等捧诗振锡而行，天下荣之。景撰《顺了义论》二卷、《摄正法论》七卷、《佛性论》二卷。学其宗者，如渴之受浆。至先天元年九月二十五日卒于所住寺，春秋七十九。弟子奉葬于寺之西原也。③

根据上面引文，弘景法师是在景龙三年（709）回到荆州玉泉寺的。又据《唐大和上东征传》记载，鉴真受戒后，曾追随弘景法师学法一年多，并"巡游二京，究学三藏"④。又据思托撰写的《大唐传戒师僧名记大和上鉴真传》（《广传》）逸文记载：

---

① 《大正藏》第 50 卷，第 797 页 b。
② 孙蔚民：《鉴真和尚东渡记》，第 18 页。
③ 《大正藏》第 50 卷，第 732 页 b - c。
④ 〔日〕真人元开：《唐大和上东征传》，第 34 页。

鉴真大师受具之时，奉请十师等，亦是满意律师弟子也。所谓荆州玉泉寺弘景律师、西京总持寺仪律师、西京荐福寺道岸律师、荆州扬溪寺俊律师、西京崇福寺大德礼律师、西京崇圣寺纲律师、西京崇福寺闻惠律师、西京崇福寺思惠律师、西京荷恩寺法藏律师、西京荷恩寺丹律师、西京荐福寺恒律师、荐福寺志律师，彼列此十二人大德已。总叹云，已上诸德，各研精律藏，兼达大乘，皆是首律师满意律师弟子也。……然通言二人弟子，未知谁人的是，但见列次中弘景律师，是南山大师弟子；仪律师，即满意律师传法辈之随一矣；道岸律师，宗承文纲律师；礼律师，是学首律师疏，讲说弟子也；纲律师学相部疏，此则非文纲之纲，是别人耳，行状既别，俗年亦异（引者按：原夹注：此九十二，彼九十九）；志律师，讲五分律。自余诸人，虽不的指，亦可多是意师弟子。又西京禅定寺义威律师、西明寺远智律师、东京授记寺新罗金修律师及惠策律师、西京观音寺大亮律师、越州察律师、扬州照隐律师，此等大德并满意律师门人也。①

据远藤证圆的研究，上面引文里的"仪律师是大仪，俊律师是道俊，礼律师是复礼，纲律师是文纲"②。鉴真到长安实际寺登坛受戒，所承受的律学传承虽属《四分律》传承，但属于法砺创立的相部宗，正如杨增文所说：

法砺（569～635）从灵裕出家，后跟静洪学《四分律》，又从兴遵弟子洪渊学《四分律》大义，此后开讲律学，从事著述，撰有《四分律疏》、《羯磨疏》及《含怀轻重仪》等，

① 〔日〕真人元开：《唐大和上东征传》，第104页。
② 〔日〕远藤证圆：《鉴真和尚的佛教修学》，徐凤仪主编《鉴真文化大观》上卷，第148页。

因长期在相州（今河南安阳）传法，故被称为相部宗；法砺
的弟子有满意、怀素等。满意的弟子有大亮、义威、远智、定
宾等多人。定宾著《饰宗义记》解释法砺律学思想，也十分
有名。①

由此可知，鉴真在长安亲近的名师主要是法砺相部宗的律学大师，
传承其律学理论。但就戒脉传承上来看，给他授菩萨戒的师父是道
岸，授比丘戒的师父是弘景。弘景和道岸传承的戒律理论来自文
纲，文纲的师父是道宣。又"根据《东征传》，鉴真和尚受足具戒
后巡游二京，先随融济学习南山道宣的《四分律行事钞》、《注羯
磨》、《量处轻重仪》，后随长安禅定寺的义威学相部法砺的《四分
律疏》，也随西明寺远智学了该疏。他后来也从洛阳佛授记寺的金
修、慧策那里接受了法砺的律疏，回长安听了观音寺大亮的砺疏五
遍。和尚先后六年跟随东、西两京的诸师学习，携其成果，第七年
的开元元年（713 年），他 26 岁首次登坛讲授律疏，可谓是研究成
果的发表。当然，这里也有道岸的指导。此后同一时期，和尚回了
扬州，道岸回了会稽"②。

　　值得注意的是，给鉴真授菩萨戒的道岸律师和授比丘戒的弘景
法师，此时都在长安，都是中宗十分敬仰的高僧，就人脉关系而
言，鉴真会通过与他们二人的师生关系，在长安和洛阳亲近到当时
最有名望的高僧。③　所以，怀素（625～698）创立的《四分律》东

　　①　杨增文：《关于鉴真东渡二题》，徐凤仪主编《鉴真文化大观》上卷，第 90 页。
　　②　〔日〕远藤证圆：《鉴真和尚的佛教修学》，徐凤仪主编《鉴真文化大观》上
　　　　卷，第 148 页。
　　③　据卜孝萱考证，鉴真在两京期间，"先从融济律师学《南山律钞》、《业疏》、
　　　　《轻重仪》等。又听西京禅定寺义威律师，西明寺远智律师，东京授记寺金修、
　　　　慧策二律师讲《律钞》各一遍。后随西京观音寺大亮律师听讲《砺疏》五遍。
　　　　鉴真学习律学要疏共九遍，融合各家的长处，构成自己的见解，成为律宗大
　　　　师"（扬州市政协文史资料研究组・扬州师院历史科编《鉴真研究论文集》，
　　　　1980，第 44 页）。

塔宗，祖庭就在长安西太原寺东塔院内，而西太原寺的西塔院则是相部宗的满意和定宾师弟们的大本营。所以长安西太原寺的相部宗和东塔宗的《四分律》学的辩论，势均力敌，"学者如林，执见相朋，互兴违争"，一直延续到"大历十三年（778）由于元载生前的建议，朝廷特令两街临坛大德十四人齐集安国寺，定夺新旧两疏的是非"①。鉴真在长安求戒学法期间，怀素圆寂才满 10 周年，正是相部宗和东塔宗争论的白热化阶段，所以对鉴真的律学思想影响深刻，但"从鉴真东渡日本所带律学著作及在日本讲授的律学内容来看，虽包含以上三家著述，然而从他师承关系和传授的主要内容来看，他属于道宣的南山律宗，所传承的律学也以南山律为主。"② 又"据日本镰仓时期学僧凝然（1240～1321）《三国佛法传通缘起》卷下和《律宗刚要》卷下的记载，鉴真除师事道岸、弘景之外，还从道宣的另一个弟子融济学习道宣的《四分律行事钞》、《羯磨疏》和《释门亡物轻重仪》等；随相部律宗的义威、远智、全修、慧策、大亮等学习法砺的《四分律疏》等。他们五人皆是师承法砺的满意的弟子"③。

不过，从鉴真花了 12 个年头，经过三次东渡才到日本的历史事实来看，窃以为，鉴真在长安求戒学法的六年里，有一个大名鼎鼎的高僧，是鉴真东渡的楷模，正是在他舍生忘死的求法精神的感召下，鉴真才实现了他东渡弘法的目的。那么，此时在两京弘扬佛法，且与给鉴真授戒师父有密切关系的高僧又是谁呢？不用说，那就是三藏法师义净（635～713）。④ 义净三藏法师是在唐玄宗开元元年（713）圆寂的。据汪向荣校注《唐大和上东征传》附录五

① 隆莲：《怀素》，中国佛教协会编《中国佛教》二，第 151 页。
② 杨增文：《关于鉴真东渡二题》，徐凤仪主编《鉴真文化大观（上卷）》，第 91 页。
③ 杨增文：《关于鉴真东渡二题》，徐凤仪主编《鉴真文化大观（上卷）》，第 91 页。
④ 据远藤证圆研究，唐中宗复位以后，"被招入内道场的大德有义净、文纲、弘景、道岸，另外，道亮、道俊、玄奘、僧伽、万回等在他们的传上也有记载，弘景传上记述有'天下二十余高僧应召入内殿修福'"（远藤证圆：《鉴真和尚的佛教修学》，徐凤仪主编《鉴真文化大观》上卷，第 148 页）。

《鉴真年表》，鉴真在二京求戒学法是唐中宗景龙元年（707）到唐玄宗先天元年（712），也就是说，鉴真回到扬州后，义净三藏法师才圆寂。兹把《宋高僧传》卷一《唐京兆大荐福寺义净传》全文抄录如下，以资参考。

释义净，字文明，姓张氏，范阳人也。髫龀之时，辞亲落发，遍询名匠，广探群籍，内外闲习，今古博通。年十有五，便萌其志，欲游西域，仰法显之雅操，慕玄奘之高风。加以勤无弃时，手不释卷，弱冠登具，愈坚贞志。咸亨二年年三十有七，方遂发足。初至番禺，得同志数十人，及将登舶，余皆退罢。净奋励孤行，备历艰险。所至之境，皆洞言音。凡遇酋长，俱加礼重。鹫峰、鸡足，咸遂周游；鹿苑、祇林，并皆瞻瞩；诸有圣迹，毕得追寻。经二十五年，历三十余国，以天后证圣元年乙未仲夏，还至河洛，得梵本经律论近四百部，合五十万颂，金刚座真容一铺，舍利三百粒。天后亲迎于上东门外，诸寺缁伍具幡盖歌乐前导，敕于佛授记寺安置焉。

初与于阗三藏实叉难陀翻《华严经》。久视之后，乃自专译。起庚子岁至长安癸卯，于福先寺及雍京西明寺译《金光明最胜王》、《能断金刚般若》、《弥勒成佛》、《一字咒王》、《庄严王陀罗尼》、《长爪梵志》等经，《根本一切有部毗奈耶》、《尼陀那目得迦》、《百一羯磨摄》等，《掌中》、《取因假设》、《六门教授》等论，及《龙树劝诫颂》，凡二十部。北印度沙门阿侲真那证梵文义，沙门波仑、复礼、慧表、智积等笔受证文，沙门法宝、法藏、德感、胜庄、神英、仁亮、大仪、慈训等证义，成均太学助教许观监护，缮写进呈。天后制《圣教序》，令标经首。

暨和帝神龙元年乙巳，于东洛内道场译《孔雀王经》，又于大福先寺出《胜光天子》、《香王菩萨咒》、《一切庄严王经》四部，沙门盘度读梵文，沙门玄伞笔受，沙门大仪证文，沙门胜庄、利贞证义，兵部侍郎崔湜、给事中庐粲润文正字，秘书监驸马都尉杨慎交监护。

帝深崇释典，特抽睿思，制《大唐龙兴三藏圣教序》，又御洛阳西门，宣示群官新翻之经。二年，净随驾归雍京，置翻经院于大荐福寺，居之。三年，诏入内与同翻经沙门九旬坐夏。帝以昔居房部，幽厄无归，祈念药师，遂蒙降祉，荷兹往泽，重阐鸿猷。因命法徒更重传译于大佛光殿，二卷成文，曰《药师琉璃光佛本愿功德经》。帝御法筵，手自笔受。

睿宗永隆（引者按："永隆"应为"景云"）元年庚戌，于大荐福寺出《浴像功德经》、《毗柰耶杂事二众戒经》、《唯识宝生》、《所缘释》等二十部。吐火罗沙门达磨末磨、中印度沙门拔弩证梵义，罽宾沙门达磨难陀证梵文，居士东印度首领伊舍罗证梵本，沙门慧积、居士中印度李释迦度颇多语梵本，沙门文纲、慧沼、利贞、胜庄、爱同、思恒证义，玄伞、智积笔受，居士东印度瞿昙金刚、迦湿弥罗国王子阿顺证译，修文馆大学士李峤、兵部尚书韦嗣立、中书侍郎赵彦昭、吏部侍郎卢藏用、兵部侍郎张说、中书舍人李乂二十余人，次文润色，左仆射韦巨源、右仆射苏瓌监护，秘书大监嗣虢王邕同监护，景云二年辛亥，复于大荐福寺译《称赞如来功德神咒》等经，太常卿薛崇嗣监护。自天后久视迄睿宗景云，都翻出五十六部，二百三十卷。又别撰《大唐西域求法高僧传》、《南海寄归内法传》、别说《罪要行法》、《受用三法》、《水要法》、《护命放生轨仪》，凡五部，九卷。又出《说一切有部跋窣堵》，即诸律中犍度跋渠之类。盖梵音有楚夏耳，约七十八卷。

净虽遍翻三藏，而偏攻律部，译缀之暇，曲授学徒。凡所行事，皆尚急护。漉囊涤秽，特异常伦。学侣传行，遍于京洛。美哉，亦遗法之盛事也。先天二年卒，春秋七十九，法腊五十九，葬事官供。所出《跋窣堵》唯存真本，未暇覆疏，而逼泥曰，然其传度经律，与奘师抗衡。比其著述，净多文。性传密咒，最尽其妙，二三合声，尔时方晓矣。今塔在洛京龙门北之高冈焉。①

义净的西行求法，是玄奘以后又一次汉僧西行求法的壮举，感人至深。现代高僧法尊在民国进藏求法时，就以义净为榜样，他说：

　　（引者按：1925 年）秋天在嘉定乌尤寺阅藏及《南海寄归传》，我对于义净三藏，起了一点真实信敬心，我觉得我们中国的这些佛典经论，皆是我先觉牺牲了无量生命财产和心血身汗，更受过无量的痛苦忧急悲哀热泪，才换来这些代价品。换句话说：我觉得这些经书上一字一画，便是一滴血和一滴泪的混合品，那时我们先觉辈发大悲心和大无畏心立大誓愿和不顾一切的牺牲，所请来的和译出来的，我们做后学的拿起来的时候，至少也该想一想先觉的大心愿大事业和大牺牲大恩德，不应该自作聪明，忘恩负义地批评和诽谤。我们纵不能于先觉的辛苦事业上培福增慧，然也决不应该于先觉的功劳恩义上折福损慧才好。净法师的高僧《求法诗》云："去人成百归无十，后者安（引者按：'安'，一作'焉'）知前者难。"我读那两句诗的时候，眼睛一定是个红的，因为泪珠的大小与葡萄差不多。他又说："后贤若未谙斯旨，往往将经容易看。"他算给我们受了个预记。我受了他老人家说话的刺激，同时也受了他老人家的感化，我对于前贤实在不敢起半点轻视心，我对于先觉的事业实在不敢起半点容易心。但是先觉的这种大慈大悲和大无畏精神，我羡慕极了，我也想牺牲一切地去学学先觉，我对于西藏的佛教典籍，凡是内地所没有的，我都发愿学习翻译

____

① 《大正藏》第 50 卷，第 710 页 b～711 页 a。

出来补充所缺。尤其对于义净法师所翻译的律藏，我很想给他补充圆满。①

法尊抒发对义净的感激之情是在 1925 年，已经距离义净圆寂 1212 年，读到义净《求法诗》里的"去人成百归无十，后者安知前者难"时，尚且"眼睛一定是个红的，因为泪珠的大小与葡萄差不多"。那么，鉴真在两京求戒学法期间，义净就在两京翻译佛经，讲律学哺育后学，也许鉴真就在某次义净的讲律说法的场合，聚精会神地听义净的教诲，然后一遍又一遍地念诵着义净的《求法诗》：

> 晋宋齐梁唐代间，高僧求法离长安。
> 去人成百归无十，后者焉知前者难！
> 路远碧天唯冷结，沙河遮日力疲殚。
> 后贤若不谙斯旨，往往将经容易看。

另外，义净把持律看做他的门徒为人处世的头等大事，这在他立下的遗嘱里有非常明确的说明，慧岳把这段文字翻译成白话如下：

> ……你们如果听我的话，我死了之后，变土变石，就给你们起房子；变松变柏，就给你们遮阴凉；变花变药，就给你们欣赏和增加寿命；为神为鬼，都保佑你们……
>
> 假设你们不听我的话，毁坏了我的法则，那末，我死了之后，变土变石，你们死了，也不给你们做坟墓；变松变柏，你们死了，也不给你们做棺材；变花变药，也就只有毒害你们，

---

① 法尊：《著者入藏的经过》，吕铁钢、胡和平编《法尊法师佛学论文集》，中国佛教文化研究所印行，1990，第 361 页。

绝不会去增加你们的兴趣和力气；为神为鬼，都只作你们的祟，也绝不会保佑你们的……①

鉴真之所以能在 12 年间，发扬"知其不可而为之"精神，东渡三次，是义净这首《求法诗》，以及义净把持律看得像僧尼的生命一样重要，并化成强有力的精神促动力所致。在鉴真眼里，"晋宋齐梁唐代间"的无数求法高僧，他们孤身跋涉在浩瀚的沙漠、戈壁、雪山之中，踏着前贤的白骨奋勇向前，与他们的艰难困苦相比，自己的东渡必然是五六十人的团队，起码有足够的粮食和淡水，有乘坐的船只，这比"晋宋齐梁唐代间"西行求法的前辈高僧要优越数百倍。窃以为，正是"晋宋齐梁唐代间"无数西行求法高僧们的舍生忘死的求法精神，促使鉴真"是为法事也，何惜身命"② 地一次又一次地东渡传法。

---

① 慧岳：《律宗教义及其纪传》，张曼涛主编《现代佛教学术丛刊（88）·〈律宗概述及其成立与发展〉》，第 189 页。
② 〔日〕真人元开：《唐大和上东征传》，第 42 页。

第三章　以戒为师：江淮之间
独为化主

鉴真在开元盛世"独为化主"的时代，正是国家佛教与僧团佛教互为表里，结合得最好的时代。唐中宗、睿宗和玄宗开元年间是律宗发展的黄金时代，也是唐玄宗扶植密宗的时代，与此同时，南禅宗在两湖、江西、安徽民间悄然兴起，正在为取代国家佛教而"暗度陈仓"。

一　唐前期律宗源流述略

1. 律宗的含义

（1）律的含义

梵语毗奈耶（Vihaya），正译为律。佛教经典分为经、律、论三大部分，称为"三藏"。律藏是其中之一。律藏记载释迦牟尼佛所说的僧团组织纪律和加入僧团的程序仪轨。根据佛教历史文献的记载，释迦牟尼佛 30 岁成道，到 80 岁圆寂，领导千人大僧团 49 年，"在最初的十二年中，僧众清净，没有违犯教义的徒众"，但在以后的 37 年中，在僧团里出现了"龙蛇杂处，良莠不齐，而恶行亦渐起，释尊便制律摄僧。时间既久，律仪亦多，由五戒、十戒，增至二百五十戒、五百大戒，于释尊入灭以后，由优波离尊者等结集，而成为三藏中的律藏，以与经、论相

鼎立"[1]。佛智在《续僧伽命脉 令正法久住——南山受戒考述》一文里，把佛陀制律的本怀表列如下。（见表 3 - 1）

表 3 - 1 佛陀制律的 10 大利益

目 标	《僧祇律》	《十诵律》	《根有律》
和 合	1. 摄僧 2. 极摄僧	1. 摄僧 2. 极好僧	1. 摄取僧
安 乐	3. 令僧安乐	3. 僧安乐住	2. 令僧欢喜 3. 令僧安乐住
清 净	4. 折服无羞人 5. 有惭愧人得安乐住	4. 折服高心人 5. 有惭愧者得安乐	4. 降伏破戒 5. 惭者得安
外 化	6. 不信者令信 7. 已信者令增长	6. 不信者得净信 7. 已信者增长信	6. 不信者信 7. 信者增长
内 证	8. 现法尽诸漏 9. 未生漏不生	8. 遮今世烦恼 9. 断后世恶	8. 断现在有漏 9. 断未来有漏
究极理想	10. 正法久住为诸天人开甘露门	10. 梵行久住	10. 梵行得久住故显扬正法广利人天

目 标	《铜碟律》	《四分律》	《五分律》
和 合	1. 摄僧	1. 摄取僧	1. 摄僧 2. 僧和合
安 乐	2. 僧安乐	2. 令僧欢喜 3. 令僧安乐住	
清 净	3. 调伏恶人 4. 善比丘得安乐住	4. 难调者令调 5. 惭愧者得安乐	3. 调伏恶人 4. 惭愧者得安乐
外 化	5. 未信者令信 6. 已信者令增长	6. 未信者信 7. 已信者令增长	5. 令未信者信 6. 已信者令增长
内 证	7. 断现在世漏 8. 断后世漏	8. 断现在有漏 9. 断未来有漏	7. 断现世漏 8. 灭后世漏
究极理想	9. 正法久住 10. 爱重毗尼	10. 正法得久住	9. 法久住 10. 分别毗尼梵行久住故

资料来源：佛智：戒幢佛学研究所 2011 年本科毕业僧论文《续僧伽命脉 令正法久住——南山受戒考述》，第 2 页。

---

[1] 慧岳：《律宗教义及其纪传》，张曼涛主编《现代佛教学术丛刊（88）·〈律宗概述及其成立与发展〉》，第 23 页。

（2）宗的含义

宗，是相对于教而言的。教，是佛说的言论，又叫经，或者叫经教。宗，是佛弟子对教的诠释。正如宗密所说：

> （佛）灭度后，委付迦叶，展转相承一人者，此亦盖论当代为宗教主，如土无二王，非得度者唯尔数也。①

这里所说的"宗教主"，意思是说，只有迦叶才有资格传授佛的言教，所以叫宗教主。但到了唐代以后，凡是印度佛菩萨的经论都是教，宗密站在禅宗的立场上，对宗做了进一步的说明：

> 然本因了自心而辨诸教故，恳情于心宗。又因辨诸教而解修心故，虔诚于教义。教也者诸佛菩萨所留经论也，禅也者诸善知识所述句偈也。但佛经开张罗大千八部之众，禅偈撮略就此方一类之机。罗众则莽荡难依，就机则指的易用。今之纂集意在斯焉。裴休为之序曰：诸宗门下皆有达人，然各安所习，通少局多，数十年中，师法益坏，以承禀为户牖，各自开张；以经论为干戈，互相攻击。情随函（引者按：原夹注：音含）矢而迁变（引者按：原夹注：周礼曰"函人为甲"。孟子曰"矢人岂不仁于函人哉"。函人唯恐伤人，矢人唯恐不伤人，盖所习之术使然也。今学者但随宗徒，彼此相非耳），法逐人我以高低，是非纷拏莫能辨析，则向者世尊菩萨诸方教宗，适足以起争，后人增烦恼病，何利益之有哉？②

很显然，隋唐八大宗派各有印度佛教经论作为依据，互相争论不休。

---

① 《大正藏》第51卷，第307页c。
② 《大正藏》第51卷，第306页c。

　（3）律宗

　基于上述，律宗是中国僧人对印度佛教律藏的诠释和实践，它与国家佛教互为表里。国家佛教以律令的形式，从僧团外面强化僧团的规范化，律宗则从僧团内部完善僧团的规范化，包括僧团组织纪律、加入僧团的手续、寺院硬件建设，等等。但到了唐后期，禅宗兴起，取代了律宗的绝大部分功能，律宗只是一个办理加入僧团手续的宗派，禅宗的清规成为中国式的僧团组织纪律，禅宗的"伽蓝七堂"制①寺院硬件建设取代了律宗四合院式的寺院建设风格。

　2. 律宗的起源：印度佛教的五部律和五论

　佛陀入灭以后，由他的十大弟子之一的优波离尊者，把佛陀住世时所说的有关僧团组织纪律方面的言教，汇集在一起，在整个夏季 90 天内，分 80 次背诵出来，结集成藏，叫做"八十诵律"，成为佛教三藏教典之一，即律藏。大约在佛陀寂灭 100 年后，佛教分裂为上座部和大众部，最早的"八十诵律"也就相应地分成"二部律"来传承。后来的四五百年中，这两个部派进一步分化成 20 个部派，"二部律"又与时俱进地分成"二十部律"来传承。但就"二十部律"的内容来看，实际上可归类成"五部律"。所谓五部律，即萨婆多部律（十诵律）、昙无德部律（四分律）、大众部律（僧祇律）、弥沙塞部律（五分律）、迦叶遗部律（解脱律）。在这五部律中，只有前四部律传播到了中国，而迦叶遗部律只传来了个戒本而已。②

　从中国汉传佛教翻译经论史的视角来看，20 部派佛教对五部律的诠释应该说是很多的，但翻译成汉语的只有以下五论：

---

①　"伽蓝七堂"制，是唐后期禅宗兴起以后，逐渐在宋元时期规范化了的寺院建筑模式。"伽蓝"就是"僧园"的意思。"伽蓝七堂"制规定，佛教寺院必须具备山门、佛殿、法堂、方丈、僧堂、浴室、东司（厕所）七堂，到明清时期演变为山门、天王殿、大雄宝殿、后殿、法堂、罗汉堂、观音殿七堂。
②　慧岳：《律宗教义及其纪传》，张曼涛主编《现代佛教学术丛刊（88）·〈律宗概述及其成立与发展〉》，第 30 ~ 31 页。

一、《毗尼母论》：此论宗萨婆多，译有八卷，相传失译人。

二、《萨婆多部毗尼摩得勒迦论》：亦宗释萨婆多部律，我国刘宋时，天竺沙门僧伽跋摩（此云众铠）译有十卷。

三、《善见律毗婆沙论》：此论宗释《四分律》，我国萧齐时，僧伽跋陀罗译有十八卷。

四、《萨婆多毗婆沙论》：宗释《十诵律》，我国译有九卷，失译人名。

五、《律二十二明了论》：此为正量部律论，为天竺沙门弗陀多罗著，我国陈真谛译于广州，计有十卷。①

上述印度佛教的五部律和五论，就是汉传佛教的历史源头。

3. 戒律的东渐

汉传佛教律宗，遵奉四律五论。四律指的是《十诵律》、《四分律》、《僧祇律》、《五分律》；五论指的是《毗尼母论》、《摩得勒伽论》、《善见毗婆沙论》、《萨婆多毗婆沙论》、《明了论》。五论的东渐，在前面已经提及了。现在就四律的东渐，简单介绍如下。

（1）《十诵律》

《十诵律》的翻译，经过了多位高僧的努力，才最终译成。罗什在关中翻译佛经之前，曾从罽宾国卑磨罗叉学过《十诵律》，后来罽宾国弗若多罗来到关中，罗什即礼请与他合作翻译《十诵律》，但在中途，弗若多罗病逝。此时西域沙门昙摩流支又来到关中，与罗什继续合作翻译《十诵律》，最终完成。②

（2）《四分律》

佛陀耶舍翻译《四分律》始于后秦弘始十二年（410），主要

---

① 苇舫：《中国戒律宏传概论》，张曼涛主编《现代佛教学术丛刊（88）·〈律宗概述及其成立与发展〉》，第323页。
② 郭元兴：《十诵律》，中国佛教协会编《中国佛教》三，知识出版社，1989，第229页。

是在竺佛念协助下翻译的，道含笔受，三年始成，凡四十四卷，后开为六十卷。

（3）《僧祇律》

佛陀跋陀罗至江宁，宋王刘裕请至京都，驻锡道场寺，旋译六十卷《华严》。其时适法显法师循海道东归至青州，所携带之梵本经甚多，闻佛陀跋陀罗开译场于京师，乃往京师，与佛陀跋陀罗一起翻译出《僧祇律》。

（4）《五分律》

《五分律》是佛陀什与法显合作，于刘宋景平元年（423）十一月在龙光寺译出，共三十四卷，并出戒本一卷。[①]

（5）《一切有部律》

义净翻出佛教经典五十六部，二百三十卷，其中《根本说一切有部律》占一百六十七卷之多，兹列举如下：

《根本说一切有部毗奈耶》五十卷；

《根本说一切有部苾刍尼毗奈耶》二十卷；

《根本说一切有部毗奈耶杂事》四十卷；

《根本说一切有部毗奈耶破僧事》二十卷；

《根本说一切有部尼陀那目得迦各》五卷；

《根本说一切有部百一羯磨》十卷；

《根本说一切有部萨婆多部律摄》十四卷；

《毗奈耶颂》三卷。[②]

4. 准律宗时代：诸部律的筛选

现在学术界和佛教界所谓的律宗，专指《四分律》宗，这是唐中宗以后的事情，在此之前，四部律曾经历一个历史的筛选过程，而四部律开始翻译的时间颇为相近，兹表列如下。（见表 3 - 2）

---

① 苇舫：《中国戒律宏传概论》，张曼涛主编《现代佛教学术丛刊（88）·〈律宗概述及其成立与发展〉》，第 319 ~ 323 页。

② 苇舫：《中国戒律宏传概论》，张曼涛主编《现代佛教学术丛刊（88）·〈律宗概述及其成立与发展〉》，第 324 页。

表 3 - 2　四部律翻译情况

律名	卷数	翻译者	译出时间
《十诵律》	61	弗若多罗、罗什、昙摩流支	后秦弘始六年至七年（404～405）
《四分律》	60	佛陀叶舍、竺佛念	后秦弘始十二年至十四年（410～412）
《僧祇律》	40	佛陀跋陀罗、法显	东晋义熙十四年（418）
《五分律》	30	佛陀什、竺道生等	刘宋景平元年（423）

（1）《十诵律》独盛时期

《十诵律》在南朝很流行。东晋时，卑摩罗叉曾在江陵的辛寺开讲《十诵律》，十诵律师在南方崛起，宋、齐、梁间著名的十诵律师有僧业、僧璩、昙斌、慧询、慧猷、法颖、僧隐、超度、智称、僧佑、法超、道禅、昙瑗、智文、道成等。其中僧业（367～441），从罗什受业，专习《十诵律》，后南下建康（今江苏南京市），和他的弟子慧光等相继在吴中讲说。慧询也是罗什弟子，擅长《十诵律》和《僧祇律》，后到广陵（今江苏扬州市）、建康弘讲。慧猷住江陵辛寺，以深通《十诵律》而闻名，讲说不断。智称（430～501），世居京口，出家后，专修律部，尤精《十诵律》，著有《十诵义记》八卷，盛行于齐、梁二代。僧佑（445～518）是南朝有名的律师，受业于律学名匠法颖，齐永明年中（483～493），奉命到吴中试简五众，并宣讲《十诵》，更申受戒之法，著有《十诵义记》十卷。法超，是智称的弟子，曾摘录律部要文成《出要律仪》十四卷。昙瑗、智文有名于陈代。昙瑗著有《十诵疏》十卷，《戒本疏》、《羯磨疏》各二卷等。智文平生讲《十诵律》85 遍，大小乘《戒心》、《羯磨》等 20 余遍，著有《律义疏》、《羯磨疏》、《菩萨戒疏》等。[①]

（2）《四分律》后来居上

《四分律》译出后，并没有引起汉僧的关注，一直到北魏孝文

---

① 黄忏华：《南朝佛教》，中国佛教协会编《中国佛教》一，第 35～36 页。

帝时代（471～499），才有法聪在平城专弘。法聪本学《僧祇律》，后来精研昙无德部的《四分律》，而辍《僧祇律》的讲授，专力弘扬《四分律》，述而不作。道覆听法聪讲《四分律》后，再加上自己的心得，开始为《四分律》造疏释文，以问答的方式，以资抉择而已。慧光以来，北朝四分律师才开四分律藏疏释之风，当时称为"四分律三要疏"，即慧光《疏略》四卷、智首《广疏》二十卷、法砺《中疏》十卷，标志着四分律宗在北朝初创，在隋唐前期，后来居上，凌驾在十诵律师之上，在唐中宗的政治干预下，把十诵律师的传承取而代之，并立四分律宗九祖如下：

①法正尊者——四分律主

②法时尊者——四分律宗的初祖

③法聪律师——为初开之祖

④道覆律师——作疏问答立义

⑤惠光律师——作《四分律疏略》

⑥道云律师

⑦道照律师

⑧智首律师——作《四分律广疏》二十卷

⑨道宣律师——作《四分律行事钞》三卷①

（3）《四分律》在唐前期的三大传承

在上述律宗九祖中，在第六祖道云门下，出现了两位特别优秀的弟子，即洪遵与道洪。洪遵传洪渊，洪渊传法砺，法砺传道成。道成门下的两位优秀弟子为满意和怀素。法砺、怀素与道宣，鼎立为三，同在唐前期弘《四分律》。

法砺生在道宣之前，驻锡相州日光寺，创立《四分律》的相州派，他曾为《四分律》撰写一部有名的诠释书，叫《四分律疏》，总共有十卷。这部疏依据《成实论》理论。"后来嵩山的定

---

① 慧岳：《律宗教义及其纪传》，张曼涛主编《现代佛教学术丛刊（88）·〈律宗概述及其成立与发展〉》，第59～60页。

宾律师，又写了一部《饰宗记》，使得法砺的著作，得到了赞同而成立，不过，一般的学者们，却称他的为旧疏，而称怀素的《四分宗记》为新疏"。后来，他的再传弟子满意驻锡长安西太原寺西塔院内，大弘法砺的相部宗，形成相部律；而怀素也驻锡长安西太原寺东塔院内，与满意针锋相对，形成东塔律。① 而道宣传承智首律师学说，在终南山创立南山律。② 四分律的三大传承与南方十诵律传承在唐前期并存，在唐中宗的行政干预下，以南山律为正统，成为唐前期律令制度的补充，规范全国僧尼的生活方式，与日本奈良朝圣武天皇的想法不谋而合。

二　南山律的基本原理

1. 南山律以唯识学为基本学理

　　道宣（596~667）与玄奘（602~664）是同时代人。玄奘传承的印度佛教瑜伽行派的理论，得到了唐太宗和高宗的大力扶持，在国家佛教的视角下，应该说是当时的显学。道宣在当时吸收玄奘开创的唯识宗学说，把原本是小乘佛教的《四分律》传承的律学，改造成大乘律学，完成了四分律学的中国化。参话在《律宗讲要》一文里指出：

　　　　道宣所弘阐的，虽然是昙无德部的《四分律》，然而他深取大乘圆实了义，决开权教，就《四分律》成立一乘圆顿的妙戒，但是他所谓圆教，却是说建立一切诸法唯有识的唯识宗。所以他在《四分律》的本位，准据《成实论》所建立，以非色非心法为戒体。但是依他的本意，《四分律》的本位虽

① 慧岳：《律宗教义及其纪传》，张曼涛主编《现代佛教学术丛刊（88）·〈律宗概述及其成立与发展〉》，第182~183页。
② 慧岳：《律宗教义及其纪传》，张曼涛主编《现代佛教学术丛刊（88）·〈律宗概述及其成立与发展〉》，第61页。

然是小乘，却和其它的萨婆多律等不同，分通大乘，所以依大乘唯识义，以第八阿赖耶识的种子为戒体。《四分》大乘说，是慧光以来经过智首到达道宣的学说，假如依从这个学说，就戒体是心法，就是戒体是和受戒同时熏习阿赖耶识的种子。道宣本此，把释迦牟尼佛一代的教法，判作化制二教，也叫做化行二教，更把化教分作性空教，相空教，唯识圆教三教；把制教分作实法宗，假名宗，圆教宗三宗。所谓化教，是化益的教法，是佛教化众生令发生禅定智慧的教法，就是三藏当中经论两藏所注释三学当中的定学慧学两种法门，像《增一》、《长》、《中》、《杂》四阿含经和《华严》、《般若》等经，《发智》、《六足》等论就是。所谓制教，是制戒的教法，是佛戒饬众生而把他的行为加以制御的教法，就是律藏所诠释底戒学法门，像《四分》、《五分》、《十诵》等律就是。又就佛的方面说，叫做化教；就众生的方面说，叫作行教。[①]

道宣把阿赖耶识缘起的理论作为律宗的基本学理，解决了律宗与其他宗派的理论冲突，成为整个汉传佛教的共宗，既与天台、华严、禅宗等如来藏缘起理论有相同之处，也与唐前期的国家律令相适应，更为日本奈良朝所急需。

2. 《四分律》与《四分比丘戒本》的主要内容

《四分律》的框架结构，分为四大部分：第一部分，二十一卷，专明比丘 250 戒。第二部分，自第二十二至三十七卷，前九卷说明比丘尼戒；后之七卷说明受戒犍度、说戒犍度、安居犍度，自恣犍度上。第三部分，自第三十八至四十九卷：说明自恣犍度下、皮革、衣、药、迦缔那衣、拘睒弥、瞻波、呵责、人、覆藏、遮、破僧、灭诤、比丘尼法、法犍度。第四部分，自第五十至六十卷

---

① 参话：《律宗讲要》，张曼涛主编《现代佛教学术丛刊（88）·〈律宗概述及其成立与发展〉》，第 18 页。

终：说明房舍犍度、杂犍度及五百结集、七百结集、调部毗尼、毗尼增一等。《四分律》详细说明比丘、比丘尼应止应作的生活准则，附带说明沙弥、沙弥尼、式叉摩那尼的行为规范。

戒律包括止持与作持两种。应止而不止，名为犯戒，应作而不作，同样是犯戒。主要通过三种形式来达到实现止持与作持两种戒律的目的：

①律仪戒，亦名别解脱戒。

律谓戒法，指比丘的 250 条戒律条文；仪谓比丘依据 250 条戒文表现出来的外表形象，称为威仪。

②定共戒，亦名禅戒。

定谓禅定，在定境中，调节身口意三业，表现出来的禅悦表情与戒律条文合二为一，称为定共戒。

③道共戒，亦名无漏戒。通过持律仪戒和定共戒的实践，证无漏道，称为圣僧，自然远离毁犯 250 条戒律，所以称为道共戒。

在上述三种止持与作持的戒律生活中，后两种主要表现在个人的思想境界中。这两种境界是建立在律仪戒的基础之上的，所以根据《四分律》制定的《四分律比丘戒本》特别重视律仪戒。

律宗所说的戒律，主要指律仪戒而言。泛泛而论，佛教的七众弟子，都有其律仪戒。在家二众（优婆塞、优婆夷）的五戒、八戒，出家小三众（沙弥、沙弥尼、式叉摩那）的十戒、六法戒，比丘的二百五十戒、比丘尼的三百四十八戒，总称为八万威仪，十二万细行。但就实质而言，律宗所说的戒律，主要指的是比丘、比丘尼戒，称为具足戒。授受具足戒的条件非常苛刻，受戒者须年满 20 岁，更须无诸遮难；而授者三师七证，必须戒行清净，年夏已满 20 年，具足众德，羯磨如法，方能担任其事。

《四分比丘戒本》把比丘 250 戒，分为八大段，合为五篇七聚（或六聚），兹简单介绍如下。①

———————————

① 请参阅李尚全《汉传佛教概论》，东方出版中心，2008，第 290～295 页。

（1）止持：诸恶莫作

比丘250条戒，可分为八段，即波罗夷4条，僧残13条，不定2条，舍堕30条，单堕90条，提舍尼4条，众学100条，灭争7条。总共250条，这是根据犯戒的轻重划分的。

第一段波罗夷戒。指丧失比丘资格的根本戒，包括淫欲、窃盗、杀人和妄语四条。“波罗夷”是梵文，意译为“断头”，就像触犯了国家刑法里的死刑一样，已经无法挽救，其含义是“被打败”或“陷入败北”的意思。这四条是最基本的戒律，违犯任何一条，都要被驱逐出僧团。《佛说犯罪轻重经》指出：“犯波罗夷罪，如他化自在天寿十六千岁（人间一千六百为彼天一昼夜），堕（熖热）泥犁中，于人间数九百二十一亿六百万年。”

第二段僧残戒。犯了僧残戒，虽然没有失掉做僧人的资格，但要受到僧团的处罚。共有13条：一为故意出精（手淫）；二为触女性身体（性骚扰）；三为对女性说淫猥之语（调戏妇女）；四为向女性说“供养淫欲法”；五为做婚姻介绍人；六为自作超规定之高大房屋；七为有施主时，建造规定以上的大精舍；八为以无事实根据的波罗夷罪，而诽谤别的比丘；九为取别的事实附会于波罗夷罪，以诽谤别的比丘；十为欲破坏僧团的和谐，受其他比丘谏告亦不中止；十一为与欲破坏僧团和谐人为友，不服从僧团之谏告；十二为对自己之罪，不但不听其他比丘之谏告，反骂其他比丘，并不服从僧团的谏告；十三为与在家信徒搞特殊人情关系，损害清净的信仰，而不服从僧团的谏告。犯了僧残戒，应在20人以上的僧团组织生活会议上，接受处分和忏悔。《佛说犯罪轻重经》说：“犯僧伽婆师沙（僧残），如化乐天寿八千岁（人间八百年为彼天一昼夜），堕（大叫唤）泥犁中，于人间数二十三万零四百万年。”

第三段是不定戒。所谓的不定戒，就是犯戒的性质一时难以确定，要进行进一步的调查，根据事实来确定是犯了波罗夷戒或僧残戒或单堕戒等，共有两条：一是在阴暗角落里，与女性单独坐在一起说话；二是在光天化日之下，与女性单独坐在一起说话。这两种场景，是否犯戒，要进行认真调查，然后做出实事求是的结论。

第四段是舍堕戒。"舍"的意思，是要把多占的衣服、钵及其他生活用品，由僧团没收；"堕"，是堕地狱之罪的意思。舍堕戒共有 30 条。犯了舍堕戒，除了非法占有的生活用品要被僧团没收外，还要在四人以上的小型僧团组织生活会议上求忏悔。《佛说犯罪轻重经》说："犯波逸提（舍堕），如夜摩天寿二千岁（人间二百年为彼天一昼夜），堕（众合）泥犁中，于人间数一万四千四百万年。"

第五段是单堕戒。"堕"，是堕地狱之罪的意思。单堕戒指的是思想意识里的妄语、两舌、杀畜生或饮酒等犯戒的意识活动，共有 90 条，犯了单堕戒，必须在三个僧人面前求忏悔。根本律指出："谓犯罪者，堕在地狱、傍生、饿鬼、恶道之中，受烧煮苦。又犯此罪，若不殷勤说除，便能障所有善法。"

第六段是悔过戒（提舍尼）。这是有关"食事"的四条戒，犯了这四条戒，要在一个僧人前求忏悔就可以忏除罪过了。《佛说犯罪轻重经》说："犯波罗提提舍尼（悔过），如三十三天寿千岁（人间一百年为彼天一昼夜），堕（黑绳）泥犁中，于人间数三千六百万岁。"

第七段是众学戒。众学戒共有 100 条，所以又称为"百众学"。实际上，这并不是戒，只是一些有关饮食、说法和在家人交往时应注意的事项，叫"威仪作法"。犯了这些僧人应注意的事项，若是故意的，应对上座比丘求忏悔；若误犯，只要有自责心就可忏除了。《佛说犯罪轻重经》说："犯众学戒，如四天王寿五百岁（人间五十年为彼天一昼夜），堕（等活）泥犁中，于人间数九百万年。"

第八段是灭争戒。这也不是戒，只是维护僧团团结的七条原则，称为"镇灭法"。

以上八段 250 条戒，又可按五篇、六聚、七聚的分类方法来分类，如下：

五篇　　波罗夷（4 条）
　　　　僧残（13 条）
　　　　波逸提（120 条，是把舍堕、单堕戒合在一起）
　　　　提舍尼（4 条）
　　　　突吉罗（109 条，是把不定、众学、灭争合在一起）

六聚　　波罗夷（4 条）
　　　　僧残（13 条）
　　　　偷兰遮（犯波罗夷与僧残未遂）
　　　　波逸提（120 条，是把舍堕、单堕合在一起）
　　　　提舍尼（4 条）
　　　　突吉罗（109 条）

七聚　　波罗夷（4 条）
　　　　僧残（13 条）
　　　　偷兰遮
　　　　波逸提（120 条）
　　　　提舍尼（4 条）
　　　　突吉罗（109 条）
　　　　吉罗（恶作恶说）

　　另外，比丘尼戒共 348 条，也分为七段，即波罗夷（8 条）、僧残（17 条）、舍堕（30 条）、单堕（178 条）、提舍尼（8 条）、众学（100 条）、灭争（7 条）。其他分类法与比丘戒相同。

　　实际上，最早的比丘尼戒法，叫八敬法：①虽百岁比丘尼，见新受戒比丘，应起迎送礼拜，与敷净座请令坐。此法应尊重、恭敬、赞叹，尽形寿不得过。②比丘尼不应骂詈呵责比丘，不应谤言：破戒、破见、破威仪。此法应尊重、恭敬、赞叹，尽形寿不得过。③比丘尼不应为比丘作举（罪）、作忆念、作自言，不应遮他觅罪、遮说戒、遮自恣；比丘尼不应呵比丘，比丘应呵比丘尼。此法应尊重、恭敬、赞叹，尽形寿不得过。④式叉摩那学戒已，从比丘僧乞受大戒。此法应尊重、恭敬、赞叹，尽形寿不得过。⑤比丘尼犯僧残罪，应在二部僧中半月行摩那埵（意喜或悦众的意思）。此法应尊重、恭敬、赞叹，尽形寿不得过。⑥比丘尼半月从（比丘）僧乞教授。此法应尊重、恭敬、赞叹，尽形寿不得过。⑦比丘尼不应在无比丘处结夏安居。此法应尊重、恭敬、赞叹，尽形寿不得过。⑧比丘尼安居竟，应（往）比丘僧中求三事自恣（凡比丘僧对尼有从见、闻、疑三种情形下得知的罪行，均可随意说出，称为三事自恣）。此法应尊重、恭敬、赞叹，尽形寿不得过。

（2）作持（律）：僧尼日常生活规范

比丘、比丘尼的日常生活规范称为作持（律），梵语叫犍度，共有20种，兹分别介绍如下。

第一，受戒犍度：是关于白四羯磨受具足戒法、制定和尚法、弟子法、阿阇梨法及13遮难（不许出家的13种规定）的规定。

第二，说戒犍度：是关于布萨说戒之法，即算定时日，施设说戒堂，说戒种类以及诵戒者的资格等。

第三，安居犍度：是关于结夏安居时的具体规定。

第四，自恣犍度：是关于结夏安居期满后，举行自恣法的具体规范。

第五，皮革犍度：是关于在日常生活中，限用皮革制品的具体规定。

第六，衣犍度：是关于在日常生活中，穿粪扫衣、十种衣、冢间衣、愿衣、檀越衣、三衣等的具体规定。

第七，药犍度：是有关于在日常生活中，因生病而用药的具体规定。

第八，迦缔那衣犍度：是受持功德衣的规定。

第九，拘睒弥犍度：是关于僧团的共住原则。

第十，瞻波犍度：是关于羯磨的如法和非法的具体规定。

第十一，呵责犍度：是关于处理僧人之间互相争斗的 35 条呵责原则。

第十二，人犍度：是关于僧残悔法的具体规定。

第十三，覆藏犍度：是关于覆藏羯磨及出罪羯磨的有关规定。

第十四，遮犍度：是关于如何防止犯戒的有关规定。

第十五，破僧犍度：是关于吸取提婆达多别立僧团教训的规定。

第十六，灭争犍度：是关于七灭争法的有关规定。

第十七，比丘尼犍度：是关于比丘尼受持具足戒、八敬法等日常生活的有关具体规定。

第十八，法犍度：是关于比丘威仪的具体规定。

第十九，房舍犍度：是关于房舍设备的具体规定。

第二十，杂犍度：是关于使用、制作衣、钵等生活用品的细则。

3. 《梵网菩萨戒本》的基本内容

后秦鸠摩罗什译出的《梵网经》（全称《梵网经卢舍那佛说菩萨心地戒品第十》）分上下卷。上卷叙述释迦牟尼佛到莲华台藏世界谒见卢舍那佛，卢舍那佛说菩萨修道阶位的 40 个法门。下卷述说释迦牟尼佛从天宫下至阎浮提菩提树下，复述卢舍那佛初发心时所诵的一切大乘戒，即"杀"等十重戒和"不敬师友"等四十八轻戒，成为汉传佛教传承大乘菩萨戒的渊源，称为《梵网菩萨戒本》或《梵网菩萨戒经》，是隋唐时期传授大乘戒最具权威的经典，为大乘各宗所通用。该戒本唐代曾被转译成藏文，略称《法广母经》，收入藏文大藏经甘珠尔内；还传入日本，是日本授大乘菩萨戒的根据，最澄说《梵网菩萨戒本》是圆顿菩萨之戒相。

《梵网菩萨戒本》所说的菩萨律仪，又叫三聚净戒。道宣在《释门归敬仪》中认为，三聚净戒是佛的三身之本，第一摄律仪戒，重点在于断诸恶，即法身之因；第二摄善法戒，重点在于修诸善，即报身之因；第三摄众生戒，重点在于慈济有情，即化身之因。唐天台学者明旷编撰《菩萨戒经疏删补》，更进一步地发挥了道宣的见解，把三聚净戒和四宏誓愿结合起来，认为佛教的戒律一般不会超出四弘誓愿、三聚净戒。第一摄律仪戒等于四弘誓愿的"烦恼无尽誓愿断"；第二摄善法戒等于四弘誓愿的"法门无量誓愿学"和"佛道无上誓愿成"；第三摄众生戒等于"众生无边誓愿度"。

菩萨律仪具体表现在十重戒和四十八轻戒之中，兹从《梵网经》抄录如下。

（1）菩萨十重戒。《梵网经》卷二说：

> 佛告诸佛子言：有十重波罗提木叉，若受菩萨戒，不诵此戒者，非菩萨，非佛种子。我亦如是诵。一切菩萨已学，一切菩萨当学，一切菩萨今学。已略说菩萨波罗提木叉相貌，是事应当学，敬心奉持。
>
> 佛言：佛子！若自杀、教人杀、方便赞叹杀、见作随喜，乃至咒杀，杀因、杀缘、杀法、杀业，乃至一切有命者，不得故杀。是菩萨应起常住慈悲心、孝顺心，方便救护一切众生。而自恣心快意杀生者，是菩萨波罗夷罪。（第一杀戒）
>
> 若佛子，自盗、教人盗、方便盗，盗因、盗缘、盗法、盗业、咒盗，乃至鬼神有主劫贼物，一切财物，一针一草，不得故盗。而菩萨应生佛性，孝顺慈悲心，常助一切人生福、生乐。而反更盗人财物者，是菩萨波罗夷罪。（第二盗戒）
>
> 若佛子，自淫、教人淫，乃至一切女人，不得故淫。淫因、淫缘、淫法、淫业，乃至畜生女，诸天鬼神女，及非道行淫。而菩萨应生孝顺心，救度一切众生，净法与人。而反更起一切人淫，不择畜生，乃至母女姊妹六亲行淫，无慈悲心者，是菩萨波罗夷罪。（第三淫戒）
>
> 若佛子，自妄语、教人妄语、方便妄语，妄语因、妄语

缘、妄语法、妄语业，乃至不见言见，见言不见，身心妄语。而菩萨常生正语正见，亦生一切众生正语正见。而反更起一切众生邪语、邪见、邪业者，是菩萨波罗夷罪。（第四妄语戒）

若佛子，自酤酒、教人酤酒，酤酒因、酤酒缘、酤酒法、酤酒业，一切酒不得酤。是酒起罪因缘。而菩萨应生一切众生明达之慧。而反更生一切众生颠倒之心者，是菩萨波罗夷罪。（第五酤酒戒）

若佛子，自说出家、在家菩萨、比丘、比丘尼罪过，教人说罪过，罪过因、罪过缘、罪过法、罪过业。而菩萨闻外道恶人及二乘恶人说佛法中非法非律，常生悲心教化是恶人辈，生大乘善信。而菩萨反更自说佛法中罪过者，是菩萨波罗夷罪。（第六说四众过戒）

若佛子，自赞毁他，亦教人自赞毁他，毁他因、毁他缘、毁他法、毁他业。而菩萨应代一切众生受加毁辱，恶事自向己，好事与他人。若自扬己德，隐他人好事，令他人受毁者，是菩萨波罗夷罪。（第七自赞毁他戒）

若佛子，自悭、教人悭，悭因、悭缘、悭法、悭业。而菩萨见一切贫穷人来乞者，随前人所须，一切给与。而菩萨以恶心、嗔心，乃至不施一钱、一针、一草；有求法者，不为说一句、一偈、一微尘许法。而反更骂辱者，是菩萨波罗夷罪。（第八悭惜加毁戒）

若佛子，自嗔、教人嗔，嗔因、嗔缘、嗔法、嗔业。而菩萨应生一切众生中善根无争之事，常生悲心。而反更于一切众生中，乃至于非众生中，以恶口骂辱，加以手打，及以刀杖，意犹不息。前人求悔，善言忏谢，犹嗔不解者，是菩萨波罗夷罪。（第九嗔心不受悔戒）

若佛子，自谤三宝、教人谤三宝，谤因、谤缘、谤法、谤业。而菩萨见外道及以恶人一言谤佛音声，如三百锋刺心。况口自谤，不生信心、孝顺心。而反更助恶人邪见人谤者，是菩

萨波罗夷罪。（第十谤三宝戒）

善学诸仁者，是菩萨十波罗提木叉，应当学，于中不应一一犯，如微尘许，何况具足犯十戒。若有犯者，不得现身发菩提心，亦失国王位、转轮王位，亦失比丘、比丘尼位，亦失十发趣、十长养、十金刚、十地佛性、常住妙果，一切皆失，堕三恶道中，二劫三劫，不闻父母三宝名字，以是不应一一犯。汝等一切诸菩萨，今学、当学、已学。如是十戒，应当学，敬心奉持。[①]

（2）菩萨四十八轻戒。《梵网经》卷二说：

佛言：若佛子，欲受国王位时、受转轮王位时，百官受位时，应先受菩萨戒，一切鬼神救护王身百官之身，诸佛欢喜。既得戒已，生孝顺心、恭敬心，见上座和上阿阇梨大同学同见同行者，应起承迎，礼拜问讯。而菩萨反生骄心慢心痴心，不起承迎礼拜，一一不如法供养，以自卖身国城男女七宝百物而供给之，若不尔者，犯轻垢罪。（第一不敬师友戒）

若佛子，故饮酒而生酒过失无量，若自身手过酒器与人饮酒者，五百世无手，何况自饮。不得教一切人饮，及一切众生饮酒，况自饮酒。若故自饮教人饮者，犯轻垢罪。（第二饮酒戒）

若佛子，故食肉一切肉不得食，断大慈悲性种子，一切众生见而舍去，是故一切菩萨不得食一切众生肉，食肉得无量罪。若故食者，犯轻垢罪。（第三食肉戒）

若佛子，不得食五辛，大蒜、革葱、慈葱、兰葱、兴菜，是五种，一切食中不得食。若故食者，犯轻垢罪。（第四食五辛戒）

---

① 《大正藏》第 24 卷，第 1004 页 b ~ 1005 页 a。

若佛子，见一切众生犯八戒、五戒、十戒，毁禁七逆八难一切犯戒罪，应教忏悔。而菩萨不教忏悔、共住、同僧利养，而共布萨、同一众住说戒，而不举其罪教悔过者，犯轻垢罪。（第五不教悔罪戒）

若佛子，见大乘法师、大乘同学同见同行，来入僧坊、舍宅、城邑，若百里千里来者，即起迎来送去，礼拜供养，日日三时供养，日食三两金、百味饮食、床座、医药供事法师，一切所须，尽给与之，常请法师，三时说法，日日三时礼拜，不生瞋心、患恼之心，为法灭身，请法不懈。若不尔者，犯轻垢罪。（第六不供给请法戒）

若佛子，一切处有讲毗尼经律，大宅舍中讲法处，是新学菩萨应持经律卷至法师所听受谘问，若山林树下，僧地房中，一切说法处，悉至听受。若不至彼听受者，犯轻垢罪。（第七不往听法戒）

若佛子，心背大乘常住经律，言非佛说，而受持二乘、声闻、外道恶见、一切禁戒邪见经律者，犯轻垢罪。（第八心背大乘戒）

若佛子，见一切疾病人，常应供养，如佛无异，八福田中，看病福田第一福田，若父母、师僧、弟子疾病，诸根不具、百种病苦恼，皆养令差。而菩萨以恶心瞋恨，不至僧房中、城邑、旷野、山林道路中，见病不救者，犯轻垢罪。（第九不看病戒）

若佛子，不得畜一切刀、杖、弓、箭、铧、斧斗战之具，及恶网罗杀生之器，一切不得畜，而菩萨乃至杀父母尚不加报，况余一切众生。若故畜一切刀、杖者，犯轻垢罪。（第十蓄杀具戒）

如是十戒，应当学，敬心奉持。下六品中，当广明。

佛言：佛子，不得为利养恶心故，通国使命军阵合会，兴师相伐，杀无量众生。而菩萨不得入军中往来，况故作国贼，

若故作者，犯轻垢罪。（第十一国使戒）

若佛子，故贩卖良人、奴婢、六畜，市易棺材板木盛死之具，尚不自作，况教人作。若故作者，犯轻垢罪。（第十二贩卖戒）

若佛子，以恶心故，无事谤他良人、善人、法师、师僧、国王、贵人，言犯七逆、十重，于父母兄弟六亲中，应生孝顺心、慈悲心。而反更加于逆害，堕不如意处者，犯轻垢罪。（第十三谤毁戒）

若佛子，以恶心故，放大火烧山林、旷野，四月乃至九月；放火若烧他人家屋宅、城邑、僧房田木及鬼神官物，一切有主物不得故烧。若故烧者，犯轻垢罪。（第十四放火焚烧戒）

若佛子，自佛弟子及外道人，六亲一切善知识，应一一教受持大乘经律，应教解义理，使发菩提心、十发心、十长养心、十金刚心；三十心中，一一解其次第法用。而菩萨以恶心嗔心，横教他二乘、声闻经律、外道邪见论等，犯轻垢罪。（第十五僻邪教戒）

若佛子，应好心先学大乘威仪经律，广开解义味，见后新学菩萨有从百里千里来求大乘经律，应如法为说一切苦行，若烧身、烧臂、烧指，若不烧身、臂、指供养诸佛，非出家菩萨；乃至饿虎、狼、师子、一切饿鬼，悉应舍身肉、手、足而供养之；后一一次第为说正法，使心开意解。而菩萨为利养故，应答不答，倒说经律文字，无前无后，谤三宝说者，犯轻垢罪。（第十六为利倒说戒）

若佛子，自为饮食钱物利养名誉故，亲近国王王子大臣百官，恃作形势，乞索打拍牵挽，横取钱物，一切求利，名为恶求、多求。教他人求，都无慈心、无孝顺心者，犯轻垢罪。（第十七恃势乞求戒）

若佛子，学诵戒者，日夜六时，持菩萨戒，解其义理，佛性之性。而菩萨不解一句一偈戒律因缘，诈言能解者，即为自欺诳，亦欺诳他人，一一不解一切法，而为他人作师授戒者，犯轻垢罪。（第十八无解作师戒）

若佛子，以恶心故，见持戒比丘，手捉香炉行菩萨行，而斗构两头，谤欺贤人，无恶不造，若故作者，犯轻垢罪。（第十九两舌戒）

若佛子，以慈心故，行放生业，一切男子是我父，一切女人是我母，我生生无不从之受生，故六道众生皆是我父母，而杀而食者，即杀我父母，亦杀我故身；一切地、水是我先身，一切火、风是我本体，故常行放生，生生受生常住之法；教人放生，若见世人杀畜生时，应方便救护，解其苦难，常教化讲说菩萨戒，救度众生，若父母兄弟死亡之日，应请法师讲菩萨戒经，福资亡者，得见诸佛，生人天上。若不尔者，犯轻垢罪。（第二十不行救杀戒）

如是十戒，应当学，敬心奉持。如《灭罪品》中广明一一戒相。

佛言：佛子，不得以瞋报瞋，以打报打，若杀父母兄弟六亲不得加报，若国主为他人杀者，亦不得加报，杀生报生不顺孝道，尚不畜奴婢打拍骂辱，日日起三业口罪无量，况故作七逆之罪。而出家菩萨无慈报雠，乃至六亲中故报者，犯轻垢罪。（第二十一瞋打报仇戒）

若佛子，初始出家，未有所解，而自恃聪明有智，或恃高贵年宿，或恃大姓高门大解大福饶财七宝，以此娇慢而不咨受先学法师经律，其法师者，或小姓年少卑门贫穷诸根不具，而实有德，一切经律尽解。而新学菩萨不得观法师种姓，而不来咨受法师第一义谛者，犯轻垢罪。（第二十二娇慢不请法戒）

若佛子，佛灭度后，欲心好心受菩萨戒时，于佛菩萨形像前自誓受戒，当七日佛前忏悔，得见好相便得戒；若不得好相，应二七、三七，乃至一年，要得好相，得好相已，便得佛

菩萨形像前受戒。若不得好相，虽佛像前受戒不得戒。若现前
先受菩萨戒法师前受戒时，不须要见好相，何以故？以是法师
师师相授故，不须好相，是以法师前受戒即得戒，以生重心故
便得戒。若千里内无能授戒师，得佛菩萨形像前受戒而要见好
相，若法师自倚解经律大乘学戒，与国王太子百官以为善友，
而新学菩萨来问若经义律义，轻心、恶心、慢心，不一一好答
问者，犯轻垢罪。（第二十三骄慢僻说戒）

若佛子，有佛经律大乘正法正见正性正法身而不能勤学修
习而舍七宝，反学邪见二乘外道俗典，阿毗昙杂论书记，是断
佛性障道因缘，非行菩萨道。若故作者，犯轻垢罪。（第二十
四不习学佛戒）

若佛子，佛灭后，为说法主、为僧房主、教化主、坐禅
主、行来主，应生慈心，善和斗讼，善守三宝物，莫无度用如
自己有。而反乱众斗争恣心用三宝物者，犯轻垢罪。（第二十
五不善知众戒）

若佛子，先在僧房中住，后见客菩萨比丘来入僧房、舍
宅、城邑、国王宅舍中，乃至夏坐安居处，及大会中，先住僧
应迎来送去，饮食供养，房舍卧具，绳床事事给与；若无物，
应卖自身及以男女供给，所须悉以与之；若有檀越来请众僧，
客僧有利养分，僧房主应次第差客僧受请。而先住僧独受请，
不差客僧，僧房主得无量罪，畜生无异，非沙门、非释种姓。
若故作者，犯轻垢罪。（第二十六独受利养戒）

若佛子，一切不得受别请利养入己，而此利养属十方僧，
而别受请即取十方僧物入己。八福田诸佛圣人一一师僧父母病
人物自己用故，犯轻垢罪。（第二十七受别请戒）

若佛子，有出家菩萨、在家菩萨，及一切檀越，请僧福
田，求愿之时，应入僧房，问知事人，今欲次第请者，即得十
方贤圣僧。而世人别请五百罗汉、菩萨僧，不如僧次一凡夫
僧。若别请僧者，是外道法，七佛无别请法，不顺孝道。若故

别请僧者，犯轻垢罪。（第二十八别请僧戒）

若佛子，以恶心故、为利养故，贩卖男女色，自手作食，自磨自春，占相男女，解梦吉凶，是男是女，咒术工巧，调鹰方法，和合百种毒药千种毒药蛇毒生金银蛊毒，都无慈心。若故作者，犯轻垢罪。（第二十九邪命戒）

若佛子，以恶心故，自身谤三宝，诈现亲附，口便说空，行在有中，为白衣通致男女交会淫色缚著，于六斋日、年三长斋月，作杀生、劫盗、破斋犯戒者，犯轻垢罪。（第三十经理白衣戒）

如是十戒，应当学，敬心奉持。《制戒品》中广解。

佛言：佛子，佛灭度后于恶世中，若见外道一切恶人劫贼卖佛菩萨父母形像，贩卖经律，贩卖比丘、比丘尼，亦卖发心菩萨道人，或为官使，与一切人作奴婢者。而菩萨见是事已，应生慈心，方便救护，处处教化，取物赎佛菩萨形像，及比丘比丘尼，发心菩萨，一切经律。若不赎者，犯轻垢罪。（第三十一不行救赎戒）

若佛子，不得畜刀、杖、弓、箭，贩卖轻秤小斗，因官形势，取人财物，害心系缚，破坏成功，长养猫、狸、猪、狗。若故作者，犯轻垢罪。（第三十二损众生戒）

若佛子，以恶心故，观一切男女等斗，军阵兵将劫贼等斗，亦不得听吹贝鼓角琴瑟筝笛箜篌歌叫伎乐之声，不得摴蒲围棋波罗赛戏弹棋六博拍球掷石投壶八道行城爪镜蓍草杨枝钵盂髑髅，而作卜筮，不得作盗贼使命，一一不得作。若故作者，犯轻垢罪。（第三十三邪觉观戒）

若佛子，护持禁戒，行住坐卧日夜六时读诵是戒，犹如金刚，如带持浮囊欲度大海，如草系比丘，常生大乘善信，自知我是未成之佛，诸佛是已成之佛，发菩提心，念念不去心。若起一念二乘外道心者，犯轻垢罪。（第三十四暂离菩提心戒）

若佛子，常应发一切愿，孝顺父母师僧三宝，愿得好师同学善友知识，常教我大乘经律，十发趣、十长养、十金刚、十地，使我开解，如法修行，坚持佛戒，宁舍身命念念不去心。若一切菩萨不发是愿者，犯轻垢罪。（第三十五不发愿戒）

若佛子，发十大愿已，持佛禁戒，作是愿言：宁以此身投炽然猛火大坑刀山，终不毁犯三世诸佛经律与一切女人作不净行；复作是愿，宁以热铁罗网千重周匝缠身，终不以破戒之身受于信心檀越一切衣服；复作是愿，宁以此口吞热铁丸及大流猛火经百千劫，终不以破戒之口食信心檀越百味饮食；复作是愿，宁以此身卧大猛火罗网热铁地上，终不以破戒之身受信心檀越百种床座；复作是愿，宁以此身受三百铧刺经一劫二劫，终不以破戒之身受信心檀越百味医药；复作是愿，宁以此身投热铁镬经百千劫，终不以破戒之身受信心檀越千种房舍屋宅园林田地；复作是愿，宁以铁锤打碎此身从头至足令如微尘，终不以破戒之身受信心檀越恭敬礼拜；复作是愿，宁以百千热铁刀铧挑其两目，终不以破戒之心视他好色；复作是愿，宁以百千铁锥遍劖刺耳根经一劫二劫，终不以破戒之心听好音声；复作是愿，宁以百千刃刀割去其鼻，终不以破戒之心贪嗅诸香；复作是愿，宁以百千刃刀割断其舌，终不以破戒之心食人百味净食；复作是愿，宁以利斧斩斫其身，终不以破戒之心贪著好触；复作是愿，愿一切众生悉得成佛。而菩萨若不发是愿者，犯轻垢罪。（第三十六不发誓戒）

若佛子，常应二时头陀，冬夏坐禅，结夏安居，常用杨枝、澡豆、三衣、瓶、钵、坐具、锡杖、香炉、漉水囊、手巾、刀子、火燧、镊子、绳床、经、律、佛像、菩萨形像。而菩萨行头陀时及游方时，行来百里千里，此十八种物，常随其身。头陀者从正月十五日至三月十五日，八月十五日至十月十五日，是二时中，此十八种物，常随其身，如鸟二翼。若布萨日新学菩萨，半月半月布萨，诵十重四十八轻戒，时于诸佛、菩萨形像前，一人布萨即一人诵；若二人三人乃至百千人亦一人诵，诵者高座，听者下坐，各各披九条、七条、五条袈裟。结夏安居，一一如法。若头陀时，莫入难处，若国难恶王，土地高下，草木深邃，师子虎狼，水火风难，及以劫贼，道路毒蛇，一切难处，悉不得入。若头陀行道乃至夏坐安居，是诸难处，悉不得入。若故入者，犯轻垢罪。（第三十七冒难游行戒）

若佛子，应如法次第坐，先受戒者在前坐，后受戒者在后坐，不问老少比丘、比丘尼、贵人、国王、王子，乃至黄门、奴婢，皆应先受戒者在前坐，后受戒者次第而坐。莫如外道痴人，若老若少，无前无后，坐无次第，兵奴之法。我佛法中，先者先坐，后者后坐。而菩萨不次第坐者，犯轻垢罪。（第三十八乖尊卑次第戒）

若佛子，常应教化一切众生，建立僧房、山林园田，立作佛塔，冬夏安居坐禅处所，一切行道处，皆应立之。而菩萨应为一切众生讲说大乘经、律，若疾病、国难、贼难、父母兄弟和上阿阇梨亡灭之日，及三七日乃至七七日，亦应读诵讲说大乘经、律，斋会求福行来治生，大火所烧，大水所漂，黑风所吹船舫，江河大海罗刹之难，亦应读诵讲说此经、律，乃至一切罪报、三报、七逆、八难，杻械枷锁，系缚其身，多淫、多瞋、多愚痴、多疾病，皆应读诵讲说此经、律。而新学菩萨若不尔者，犯轻垢罪。（第三十九不修福慧戒）

如是九戒，应当学，敬心奉持。《梵坛品》当说。

佛言：佛子，与人受戒时，不得简择一切国王、王子、大臣百官、比丘、比丘尼、信男信女、淫男淫女、十八梵天、六欲天子、无根二根、黄门、奴婢、一切鬼神，尽得受戒。应教身所著袈裟，皆使坏色，与道相应，皆染使青黄赤黑紫色一切染衣，乃至卧具，尽以坏色，身所著衣，一切染色。若一切国土中，国人所著衣服，比丘皆应与其俗服有异。若欲受戒时，师应问言：汝现身不作七逆罪耶？菩萨法师不得与七逆人现身受戒。七逆者，出佛身血、杀父、杀母、杀和上、杀阿阇梨、破羯磨转法轮僧、杀圣人。若具七遮，即现身不得戒。余一切人，尽得受戒。出家人法，不向国王礼拜，不向父母礼拜，六亲不敬，鬼神不礼。但解师语，有百里千里来求法者，而菩萨法师，以恶心而不即与授一切众生戒者，犯轻垢罪。（第四十拣择受戒戒）

若佛子，教化人起信心时，菩萨与他人作教诫法师者，见欲受戒人，应教请二师：和上、阿阇梨。二师应问言：汝有七遮罪不？若现身有七遮，师不应与受戒，无七遮者得受。若有犯十戒者，应教忏悔，在佛、菩萨形像前，日夜六时诵十重四十八轻戒，苦到礼三世千佛得见好相，若一七日二三七日乃至一年要见好相。好相者，佛来摩顶，见光见华，种种异相，便得灭罪；若无好相，虽忏无益，是人现身亦不得戒。而得增受戒，若犯四十八轻戒者，对首忏罪灭，不同七遮。而教诫师于是法中一一好解，若不解大乘经、律，若轻若重是非之相，不解第一义谛，习种性长养性不可坏性道种性正性，其中多少观行出入十禅支一切行法，一一不得此法中意。而菩萨为利养故、为名闻故，恶求多求贪利弟子，而诈现解一切经、律，为供养故，是自欺诈，亦欺诈他人，故与人受戒者，犯轻垢罪。（第四十一为利作师戒）

若佛子，不得为利养故，于未受菩萨戒者前，若外道恶人前，说此千佛大戒。邪见人前，亦不得说。除国王，余一切不得说。是恶人辈不受佛戒，名为畜生，生生不见三宝，如木石无心，名为外道邪见人辈，木头无异。而菩萨于是恶人前说七佛教戒者，犯轻垢罪。（第四十二为恶人说戒戒）

若佛子，信心出家受佛正戒，故起心毁犯圣戒者，不得受一切檀越供养，亦不得国王地上行，不得饮国王水，五千大鬼常遮其前，鬼言：大贼。若入房舍城邑宅中，鬼复常扫其脚迹，一切世人骂言：佛法中贼。一切众生眼不欲见。犯戒之

人，畜生无异，木头无异。若毁正戒者，犯轻垢罪。（第四十三故起犯戒心戒）

若佛子，常应一心受持读诵大乘经、律，剥皮为纸，刺血为墨，以髓为水，析骨为笔，书写佛戒。木皮谷纸绢素竹帛亦应悉书持，常以七宝无价香花一切杂宝，为箱囊盛经律卷，若不如法供养者，犯轻垢罪。（第四十四不供养经典戒）

若佛子，常起大悲心，若入一切城邑舍宅，见一切众生，应当唱言：汝等众生尽应受三归、十戒；若见牛马猪羊一切畜生，应心念口言：汝是畜生发菩提心。而菩萨入一切处山林川野，皆使一切众生发菩提心。是菩萨若不教化众生者，犯轻垢罪。（第四十五不化众生戒）

若佛子，常行教化起大悲心，入檀越贵人家一切众中不得立为白衣说法，应白衣众前高座上坐；法师比丘不得地立为四众说法。若说法时，法师高座香花供养，四众听者下坐，如孝顺父母、敬顺师教，如事火婆罗门。其说法者，若不如法，犯轻垢罪。（第四十六说法不如法戒）

若佛子，皆以信心受佛戒者，若国王太子百官四部弟子，自恃高贵，破灭佛法戒律，明作制法制我四部弟子，不听出家行道，亦复不听造立形像佛塔经律，破三宝之罪，而故作破法者，犯轻垢罪。（第四十七非法制限戒）

若佛子，以好心出家，而为名闻利养于国王百官前说七佛戒，横与比丘比丘尼菩萨弟子作系缚事，如师子身中虫，自食师子肉，非外道天魔能破。若受佛戒者，应护佛戒，如念一子，如事父母。而菩萨闻外道恶人以恶言谤佛戒时，如三百锋刺心，千刀万杖打拍其身等无有异，宁自入地狱经百劫，而不用一闻恶言破佛戒之声，而况自破佛戒，教人破法因缘，亦无孝顺之心。若故作者，犯轻垢罪。（第四十八破法戒）

如是九戒，应当学，敬心奉持。

诸佛子，是四十八轻戒，汝等受持，过去诸菩萨已诵，未

来诸菩萨当诵，现在诸菩萨今诵。诸佛子谛听，此十重四十八
轻戒，三世诸佛已诵、当诵、今诵，我今亦如是诵。汝等一切
大众，若国王王子百官，比丘比丘尼信男信女，受持菩萨戒
者，应受持读诵解说书写佛性常住戒卷，流通三世一切众生化
化不绝，得见千佛佛佛授手，世世不堕恶道八难，常生人道天
中。我今在此树下，略开七佛法戒，汝等当一心学波罗提木
叉，欢喜奉行，如《无相天王品》劝学中——广明，三千学
士，时坐听者，闻佛自诵，心心顶戴，喜跃受持。①

三 唐前期授戒的基本仪轨

佛教自两汉之际传入中国以后，一直到汉魏之际，都没有授戒
仪式的出现，出家人没有经过受戒仪制的严格训练，只是剃除须发
而已。到了曹魏文帝黄初三年（222），中天竺高僧昙摩迦罗
（Dharmakala），又称昙柯迦罗，游化来到洛阳，人称法时尊者，在
洛阳生活了21年后，于曹魏齐王嘉平二年（250），译出《僧祇戒
本》一卷，作为僧团的日常课本，并组织梵僧十大德，在洛阳创
立戒坛，传授戒律，② 标志着中国佛教僧团的形成。从此以后，伴
随着佛教在中国的传播日益深入，戒坛林立，道宣在《律相感通
传》卷一里说：

又问余曰：戒坛之兴，佛所重也。祇垣一寺，顿结三坛，
两居佛院，唯佛所登，为集诸佛登坛而论僧尼结戒也。僧院一
坛为受具者庄严列窟，如须弥座。神王石柱守护不亏，下至水

---

① 《大正藏》第24卷，第1005页 a～1009页 c。
② 慧岳：《律宗教义及其纪传》，张曼涛主编《现代佛教学术丛刊（88）·〈律宗概述及其成立与发展〉》，第151页。

际，经劫无没。北天竺东见有石坛，相状弘伟，师今何缘，特立坛相？天人幽显，莫不赞悦。余答云：曾见《僧》传，南林戒坛，意便重之，故仰则也。彼云：岂唯一所，今重幽求南方大有，初昔宋求那跋摩于蔡州立坛，晋竺法汰于瓦官寺立坛，晋支道林于石城、沃州各立一坛，晋支法领于若耶谢敷隐处立坛，竺道壹于洞庭山立坛，竺道生于吴中虎丘寺立坛，宋智严于上定林寺立坛，宋慧观于石梁寺立坛，齐僧敷于芜湖立坛，梁法超于南涧立坛，梁僧佑于上云居、栖霞、归善、爱敬四处立坛，今荆州四层寺刹基、长沙刹基、大明寺前湖中，并是戒坛。今以事断，江左、渝州已下，迄于江淮之南，通计戒坛总有三百余所。山东、河北、关内、剑南戒坛，事不绝故。使江表佛法经今四五百年曾不退废，由戒坛也。戒为佛法之初源，本立而不可倾也。自此河之左右曾不闻名，由此佛法三被诛殄。又江汉之南，山川秀丽绮错，见便忘返者，土地之然也。人依外报故，使情智聪敏，形心勇锐，遂能详度佛教，深有可依，无所疑虑，不可忘废也。中原两河，晋代南度之后，分为一十六国，以武猛相陵，佛法三除，并是北狄之胤，本非文地，随心即断，曾未大观，岂不然乎。戒坛之举，住持之成相也，众僧说戒、受戒，咸往登之，事讫东回左转，南出而返也。①

由此可知，东晋南朝的戒坛有 300 余所，而北方则因战乱，帝王掀起三次灭佛运动，难以创立戒坛，与"江左、渝州已下，迄于江淮之南"的戒坛林立，形成了鲜明对比。湛如对此评论说：

这一时期的戒坛结构还没有固定的形态，而这些戒坛创建与传戒无疑是南北朝佛教教团活动的重要内容，而戒是三学的

---

① 《大正藏》第 45 卷，第 881 页 a–b。

基础，戒坛的普及是提倡戒律尊严的象征，这一时期的佛教义学发达，学派隆盛，大德辈出，至隋唐佛教走向鼎盛，可以说戒律维系着佛教的慧命。①

到了唐代，受道宣《关中创立戒坛图经》的影响，戒坛主要分布在长安、洛阳和江南，并波及全国，甚至南至广东等地。乾封二年（667）道宣创立的长安净业寺戒坛，在当时受到了印度大菩提寺释迦密多罗的称赞，成为样板戒坛。但是到了武则天和中宗时代，却受到了义净的反对。在义净生活的时代，景龙二年（708）创建的实际寺戒坛，可能吸收了义净的意见，对净业寺戒坛的样式进行了某种程度的修正，鉴真就是在实际寺戒坛登坛受戒的。在鉴真北上求戒学法期间，对其影响较大的戒坛，除了长安实际寺以外，可能还有义净在东都洛阳创立的嵩山少林寺戒坛。②

在唐前期，佛教徒的授戒仪轨包括给在家信徒授戒的五戒、菩萨戒、八关斋戒，给出家人授戒的沙弥戒、沙弥尼戒、式叉摩那（正学女）戒、菩萨戒、比丘戒、比丘尼戒。其中以授沙弥戒、菩萨戒和比丘戒最为重要。在这三者之中，又以授比丘戒为中心。现在保存在《大正藏》第74册的《东大寺戒坛院受戒式》、《东大寺受戒方规》、《唐招提寺戒坛别受戒式》等文献，提供了唐前期授戒的基本仪轨，也是鉴真一生从事佛教事业的主要活动。现在根据这些文献，把鉴真传到日本的唐前期佛教授戒仪轨简略介绍如下。

1. 日本东大寺戒坛院授沙弥戒仪轨（依据《东大寺戒坛院受戒式》）

（1）先打钟。

（2）沙弥戒和上、羯磨二师起座，从南面西桥下立下层

---

① 湛如：《敦煌佛教律仪制度研究》，中华书局，2011，第86页。
② 可参阅湛如《敦煌佛教律仪制度研究》，第78~95页。

坛，手捉香炉（引者按：原文夹注：使弟子塔前座敷草座，置衣、钵），即烈行正南方，从南面东西桥登，各至其座，共立捧香炉，三拜已，坐。

（3）羯磨师打磬、三礼。如来呗（引者按：原文夹注：下音）略神分。

（4）表白云：白诸求戒佛子等！戒是度苦海之船筏，入菩提之翼也，三乘行从此而始，定慧业由此而生，故受戒者有得脱期，不受者不能出离，能受能持定得菩提。《四分》、《五分》、《十诵》、《僧祇》四部律意，必先受十戒，然后得具戒。不同外道，一往顿受。佛法如大海，渐深渐入也。抑发得戒，依和上大慈，是故应某大德奉请沙弥戒和上。即教请云：

大德！一心念。我某甲请大德为和上，愿大德为我作和上，我依大德故得受沙弥戒。慈愍故。（引者按：原文夹注：三请）

和上答云：好！

（5）和上教云：得戒依羯磨师，是故应某大德奉请沙弥戒羯磨师。即教请云：

大德！一心。我某甲请大德为阿阇梨，愿大德为我作阿阇梨，我依大德故得受沙弥戒。慈愍故（引者按：原文夹注：三请）。

羯磨师答云：好！

（6）劝请

至心劝请三宝田　毗尼教主释迦尊

波罗提大叉甚妙典　豆田耶等诸圣众

还念本誓来影向　证知证诚愿成辨

至心忏悔三业中　造作众多无量罪

唯愿三宝尽消除　至心发愿我决定

速证无上大菩提　法界众生亦如是

（7）教受戒体云：

我某甲归依佛、归依法、归依僧，我今随佛出家，某甲为和上，如来至真等正觉是我世尊（引者按：原文夹注：三说）。我某甲，归依佛竟，归依法竟，归依僧竟。我今随佛出家已，某甲为和上，如来至真等正觉是我世尊（引者按：原文夹注：三结）。

（8）说戒相云：

（和上问：）尽形寿不杀生，是沙弥戒，能持不？

（受戒沙弥答言：能！）

（和上问：）尽形寿不偷盗，是沙弥戒，能持不？

（受戒沙弥答言：能！）

（和上问：）尽形寿不淫泆，是沙弥戒，能持不？

（受戒沙弥答言：能！）

（和上问：）尽形寿不妄语，是沙弥戒，能持不？

（受戒沙弥答言：能！）

（和上问：）尽形寿不饮酒，是沙弥戒，能持不？

（受戒沙弥答言：能！）

（和上问：）尽形寿不著花鬘、香油涂身，是沙弥戒，能持不？

（受戒沙弥答言：能！）

（和上问：）尽形寿不歌舞、倡伎、亦往观听，是沙弥戒，能持不？

（受戒沙弥答言：能！）

（和上问：）尽形寿不高广大床上坐，是沙弥戒，能持不？

（受戒沙弥答言：能！）

（和上问）：尽形寿不非时食，是沙弥戒，能持不？

（受戒沙弥答言：能！）

（和上问）：尽形寿不捉生像金银宝物，是沙弥戒，能持不？

（受戒沙弥答言：能！）

（和上：）是沙弥十戒，尽形寿不得犯。

南无登霞圣灵成佛道。

南无令法久住利有情。

南无圣朝安稳增宝寿。

南无天下安稳常丰乐。

南无坚持十戒无缺犯。

南无生生世世忆持不忘。

南无大悲护念成御愿。

回向大菩提。①

2. 授比丘戒仪轨（依据《唐招提寺戒坛别受戒式》）

第一，受前内请

当日小食后，堂达著履、袜，持念珠、扇，引从受者（引者按：原文夹注：持坐具、香箱，著履、袜）到长老坊。于彼兼设置机香炉。堂达至和上前，先述其由；然后引入受者。受者上座三人各烧香。三人一列，三拜。已下受者同上。

次和上以交名被校受者名。

次收坐具退出。

次到羯磨师并教授师之坊，奉请全同和上。

第二，鸣钟集僧

先撞大钟（引者按：原文夹注：第二番作相时敛声）。次初番作相（引者按：原文夹注：打鼓）。此时十师各趣集会所，随标著座（引者按：原文夹注：和上随从沙弥两人，持衣、持钵也。师各随从沙弥一人，令持衣、钵也）。余受者同集舍利殿著座。

第三，正行请师

先闻第二番作相。诸受者出集会所，至讲堂后慢东，向西

---

① 《大正藏》第74卷，第27页b~28页a。

立列（引者按：原文夹注：北为上座）。

次第二番作相之后，教授师引十师（引者按：原文夹注：下腊前）出堂，和上之次，释尊袈裟捧持行列。是时堂达引受者（引者按：原文夹注：上腊前）从幔北端出列，立幔西面（引者按：原文夹注：南为上座）。堂达去受者二三尺，南方向北立。次十师出集会所至西室廊，向东少立留，受者同时问讯巳。堂达引受者从讲堂后门东间入，到东方座所向西（引者按：原文夹注：南为上座），各脱履登座，同时问讯，各开座具，互跪、合掌、奉待十师。堂达南方向北立。次十师见受者入堂已，行列各到讲堂北庑，南向列立。教授经十师前向和上前，打铃（引者按：原文夹注：上腊前）引列，此时第三番作相次。释尊袈裟巳下次第引列，教授师从讲堂后门入，东转南回，南方向北立，袈裟及十师列立南北，行向受者方。此时受者唱"南无诸师三礼"（引者按：原文夹注：五体投地）。次教授师引十师，经正面西转到请师座近所，向南立留，打铃。和上过前时须曲躬。十师至座前列立。教授师速入本座，各同时开坐具三礼。是则遥礼戒坛上之义也（引者按：原文夹注：打铃如布萨，但教授师不礼。下亦效之）。其后著座。此时侍者等衣、钵置座，各出于后门。十师著座三礼之后，堂达引受者到请师座，展坐具著座。堂达去受者一腊二三尺，在西北方东向起立，指示受者；受者悉著座。次堂达读交名，十师各出怀中交名校之。次读交名竟。受者同时立三礼（引者按：原文夹注：堂达示之）。次十师能教人与所教人各执香炉（引者按：原文夹注：余人不取）证七证师时，七证七人俱执香炉，俱所请人故也。

先羯磨师捉香炉，教令请和上云："诸受者等！应奉请和上。和上是得戒根本，归依此师，正发大戒，必须请之。仍奉请西第一座某寺某大德，应为汝等和上，所以先立三礼！"（引者按：原文夹注：堂达教令三拜已，胡跪、合掌）告云：

"当起殷重心请，须各以自言奉请，而未知方轨故。我教汝等！当一心承顺我教，即请云：大德一心念，我某甲今请大德为和上，愿大德为我作和上，我依大德故得受具足戒，慈愍故。"（引者按：原文夹注：三说）和上讣云："受诸所请！"诸受者同音各云："顶戴持！"（引者按：原文夹注：乍居一拜）

次教授师捉香炉，教令请羯磨师云："诸受者等！羯磨阿阇梨者，受戒正缘，若无此人，秉于羯磨，则尘沙戒法无由得生，故须增重心于戒师所方发无作，仍奉请从西第二座某寺某大德，应为汝等羯磨阿阇梨，所以汝等先立三礼！"（引者按：原文夹注：堂达教令三拜竟，胡跪、合掌）告云："当起殷重心请，须各以自言奉请，而未知方轨故，我教汝等，当一心承顺我教。"即请云：大德一心念，我某甲今请大德为羯磨阿阇梨，愿大德为我作羯磨阿阇梨，我依大德故得受具足戒，慈愍故。"（引者按：原文夹注：三说）羯磨师讣云："受诸所请。"受者同音云："顶戴持。"（引者按：原文夹注：乍居一拜）

次七证师一腊捉香炉，教令请教授师云："诸受者等！教授阿阇梨为汝等教授引导开解令入僧中，发汝等具戒缘起方便并因此师，重心请者方乃发戒，乃奉请从西第五（引者按：原文夹注：三、四）座某寺某大德，应为汝等教授阿阇梨，所以先立三礼！"（引者按：原文夹注：堂达教如前）告云："当起殷重心请，须各以自言奉请，而未知方轨故，我教汝等！当一心承顺我教。即请云：大德一心念，我某甲今请大德为教授阿阇梨，愿大德为我作教授阿阇梨，我依大德故得受具足戒，慈愍故。"（引者按：原文夹注：三请）教授师讣云："受诸所请。"诸受者同音云："顶戴持。"（引者按：原文夹注：乍居一拜）

次教授师捉香炉，令请七证师云："诸受者等！以羯磨法非是独秉，必须此人证无错谬，若论发戒功，与三师齐德，故须请之。仍奉请某寺某大德等，应为汝等证戒尊师，所以汝等先立三礼！"（引者按：原文夹注：堂达教如前）告云："当起殷重心请，须各以自言奉请，而未知方轨故，我教汝等！当一心承顺我教。即请云：诸大德一心念，我某甲今请诸大德为证戒尊师，愿大德为我作证戒尊师，我依大德故得受具足戒，慈愍故。"（引者按：原文夹注：三说）七证一腊总讦云："诸大德受诸所请。"诸受者同音各云："顶戴持。"（引者按：原文夹注：乍居一拜）

次请师竟。十师同时一礼（引者按：原文夹注：五体投地，打铃）已，收坐具降座前著屦。

次教授师往十师末，向南打铃。次下腊前引众，释尊袈裟，捧行如前，从讲堂正面出，经南庑至西室边，从其南转至西室南端，列立打止铃（引者按：原文夹注：二丁）。次受者同时取衣、钵，随堂达赴戒坛。

次闻铃打止，撞列钟（引者按：原文夹注：第四番作相也），此时开戒坛东、南、西三方户。

第四，师资登坛

先教授师闻钟声，亦即打始铃（引者按：原文夹注：二丁），引十师从戒坛下层南面东阶登，东出北回绕坛一匝。和上在西阶下，当佛前，香炉授侍者，各展坐具三礼。教授留西阶西北打铃，次收坐具，卓立观想（引者按：原文夹注：此观想后不打铃），释尊袈裟役人捧之，直从南面东阶登坛上，置东北方机上也（引者按：原文夹注：不得绕坛）。

《戒坛图经》云："十师请十方现在诸佛、大菩萨、声闻僧众，普会戒坛。天龙八部，遍满虚空。"（引者按：原文夹注：文）是其观想也。

次教授向和上打铃，引和上。上腊前登南面西阶，东转北回绕佛一匝，座置衣、钵，侍者退出（引者按：原文夹注：从东阶下）；十师直南回礼三菩萨（引者按：原文夹注：捉香炉中礼），三人三番礼。后教授师一人礼。教授立佛坛西南打铃。次礼南山及开山（引者按：原文夹注：不用打铃）。前礼人至本座起立。次十师各礼竟，教授打铃。诸众同时开坐具三礼。其后著座。列钟此时止。观想之间受者在庭上立三礼（引者按：原文夹注：中礼），礼竟随堂达引导，从南面西阶登下层坛，左绕一匝，即在南西二面，礼佛三拜已，依结番次而坐。堂达坐下层东座。

第五，讲《遗教经》

先登高座（引者按：原文夹注：讲师立座，东出南回，向佛前三礼，然后登高座）。

次法用（引者按：原文夹注：戒尺二下、呗、散华）。

次讲师唱云：挂畏建立伽蓝庄严，坛场登霞圣灵，及以开辟以来御灵尊灵等，奉送净土菩提（引者按：原文夹注：摩诃毗卢舍那佛名一切诵），令法久住，利益众生故（引者按：原文夹注：释迦佛名一切诵），奉为梵释、四王、龙神八部、伽蓝护法，当所明神，国内一切神等法乐庄严（引者按：原文夹注：《般若心经》一切诵），奉为圣朝御愿成就（引者按：原文夹注：药师佛名一切诵），奉为太上天皇春宫太子御愿圆满（引者按：原文夹注：药师佛名一切诵），奉为征夷大将军御愿圆满（引者按：原文夹注：药师佛名一切诵），为大臣公卿文武百官善愿圆满（引者按：原文夹注：药师佛名一切诵），为天下安稳万民丰乐（引者按：原文夹注：观世音菩萨名一切诵）。

敬白：三宝界会诸求戒佛子等！今敷鹤林之法座，开《遗教》之妙旨。夫以护戒之力寔优，度海之大士惜浮囊于罗刹，持禁之德至高，草系之沙门显曝身于旷野，所以释迦大师从鹿苑度陈如，至双林化须跋，专叹戒法为万善初基，特崇尸罗为七众庄严，今此经者是释迦世雄最后之遗训，能仁善逝临终之极说，导释种之指南，开戒行之妙门也。比丘因此调身口七支于内外，新学以之寂三业愤动于四仪，故今登坛受具之始，讲此妙典，令新戒佛子等闻未闻法，发渴仰诚，仰乞十方三世薄伽梵，豆田耶等诸菩萨，三乘一切贤圣等，本愿大悲以降临此。讲经法事，证知证诚，圣朝御愿成辨。

至心劝请三世佛　毗尼教主释迦尊

教授弟子遗教经　豆田耶等诸菩萨

还念本誓来影向　证知证诚愿成辨

至心忏悔无始来　三业所作无量罪

今对三宝十力善　至心发愿我决定

速证无上大菩提　法界众生亦如是

《佛临般涅槃略说遗教经》

将释此经，略开三门：

第一述大意者。夫以善逝医王尸罗之风，扇三有而除热恼之尘，遍知能仁木叉之雨，洒法界而润无上之芽，浩汗善权岂得测乎。今此经者，此乃三世诸佛真实遗言，初心菩萨入道要门，听闻之者护鹅珠，修行之者存浮囊。经之大意盖如此矣。

第二释题目者。具三种觉名佛，趣岸不久为临，或本云垂，义同临也。栖心灭故名般涅槃。约繁云略。金言称说。最后约言名遗。略训法要云教也。经者如常。总云《佛临般涅槃略说遗教经》。

第三判释本文者。今此经中建立菩萨所修行法略有七分：一，《经》曰：释迦牟尼等者，序分也；二，《经》曰：汝等比丘于我等者，修集世间功德分；三，《经》曰：汝等比丘当知等者，成就出世间大人功德分；四，《经》曰：汝等比丘于诸等者，显示毕竟甚深功德分；五，《经》曰：汝等比丘若于等者，显示入证决定分；六，《经》曰：于此众中等者，分别未入上上证为断疑分；七，《经》曰：汝等比丘常当已下，离种种自性清净无我分也。

南无登霞圣灵成正觉。

南无圣朝安稳增宝寿。

南无天下安稳万民丰药。

南无大悲护念成御愿。

次回向：

抑捧讲经所生之惠业，奉饰传戒鉴真和上之威光，登坛受具之佛子，圆满上品清净之戒法，并金轮圣王御愿成辨，国土泰平万民快乐，一天云晴分尧日光高辉，四海浪稳分舜雨惠无竭，乃至铁围、大铁围同浴三聚净戒之法水，沙界、恒沙界共登一实真如之觉山。为补阙分。释迦牟尼佛（引者按：原文夹注：丁），供养净陀罗尼（引者按：原文夹注：丁），回向大菩提（引者按：原文夹注：丁）。

次后呗。

讲毕，讲师归本座。

第六，教发戒缘（引者按：原文夹注：羯磨师表白，执拂，戒尺二丁）。

敬白现前大德众僧言：夫戒者，生死海中之船舫，无明暗里之明灯也。是故《大经》云：欲见佛性，证大涅槃，必须深心，受佛禁戒。又《华严》云：戒是无上菩提本。应当具足持净戒，若能坚持于禁戒，则是如来所赞叹。又《五百问》云：若持戒者即见法身。又《善见》云：戒是汝等大师，令法久住故。又《遗教》云：汝等比丘，于我灭后，当尊重珍敬波罗提木叉，如暗遇明，贫人得宝，当知此则，是汝等大师，若我住世无异此也。如是一切大小乘诸经论中，赞叹戒法，其文非一。然则凡入释门者，不问禅教，不可不登戒坛受此戒。世尊成道十二年后，初立此戒，阎浮同行，虽六群之辈，尚护户后之油，况其余乎。至于灭后优波离尊者结集戒藏，永传末代，后汉明帝永平七年，摩腾、法兰来至震旦，初通佛法。然未及受戒之方法。曹魏之间，中天竺沙门法时尊者，译出《僧祇戒心》于洛阳，以被时机，请梵僧出羯磨，依法正部初于支那行受戒之法。自是以来，晋宋齐梁陈隋之间，戒脉无绝。至于唐南山大师，丕耀戒光，譬如日轮丽中天照大千，本朝天平胜宝六年，我祖大唐龙兴寺鉴真大和上，来于此灵地，建大伽蓝，筑成戒坛，初传戒法，实日本传律之祖也。和上曾于当寺尝地味曰："是吉壤也，与清官戒坛地味不异。"相传此戒坛者，以三国之土而筑成之。所谓印度那兰陀寺、真丹清官寺，及此处之土也。于是天子亲登坛上受菩萨戒，且诏天下："凡出家者，先入当寺登坛受戒，学毗尼藏而后学自宗。"其后历年久之，戒法陵夷。爰有大悲菩萨讳觉盛，粹然而出，戒法一新，山川改色。实当寺中兴之祖也。盖戒有二种，所谓通受、别受也。通受戒，许自誓、用三聚净戒之羯磨；别受制从他建白四羯磨之作法。依此两种，则悉摄得顿渐利钝之机。大悲菩萨两种并行，至于今不绝者，皆菩萨之力也。爰遗法弟子等，逢难遭之佛法，虽已依通受之轨则，莹三聚之戒珠（引者按：原文夹注：新受人改此句），未能依别受之作法，浴白四之法水，晨夕愿之无由受。今幸登坛，欲成大愿，伏请现前诸大德，垂慈愍秉羯磨，令作法成就焉。

第七，受者出坛

所集诸僧，无问大小，普听《遗教》，欲受戒者，亦听发戒缘讫。堂达引受者至南面东阶却行而下，安置戒坛外，眼见耳不闻处（引者按：原文夹注：在坛外东南，假屋坐），堂达指示受者已，坐坛下层南面东。

第八，差教授师

先羯磨师戒尺（引者按：原文夹注：二下），为起法由，索欲问和。羯磨师问云："大德僧听，僧集会不？"答法者答云："集会。"问云："和合不？"答云："和合。"问云："未受具戒者，出！"答云："此众无未受戒者。"问云："不来诸比丘说欲及清净？"答云："此众无说欲及清净者。"问云：

"僧今和合，何所作为？"答云："为某甲等作受大戒羯磨。"（引者按：原文夹注：手持受者之交名）

羯磨师问云："众中谁能为某甲等作教授师？"教授师答云："我某甲能。"

羯磨单白云："大德僧听！彼某甲、某甲、某甲，从和上某甲求受具足戒。若僧时到僧忍听，某甲为教授师。"白："如是。"（引者按：原文夹注："问云：'作白成就不？'答云：'成就。'"）

第九，出众问难

先教授师本座置衣、钵，收坐具，立取香炉，向和上中礼三度。礼毕，出怀中受者交名，披置于佛坛东方，为召入众白所牒也。即从南面东阶下，著问难处座（引者按：原文夹注：敷坐具在上而坐）。堂达者差教授白毕，立座下阶呼上座受者三人（引者按：原文夹注：持香炉曲躬也），受者至问难所，北上座。在座之东向西列立，脱履、登座、互跪。筵上置衣、钵（引者按：原文夹注：不敷坐具）。

即安慰云："善男子！汝等莫恐惧，须臾使汝等著高胜处。"

次教授师执受者衣、钵示云（引者按：原文夹注：合掌）："善男子等谛听，今此三衣、钵之名，唯在佛法，一切外道所无也。是以佛制护三衣如自皮，钵如眼目。夫坐具者如塔之有基，今受持则持五分法身之基，三衣断三毒惑、灭三业罪，功德无量，具如经论明之，汝等应顶戴受持。"

次教授师先执坐具与受者，教令加法云（引者按：原文夹注：通受人不用已下加法也）："大德一心念，我某甲此尼师坛应量作今受持。"（引者按：原文夹注：三说合掌）受持竟，令受者在上座（引者按：原文夹注：或在坊中，亦作加法）。

次五条："大德一心念，我某甲此安陀会五条衣受一长一

短割截衣持。"（引者按：原文夹注：三说）

次七条："大德一心念，我某甲此郁多罗僧七条衣受两长一短割截衣持。"（引者按：原文夹注：三说）

次大衣："大德一心念，我某甲此僧伽梨二十五条（引者按：原文夹注：或九条等）衣受四长一短（引者按：原文夹注：或两长一短等）割截衣持。"（引者按：原文夹注：三说）

次钵多罗："大德一心念，我某甲此钵多罗应量受常用故。"（引者按：原文夹注：三说）

次教授师问云（引者按：原文夹注：已下通受人亦可用）："今此衣、钵若随他而借，即不得戒，是汝等之所有否？"诸受者答云："是。"

"即幞、衣、钵已应语言，善男子等谛听！今是至诚时、实语时，我今问汝等，随我问答。若不实当言不实，若实言实，我今问遮难。答若不实，徒自费功，浪受无益。故《律》云：犯遮难人，七佛一时为授，亦不得戒。今先问十三难，应一一如实答。"

"汝等不犯边罪不？"答："不犯。"

《钞》云：边罪难者，谓先受具戒，毁破重禁、舍戒，还来欲更受具。此人罪重，名佛海边外之人，不堪重入净戒海也。乃至准论，白衣五戒、八戒，沙弥十戒，破于重者，同名边罪。

"汝等不污净戒比丘尼不？"答："不污。"

《钞》云：谓俗人时犯。若受戒已犯者，止名边罪所收。

"汝等不贼住不？"答："不然。"

谓白衣及沙弥时盗听他说戒、羯磨众僧法事，或无师自出家，或有师出家受十戒，往他方或言十夏，次第受礼，入僧布萨一切羯磨，受信施物等也。

"汝等不破内外道不？"答："不然。"

谓本是外道来，投佛法受具已竟，反还本道，今复重来，彼此通坏，志性无定也。

"汝等不黄门不？"答："不然。"

有五种黄门：一生黄门、二犍作者（引者按：原文夹注：犍者都截却也）、三因见他淫方有妒心淫起、四忽然变作、五半月能男半月不能男也。

"汝等不杀父不？"答："不尔。"

"汝等不杀母不？"答："不尔。"

"汝等不杀阿罗汉不？"答："不尔。"

"汝等不破僧不？"答："不尔。"

"汝等不出佛身血不？"答："不尔。"

"汝等不非人不？"答："不尔。"

"汝等不畜生不？"答："不尔。"

"汝等不二形不？"答："不尔。"

问已应语言："善男子等！十三难已无，更问诸遮。"

"汝等子何？"答："某甲。"

"和上字谁？"答："某甲。"

"年满二十未？"答："满。"

"衣、钵具不？"答："具。"

"汝等父母听不？"答："听。"

"汝等非负债不？"答："非。"

"汝等非奴不？"答："非。"

"汝等非官人不？"答："非。"

"汝等是丈夫不？"答："丈夫。"

"汝等无五种病不？"答："无。"

五种者，谓癞、痈疽、白癞干痟、颠狂也，及大小便涕唾常流也。《伽论》云：聋人不闻羯磨不得戒，闻者得。

"善男子等！即无遮难，定应得戒。如我今问，僧中亦当问，如汝等今答，僧中当答。"

堂达裏受者衣、钵持之，收坐具安臂上，威仪齐正，教授示云："我至僧中，为汝等通信。若众许可，我当召汝等，可即来入。"

第十，单白入众

教授师起，引受者至东二户阃外向北并立，然犹行从下层南面东阶登西转，从中层南面西阶登东转，当佛前三拜已，东转北回至羯磨师前，去八尺许立，当作白云："大德僧听！彼某甲、某甲、某甲，从和上某甲求受具足戒，若僧时到僧忍听，我已问竟听将来白如是。"（引者按：原文夹注：戒师问："作白成就不？"答："作白成就。"）

白已，教授师至南面西阶上召受者，受者依召即来，从下层东阶登西回，至第二层西阶而登，至佛前三拜，展坐具。教授师将至羯磨师前向北并立（引者按：原文夹注：东为上座），各取衣、钵并置羯磨师前，只令持坐具，将至三菩萨前（引者按：原文夹注：北为上座）敷坐具，令并坐。教云："此是三菩萨座也。此三菩萨请佛起受戒等之首，于戒有功故，应称名奉拜。"（引者按：原文夹注：同时三拜，五体投地，每拜称名号）"南无头田耶菩萨"、"南无楼至菩萨"、"南无马阑耶菩萨"。

次收坐具至南山、鉴真二大师前三拜（引者按：原文夹注：南为上座）。

次还至羯磨师前，敷坐具（引者按：原文夹注：圆座上），总拜众僧了，互跪、合掌（引者按：原文夹注：已下至正受戒体竟，互跪、合掌）。

第十一，正教乞戒

教授师在受者傍告云："汝等恳恻至诚，仰凭清众求哀乞戒，此戒法者秘故、胜故，不令俗人闻之。六道中唯人得受，彼天王、梵王，常作念言：何时得受具戒？由报障故，不得受戒。汝等今生人中，无诸遮难，当发增长善心乞戒，须臾之间，入三宝数，但乞戒由汝等自心，而未晓方轨故。佛教我为汝等称述，应逐我语：大德僧听！我某甲从和上某甲求受具足戒，我某甲今从众僧乞受具足戒。某甲为和上，愿僧拔济我，慈愍故。"（引者按：原文夹注：三说。每说乍居一拜。教授师示之）教授师教已，著塔东座，待羯磨师所作竟而已。

第十二，对众问难。

先对众问难单白。羯磨师白云："大德僧听！此某甲、某甲、某甲，从和上某甲求受具足戒，此某甲、某甲、某甲，今从众僧乞受具足戒，某甲为和上，若僧时到僧忍听，我问诸事白如是。"（引者按：原文夹注：问："作白成就不？"答："成就。"）

次正对众问。羯磨师应取受者衣、钵，一一提示言："此安陀会、郁多罗僧、僧加梨、及钵多罗。若借来者不得戒，实是汝等所有不？"答言："是。"应语言："善男子等谛听，今是真诚时、实语时，今随所问汝等当实答，恐屏处有滥故。"同前教授师问，对大众一一问："汝等当还同彼答，一一答。汝等不犯边罪？"（引者按：原文夹注：一一具问如前）答言："不。"（引者按：原文夹注：一一具答如前）"汝等字何？"（引者按：原文夹注：一一具问如前）答言："某甲。"（引者按：原文夹注：一一具答如前）

第十三，受戒法

羯磨师语受者云："善男子等！遮难并无，众僧同庆，当与汝等大戒，但深戒上善，广周法界，故《善生经》云：'众生无边，故戒亦无边，大地等无边，故戒亦无边。'当发上品心，得上品戒，若下品心乃至罗汉，戒亦下品。上品心者，当发是心：我今发心受戒，为成三聚净戒，趣三解脱门，正向泥洹果故。又为引导众生，令至涅槃，令法久住故，是为上品心。尘沙戒法今当住汝等身中，若此戒法有形色者，入汝等身时，作天崩地裂之声，由是非形色故。今汝等不觉之，汝等当发殷重心，勿得懈慢。今为汝等作羯磨圣法，发尘沙

戒善，汝等不闻，外道仙人，用咒术力，尚能移山填海，回
天转日，岂况如来六通之师所说圣法而无此力，今一白三番
羯磨，世尊口出，我今传此，当发汝等戒体。汝等须知之。"
便白僧云："众僧慈悲布施，某甲等具足戒，愿勿异缘令他不
得。"白已四顾望云，先作一白牒事告知。次秉羯磨评量：
"可否？大众一心证明。"白："大德僧听！此某甲、某甲、某
甲，从和上某甲求受具足戒。此某甲、某甲、某甲，今从众
僧乞受具足戒。某甲为和上。"某甲、某甲、某甲自说："清
净无诸难事，年满二十，三衣、钵具，若僧时到僧忍听，僧
今授某甲、某甲、某甲具足戒。某甲为和上。"白如是。（引
者按：原文夹注：作白问僧云："作白成就不？"僧中知法者
答云："成就。"）

语受者云："善男子等谛听！已作单白毕，众僧皆随喜，
当作初番羯磨。即依此羯磨力，法界戒善并皆动转，莫令心沈
举，应用心承仰。"

又白僧云："作白既成，次秉羯磨。大众一心谛听！
羯磨。"

"大德僧听！此某甲、某甲、某甲，从和上某甲求受具足
戒。此某甲、某甲、某甲，今从众僧乞受具足戒，某甲为和
上。"某甲、某甲、某甲自说："清净无诸难事，年满二十，
三衣、钵具。""僧今授某甲、某甲、某甲具足戒，某甲为和
上。谁诸长老忍，僧与某甲、某甲、某甲授具足戒，某甲为和
上者默然。谁不忍者说？"（引者按：原文夹注：问云："羯磨
成就不？答云："成就。"）

告受者言："善男子等谛听！已作初羯磨，众僧皆默可。
当作第二番羯磨，依此羯磨力，法界戒善并举集空中，当汝等
顶，当起忻心，勿纵怠意。"

白僧云："大众一心谛听！羯磨。"

"大德僧听！此某甲、某甲、某甲，从和上某甲求受具足

戒。此某甲、某甲、某甲，今从众僧乞受具足戒，某甲为和上。"某甲、某甲、某甲自说："清净无诸难事，年满二十，三衣、钵具。""僧今授某甲、某甲、某甲具足戒，某甲为和上。谁诸长老忍，僧与某甲、某甲、某甲授具足戒，某甲为和上者默然，谁不忍者说？"（引者按：原文夹注：问云："羯磨成就不？"答云："成就。"）

告受者云："善男子等谛听！已作二羯磨，众僧并和合。余唯一羯磨在，谓第三番羯磨，依此羯磨力，法界诸功德当入汝等身心，汝等当身总尽虚空界，心摄三有众生，并欲持护三世佛法，汝等不起座发得二百五十四万二千戒，成大比丘僧，唯在此时，慎莫余念。"

白僧云："愿大众佐助慈济，受者谛听！羯磨。"

"大德僧听！此某甲、某甲、某甲，从和上某甲求受具足戒。某甲、某甲、某甲，今从众僧乞受具足戒，某甲为和上。"某甲、某甲、某甲自说："清净无诸难事，年满二十，三衣、钵具。""僧今授某甲、某甲、某甲具足戒，某甲为和上。谁诸长老忍，僧与某甲、某甲、某甲授具足戒，某甲为和上者默然，谁不忍者说？"（引者按：原文夹注：问云："羯磨成就不？"答云："成就。"）

"僧已忍，与某甲、某甲、某甲授具足戒竟，某甲为和上，僧忍默然故，是事如是持。"

告受者云："羯磨已成，汝等是戒毕，谨应奉持。"

次教授师令受者起，三拜。

次正授戒体白："四羯磨竟。"羯磨师教受者令坐圆座上，令足数差教授师单白也。

次差教授师白竟。受者收坐具取衣、钵，经十师前，坐十师末座。

第十四，略说戒相

第二番白四羯磨竟。二番受者，一同说相。先初番受者收坐具取衣、钵，上腊前至说相师前开坐具，此时第二番受者从羯磨师前右绕经南西至初番受者末，开坐具，同时三礼。礼了互跪、合掌。

教授师教已，就塔东座，待说相已。

说相师告云："善男子等！汝受戒已，必谨奉持，若但有受无持心者，受戒不得，空愿无益，宁起行用，不须愿求，经论如此。但佛世难值，正法难闻，人身难有，奉戒者难，故上品高达能受能持，修道会圣。下品小人能受能破，心无惭愧，现世恶名，不消利养，死入恶道。中品之徒，善不自发，望上而学，可准下流耶。若遂鄙怀，毁破佛法，不如不受，必须依佛正教，顺受随学。五夏已来，专于律部，若达持犯辨比丘事，修定习慧，会正可期。自此已外，杂学言说，污染净戒，定慧无由生者，佛则不许。故《律》云：若师阙教授，当余处学，为长益沙门果故。善男子等谛听！如来无所著，至真等正觉说四波罗夷法，若比丘犯一一法，非沙门非释子，汝等一切不得犯淫作不净行，若比丘犯不净行行淫欲法，乃至共畜生，彼非沙门非释子。尔时世尊为说譬喻，独如有人截其头，终不还活。比丘亦复如是，犯波罗夷已，还不成比丘行，汝等此中尽形寿不得作，能持否？"答云："能持。"

"二，一切不得盗，下至草叶。若比丘盗人五钱、若过五钱，若自取教人取，若自破教人破，若自斫教人斫，若烧若埋若坏色者，彼非沙门非释子。譬如断多罗树心，终不复更生长。比丘犯波罗夷法亦如是，终不还成比丘行，汝等是中尽形寿不得作，能持否？"答云："能持。"

"三，一切不得故断众生命，下至蚁子。若比丘故自手断人命，持刀授与人，教死叹死，与人非药，若堕人胎，厌祷咒诅杀，自作方便，若教人作，非少门非释子。喻如针鼻缺不堪复用，比丘亦如是。犯波罗夷法不复还成比丘行，汝等是中尽形寿不得作，能持否？"答云："能持。"

"四，一切不得妄语，乃至戏笑。若比丘非真实非已有，自说言我得上人法，得禅得解脱，得定得四果，天来、龙来、鬼神来供养我，彼非沙门非释子，喻如大石破为二分，终不还合。比丘亦如是，犯波罗夷已，不可还成比丘行，汝等是中尽形寿不得作，能持否？"答云："能持。"

次授四依法。

"善男子等谛听！如来至真等正觉说依衣法，比丘依此得出家受具足戒成比丘法。一依粪扫衣，比丘依是得出家受具足戒，成比丘，汝等是中尽形寿能持否？"答："能持。"

若得长利檀越施衣、割截衣等得受。

"二依乞食，比丘依是得出家受具足戒成比丘，汝等是中尽形寿能持否？"答："能持。"

若得长利若僧差食、若檀越送食、月八日食、十五日食、月初日食、若僧常食、檀越请食得受。

"三依树下坐，比丘依此得出家受具足戒成比丘，汝等是中尽形寿能持否？"答："能持。"

若得长利若别坊、尖头屋、小房、石室、两房、一户得受。

"四依腐烂药，比丘依此得出家受具足戒成比丘，汝等是中尽形寿能持否？"答："能持。"

若得长利酥油、生苏蜜、石蜜得受。

次为说云："汝等谛听六念法。六念者：第一，念知日月大小法；第二，念知食处法；第三，念知夏腊法；第四，念知衣、钵有无净施法；第五，念知同别食法；第六，念知病之有无法。"

"汝等已受戒竟。白四羯磨如法成就得处所。和上如法、阿阇梨如法、众僧具足。汝等当善受教法，应当劝生作福，治塔供养佛法僧。和上阿阇梨若一切如法教授，不得违逆，应学问诵经，勤求方便，于佛法中得须陀洹果、斯陀含果、阿那含果、阿罗汉果。汝等始发心出家，功不唐损，果报不绝。余处未知，当问和上阿阇梨而已。"

次回向："愿以此功德等。"

次说相竟，受者三拜已。

初番受者回坛，西至三菩萨前，三礼（引者按：原文夹注：中礼），至东方南山、开山前三礼（引者按：原文夹注：中礼）竟。从东面南阶下，令居下层北面。次番受者坐十师末。第三番之受者将著座时，起座下坛。以下之番须准之知。

第十五，出界

受者说相尽竟，堂达引受者从下层西阶却下至地，南转面北礼佛已，从东门出，至门外向北列立（引者按：原文夹注：东为上座），十师遇前时，受者同时曲躬。十师退散已，受者各归本坊。

十师见受者出界毕，同时三礼（引者按：原文夹注：教授打铃），礼竟各收坐具，取衣、钵（引者按：原文夹注：令侍者持如前）。教授先至西、西北阶头，下腊前引出，打铃，下阶循下层上面南出东回面北，当佛前三礼，然后从南面东阶降，从东门出，至受者前向南，受者曲躬，经通屋行至西室东廊，向东列立，教授打铃二下，同时曲躬，退散。①

3. 授菩萨戒的基本仪轨（依据最澄《授菩萨戒仪》）

第一，开导

应先问言：欲受何戒？佛法大海，深广无岸，唯信能入，由有信故，三学可成，菩提可至，故三学中，以戒为首，菩提旷路，戒为资粮，生死大海，戒为船筏，三途重病，戒为良药。然戒有多种，五、八、十、具、菩萨律仪、金刚宝戒。五

---

① 《大正藏》第 74 卷，第 32 页 c～39 页 b。

戒报人，八戒报天，十善报天；具足戒者，出家大戒，感小解脱，三明六通，无余永寂，可示四教、菩萨戒及五戒。菩萨律仪，三千威仪，八万细行，报得佛果，三身四德，相好不共一切功德。此即又如来一戒、金刚宝戒。是则常住佛性，一切众生本源，自性清净，虚空不动戒。因此戒，以显得本来本有常住法身，具三十二相。今既不求人天果，不求声闻、辟支佛果，不求小乘人所见佛果，不求通教三乘佛果，不求别教独菩萨佛果，唯欲专求圆教所证无上正等菩提，须具六法，方可得戒。一者能授人，谓能授戒者，须预知颁类及以人数，于中几许，中国边方余道杂类，虽得人身，无有安乐，八苦交逼，四蛇竞煎，四大危脆，念念不住，六贼争驱，新新生灭，设受余戒，虽报人天，不免沉没，二乘小果，永住涅槃，三教权菩萨，迂回历劫路，故须发诚，誓求圆果；二者所依处，先须咨白无内外障，安置坛场，庄严清净，皆令地铺，使受者安稳；三者高座秉法；四者专求大道；五者生希有心，如贫如饥如病如怖，得宝得食得医得安，不生一念散乱之心，若无恳诚，徒劳彼此；六者专为利他求戒，以菩萨发心利物为本，发大勇猛，不惜身命，誓与众生，同入真如法界大海。

第二，三归

三归者，应教言：

弟子（引者按：原文夹注：某甲）等，愿从今身尽未来际，归依佛两足尊，归依法离欲尊，归依僧众中尊。（引者按：原文夹注：三说）

弟子（引者按：原文夹注：某甲）等，愿从今身尽未来际，归依佛竟，归依法竟，归依僧竟。（引者按：原文夹注：三说）

从今已往，称佛为师，更不归余邪魔外道，唯愿三宝慈悲摄受，慈愍故。（引者按：原文夹注：敬礼三宝。应须广明一体三宝为所依境，复知此境有于别相住持等用之也。）

第三，请师

我（引者按：原文夹注：某甲）等，今从大德求受菩萨金刚宝戒，大德于我不惮劳苦，慈愍故。

请圣和上词：

弟子（引者按：原文夹注：某甲）等，一心奉请灵山净土本来常住释迦如来应正等觉，为我作菩萨戒和上，我依和上故得受菩萨戒，慈愍故。（引者按：原文夹注：礼一拜）

请圣羯磨阿阇梨词：

弟子（引者按：原文夹注：某甲）等，一心奉请清凉山中金色世界文殊师利龙种上智尊王如来应正等觉，为我作菩萨戒羯磨阿阇梨，我依阿阇梨故得受菩萨戒，慈愍故。（引者按：原文夹注：礼一拜）

请圣教授阿阇梨词：

弟子（引者按：原文夹注：某甲）等，一心奉请知足天上四十九重摩尼宝殿，当来大导师，弥勒慈尊应正等觉，为我作菩萨戒教授阿阇梨，我依阿阇梨故得受菩萨戒，慈愍故。（引者按：原文夹注：礼一拜）

请圣尊证师词：

弟子（引者按：原文夹注：某甲）等，一心奉请十方净土一切如来应正等觉，为我作菩萨戒尊证师，我依尊证师故得受菩萨戒，慈愍故。（引者按：原文夹注：礼一拜）

请圣同学等侣词：

弟子（引者按：原文夹注：某甲）等，一心奉请十方一切诸大菩萨摩诃萨，为我作同学等侣，我依同学等侣故得受菩萨戒，慈愍故。（引者按：原文夹注：礼一拜）

从传教师乞戒词：

族姓大德，今正是时，愿时施我菩萨戒法。

戒师应起，白圣师词：

敬白十方尽虚空界一切诸佛诸大菩萨，此（引者按：原文夹注：某甲）等，求我白诸佛菩萨，欲从诸佛菩萨乞受出家菩萨戒，此（引者按：原文夹注：某甲）等，已发大愿，已有深信，能舍一切，不惜身命，唯愿诸佛菩萨，怜愍故施与（引者按：原文夹注：某甲）等菩萨戒。（引者按：原文夹注：三说）

第四，忏悔

无始已来，谁能无罪，或有重罪，障戒不发，故须忏悔，故昙无谶三年始获。故有上根上行之人，宜应静处别置道场，事理合行，精诚恳到，上品相现，戒品自成。今此通方，被时行事，利根之士，逐语想成，宿种现加，成辨前事。故今略出，济世生善，利物之仪，于中为三，先明忏意，次明运心，三正说罪为忏方法。

初云意者。夫言戒者是白净法，法器清净，方堪进受，如净洁縠易受染色，是故先教忏悔洗浣，亦如浣，故衣先以灰汁后用清水。然佛灭后向二千年，正法沉沦，邪风竞扇，众生薄祐，生在此时，纵有听闻，颇生信受，犹如画水，不得久停，空中造立，难可成就。良由惑障深厚，见执铿然，若不起于殷重之心，罪无由灭。罪若无灭，戒品难期，是故不可辄尔而受，然忏悔法有其三种。上品忏者，举身投地，如大山崩，毛孔流血；中品忏者，自露所犯，悲泣流泪；下品忏者，通陈过咎，随师口言。今虽下品，犹请诸佛诸菩萨为作证明。诸佛菩萨有大慈悲，常欲令于法界众生如我无异，虽观众生犹如赤子，然须行者自发精诚，如请大王，先须净舍，亦如浊水，日轮不现。三世诸佛，皆因此戒得成菩提。

次运心者。虽从戒师说罪名种，然须先运逆顺十心重罪方灭，故天台大师于《大止观·忏净文》中云："当识顺流十心明知过失，当运逆流十心以为对治。"此二十心通为诸忏之本。顺流十心者：一者自从无始暗识昏迷，烦恼所醉，妄计人我，计人我故起于身见，身见故妄想颠倒，妄想颠倒故起贪瞋痴。痴故广造诸业，业故则流转生死；二者内具烦恼，外值恶友，扇动邪法，勤惑我心，倍加隆盛；三者内外恶缘既具，能内灭善心，外灭善事，又于他善都无随喜；四者纵恣三业，无恶不为；五者事虽不广，恶心遍布；六者恶心相续，昼夜不断；七者覆讳过失，不欲人知；八者鲁扈底突，不畏恶道；九者无惭无愧；十者拨无因果，作一阐提。是为十种顺生死流，昏倒造恶，厕虫乐厕，不觉不知，积集重累，不可称计，四重五逆，极至阐提，生死浩然，而无涯畔。今欲忏悔，应当逆此罪流，用十种心翻除恶法，先正信因果，决定屛然。业种虽久不败亡，终无自作他人受果，精识善恶不生疑惑，是为深信翻破一阐提心；二者自愧克责，鄙极罪人，无羞无耻，习畜生法，弃舍白净第一庄严，咄哉！无钩造斯重罪，天见我屛罪，是故惭天，人知显罪，是故愧人，以此翻无惭无愧心；三者怖畏恶道，人命无常，一息不追，千岁长往，幽途绵邈，无有资粮，苦海悠深，船筏安寄，贤圣呵弃，无所恃怙，年事稍去，刀风不奢，岂可晏然坐待酸痛，譬如野干失耳尾牙，诈睡望脱，忽闻断头，心大惊怖，遭生老病，尚不为急，死事弗奢，那得不怖，怖心起时，如履汤火，五尘六欲，不暇贪染，如阿输柯王闻栴陀罗朝朝振铃，一日已尽，六日当死，虽有五欲，无一念爱，行者怖畏，苦到忏悔，不惜身命，如彼野干决绝无所思念，如彼怖王，以此翻破不畏恶道心也；四者当发露罪，莫覆瑕玼，贼毒恶草，急须除之，根露条枯，源干流竭，若覆藏罪，是不良人，迦叶头陀令大众中发露，方等令向一人发露，其余行法但以实心向佛像改隔，如阴隐有痈，覆讳不治则死，以此翻破覆藏罪心也；五断相续心者，若决果断薁，毕故不造新，乃是忏悔，忏已更作者，如王法初犯，得原更作则重，初入道场，罪则易灭，更作难除，已能吐之，云何更啖，以此翻破常念恶事；六发菩提心者，昔自安危遍恼一切境，今广起兼济，遍虚空界利益于他，用此翻破遍一切处起恶心也；

七修功补过者，昔三业作罪不计昼夜，今善身口意策励不休，非移山岳，安填江海，以此翻破纵恣三业心也；八守护正法者，昔自灭善，亦灭他善，不自随喜，亦不喜他，今守护诸善，方便增广，不令断绝，譬如全城之勋，《胜鬘》云"守护正法，摄受正法，最为第一"，翻破无随喜心；九念十方佛者，昔亲狎恶友，信受其言，今念十方佛，念无碍慈，作不请友，念无碍智，作大导师，翻破顺恶友心；十观罪性空者，了达贪瞋痴之心，皆是寂静门，何以故？贪瞋若起，在何处住，知此贪瞋住于妄念，妄念住于颠倒，颠倒住于身见，身见住于我见，我见则无住处，十方谛求，我不可得，我心自空，罪福无主，深达罪福相，遍照于十方，令此空慧与心相应，譬如日出时朝露一时失，一切诸心皆是寂静门，示寂静故，此翻破无明昏暗。是为十种忏悔，顺涅槃道，逆生死流，能灭四重五逆之过，若不解此十心，全不识是非，云何忏悔，设入道场，徒为苦行，终无大益，运此心已，作如是言（引者按：原文夹注：须一一释，对破所以，故知无始罪障不可卒除，如伐树得根，灸病得穴，故须逆顺观其罪，由见罪性空，方为永谢）："仰启！十方尽虚空界一切三宝、释迦牟尼、当来弥勒、十二部经、真如藏海、诸大菩萨、缘觉、声闻证明，我等披陈忏悔，从无始来，至于今日，于其中间，皆由妄计我人，为贪瞋痴无量烦恼恼乱身心，纵恣三业，具造十恶、五逆、四重，作一阐提，拨无因果，坏僧伽蓝，焚烧经像，身四威仪，损伤含识，盗三宝物及余趣财，颠倒邪淫，污染梵行，污父污母，污比丘、比丘尼、人男、人女、畜生鬼神等一切男女，诳惑三宝，谤三乘法，言非佛说，障碍留难，或饮酒食肉，无慈愍心，或食五辛，熏秽三宝，或于一初出家人所，有戒无戒持戒破戒打骂呵责，乃至于一切有情无情作不饶益，如是等罪不可数知，自作教他，见闻随喜。今对三宝前披陈忏悔，齐佛所知，不敢覆藏。一忏已后，永断相续，更不敢作。愿罪消灭，

唯愿三宝，慈悲证明。"（引者按：原文夹注：三遍已语之）

欲入佛海，以信为本。生在佛家，以戒为本。故有三归乃至菩萨戒。然受五、八、十戒人，如秉烛夜行，所见不远。受小乘戒，如月下游，虽未大明，犹胜灯烛。若受大乘戒，如在日中，无不晓了，能摧八难，能免八苦，远离二死，具足二严，四德圆满，降伏四魔。

第五，发心

先当继念十方诸佛为所期果，是故《经》云："若能念佛，得见佛心。"佛心复以慈悲为本，慈悲乃以弘誓居先。是故弘誓为菩提因：

圆融十界诸众生　我今发誓必济度

圆融五住诸烦恼　我今发誓必断除

圆融四门诸道品　我今发誓必尽知

圆融法性真佛道　我今发誓必显得

发弘誓已，复加四心以成弘誓：一者观于一切众生如佛无异，二如国王，三如父母，四如大家。何以故？佛为法王，是所求故。心、佛、众生，三无别故。王居国尊。亲在家尊。大家复为下类中尊。因中生于果上想故。若不尔者，何能度之。为度众生，立余三誓。又复发四种心：一者所作功德与众生共，二者愿共一切众生过于烦恼生死大海，三者愿共众生通达一切诸经了义，四者共众生至于菩提。此亦四弘之别名，而以利生为本，故并俱于众生起想，以四弘誓利生为本。既发心已，三业清净，犹如明镜，内外清彻，堪受净戒，以此戒品，具足三聚，三聚遍收一切法故。

第六，问遮

即能发心建立行相。行相不出自行化他。自行故上求，利他故下化。汝等既知发心之相，堪能成就满足四弘。此但现在身心发趣，若有遮难，戒品不发，故《梵网经》云："若有七遮，不应为受戒。"今问汝，当如实答，若不实答，徒苦自他，无所克获，虚称菩萨，则为欺诳一切众生。负心诳佛，狂受利养。汝等不曾出佛身血不？（引者按：原文夹注：应答："无。"）汝等不杀父不？汝等不杀母不？汝等不杀和上不？汝等不杀阿阇梨不？汝等不破羯磨僧不？汝等不杀圣人不？（引者按：原文夹注：已上皆应答："无。"）

若无七遮，堪得受戒。应须起专注心，发殷重心。今此方欲授汝等戒，发于戒品心，若专志，如仰完器，则有所克，一念差违，犹如覆器，必无所成。然此戒者，无有形色，而能流注汝等身心，尽未来际成就大果。而于尔时无所觉知，向若有形入汝身时，当作天崩地裂之声，故须系念，不得余觉及余思惟（引者按：原文夹注：云云）。

第七，受戒（引者按：原文夹注：此段先可示相传）

先略示三相。言三相者，所谓摄律仪戒，摄善法戒，饶益有情戒。夫三藏教有三聚戒名，通教有三聚戒名，别教有三聚戒名，圆教有三聚戒名。今正可授此圆三聚戒。汝等谛听！汝等今于我所，求受一切菩萨净戒，求受一切菩萨学处。所谓摄律仪戒、摄善法戒、饶益有情戒。此诸净戒，此诸学处，过去一切菩萨，已受已学已解已行已成；未来一切诸菩萨，当受当学当解当行当成；现在一切诸菩萨，今受今学今解今行。当来作佛，汝等从今身尽未来际，于其中间不得犯，能持不？（引者按：原文夹注：三问三答）第一遍时应语言：十方法界一切境上微妙戒法，悉皆动转，不久当应入汝身中。第二遍已即语云：此妙戒法即从法界诸法上起，遍虚空中集汝顶上，微妙可爱，如光明云台。第三遍初复应示言：若更一遍，此妙戒法入汝身中，清净圆满，正在此时，纳受戒法，不得余觉余思，令戒不满。第三遍已语言：即是菩萨，名真佛子，故《大经》云："发心毕竟二不别。"如是二心，先心难。

第八，证明

证明者，戒师应为受者作白言：

弟子（引者按：原文夹注：某甲）仰启十方尽虚空界一切诸佛，于此世界一四天下南赡部州人主地，大日本国山城州乙训县山本僧伽蓝中千手千眼大悲者观自在菩萨像前，有众多佛子，来于我所求受菩萨金刚宝戒竟。我已为作证明，唯愿诸佛亦为作证明。（引者按：原文夹注：三说）

弟子（引者按：原文夹注：某甲）仰启十方尽虚空界一切诸菩萨摩诃萨，于此世界一四天下南赡部州人主地，大日本国山城州乙训县山本僧伽蓝中千手千眼大悲者观自在菩萨像前，有众多佛子，来于我所求受菩萨金刚宝戒竟。我已为作证明，唯愿诸菩萨摩诃萨亦为作证明。（引者按：原文夹注：三说）

第九，现相

现相者，受者既有三品之心，相现亦有三品不同，所谓凉风、异香、异声、光明种种异相，于十方界，此相现时，彼诸菩萨各问彼佛，何因缘故有此相现。彼佛各答彼菩萨言，此相现者，于娑婆世界一四天下南赡部州人主地，日本国山城乙训县山本僧伽蓝处，有众多佛子，于最澄佛子所，三说求受菩萨戒竟。今请我等而作证明，我为作证，故有此相。彼诸菩萨各各欢喜，咸相谓言，于如是等极恶处所，具足如是猛利烦恼恶业众生，能发如是极胜之心，甚为希有，深生怜愍，乃于汝等起于坚固梵行之心，十方菩萨尚发是心，是故汝等宜应志心守护禁戒，不惜身命，勿令毁犯。上品相者，上风、上香、上光明等；中下准此。唯佛解了，余无所知。

第十，说相

若诸菩萨已于戒师所三说求受菩萨金刚宝戒竟，若自杀、若教人杀、若作坑阱、与人非人毒药、施设方便，非真菩萨。假名菩萨，无惭无愧，犯波罗夷，汝从今身尽未来际，于其中间不得犯，能持不？（引者按：原文夹注：答言："能持。"）

若自盗、若教人盗、盗人五钱、若过五钱、若烧若埋若坏色，如是盗五大五尘，非真菩萨。假名菩萨，无惭无愧，犯波罗夷，汝从今身尽未来际，于其中间不得犯，能持不？（引者按：原文夹注：答言："能持。"）

　　若淫人男女、诸天鬼神畜生男女、作不净行，非真菩萨。假名菩萨，无惭无愧，犯波罗夷，汝从今身尽未来际，于其中间不得犯，能持不？（引者按：原文夹注：答言："能持。"）

　　若非真实非己有，自言得禅、得解脱、得定、得九大禅、得初信、乃至等觉妙觉、天龙鬼神来供养我，非真菩萨。假名菩萨，无惭无愧，犯波罗夷，汝从今身尽未来际，于其中间不得犯，能持不？（引者按：原文夹注：答言："能持。"）

　　若酤诸酒，非真菩萨。假名菩萨，无惭无愧，犯波罗夷，汝从今身尽未来际，于其中间不得犯，能持不？（引者按：原文夹注：答言："能持。"）

　　若说出家、在家菩萨，十波罗夷中随犯一波罗夷，非真菩萨。假名菩萨，无惭无愧，犯波罗夷，汝从今身尽未来际，于其中间不得犯，能持不？（引者按：原文夹注：答言："能持。"）

　　若自赞己真实所得，并毁出家、在家菩萨，言犯十重中一一重罪，四十八轻中一一轻罪，非真菩萨。假名菩萨，无惭无愧，犯波罗夷，汝从今身尽未来际，于其中间不得犯，能持不？（引者按：原文夹注：答言："能持。"）

　　若悭法悭财，有来求者，法不为说一句一偈，财不施与一针一草，反生骂辱，非真菩萨。假名菩萨，无惭无愧，犯波罗夷，汝从今身尽未来际，于其中间不得犯，能持不？（引者按：原文夹注：答言："能持。"）

　　若瞋一切出家、在家菩萨，若非菩萨、诸天鬼畜，忏谢不解，非真菩萨。假名菩萨，无惭无愧，犯波罗夷，汝从今身尽未来际，于其中间不得犯，能持不？（引者按：原文夹注：答言："能持。"）

　　若谤三宝、若增若减、若相违、若戏论，下至一句，非真菩萨。假名菩萨，无惭无愧，犯波罗夷，汝从今身尽未来际，于其中间不得犯，能持不？（引者按：原文夹注：答言："能持。"）

第十一，广愿

广愿者，上来受戒，但是起行。菩萨之仪，利他为本。是故更须以愿加之。师应教言：

弟子（引者按：原文夹注：某甲）等，愿以忏悔受戒发心所生功德，回施法界一切众生，愿法界众生未离苦者，愿令离苦；未得乐者，愿令得乐；未发菩提心者，愿发菩提心；未断恶修善者，愿断恶修善；未集佛法者，愿集佛法；未利生者，愿早利生；未成佛者，愿速成佛。又以此功德，愿共法界诸众生，等舍此身已，生极乐界弥陀佛前，听闻正法，悟无生忍，具大神通，游历十方，供养诸佛，常闻无上大乘正法福智资粮，自行化他，生十方佛前，一切佛法，速得圆满。又以此功德，愿共众生，从今已往，于自行门，未得无生法忍前，永离三恶道身，永离下贱身，永离女人身，永离拘系身，常于佛法中，清净修诸行，于利他门，分身十方国土，常为众生作大知识，示其正道，令生实果，愿诸众生，闻我名者发菩提心，见我身者断恶修善，闻我说者得大智慧，知我心者早成正觉。发愿已，礼三宝。

第十二，劝持

教令持戒者，既得戒已，如服良药，须知禁忌，及以补养。自行断恶为禁忌，利他修善如补养，是故应须具足二持，遍修诸善，遍断诸恶，勤行慈救，恭敬三宝（引者按：原文夹注：云云），于一一行，悉须以愿，而加护之，常思满足，四弘之愿，六度四摄等不离刹那，以妙观门，融通万境，事理具足，正助合修，圆顿十乘，超逾十境（引者按：原文夹注：云云。令受者礼佛礼师三遍）①

---

① 《大正藏》第74卷，第625页 b～629页 c。

四　述而不作：江淮之间独为化主

据汪向荣编撰的《鉴真年表》，唐玄宗开元元年（713），鉴真结束两京求法生涯，回到了扬州，是年 26 岁，"开始讲授律疏"。[①]汪氏的这一推论，基本上符合历史事实，鉴真在两京求法期间，正是南山律宗最为盛行的时期，按照佛教戒律的规定，受戒以后，要跟律师学习律宗教理 5 年，从唐中宗景龙元年（707）到唐玄宗开元元年（713）的 7 个年头，恰好有足够 5 年的学习律宗教理的时间，这和《唐大和上东征传》上说，鉴真在扬州"凡前后讲《大律》和《疏》卅遍"的记载相吻合。因为从鉴真在唐玄宗开元元年（713）从两京回到扬州，到唐玄宗天宝十二年（753）离开扬州赴日本弘法，刚好 40 年，基本上每年讲《大律》（《四分律》）和《疏》（《四分律疏》）1 遍。兹把鉴真在扬州为中国佛教事业作出的重大贡献，简单评论如下。

1. 述而不作："具修三学，博达五乘"

中国的传统学术，十分强调述而不作的治学精神，这一学术传统，肇始于孔子，其后历代相承，在汉代形成了古文经学和今文经学两大传承。佛教在两汉之际传入中国，吸收儒家的经学传承方法，改造成佛教的经学传承方法，即天台宗的"五重玄义"的讲经方法。

鉴真的父亲、剃度师父——扬州大云寺智满禅师、授戒师父——弘景律师，都是学习天台宗教理的，鉴真东渡时，所带的佛教经典，就有天台三大部，其中的《法华玄义》，就是阐述佛教经学的诠释方法的理论著作，即"五重玄义"的讲经方法。由此可知，鉴真是用《法华玄义》的讲经方法，在扬州讲律说法的。所谓的五重玄义，就是天台智者大师所认为的，对佛教经典的诠释讲

---

① 〔日〕真人元开：《唐大和上东征传》，第 120 页。

解，要从五个方面来讲解佛经，叫五重玄义，即一释名，二辩体，三明宗，四论用，五判教相。以《法华经》为例，一，法喻为名，法即妙法，喻即莲华。妙法者，妙名不可思议；法即十界①、十如是②、权实之法③。所谓的妙法，就是权、实不二，用莲华作比喻，就是华果同时。二，实相为体，即中道实相，是《法华经》所诠的妙体。三，一乘因果为宗，一乘即一佛乘，这就是实相，这就是宗要。换句话说，修成佛的实相之行为因，证成佛的实相之理为果，所以说修行一佛乘因果为宗。四，断疑生信为用，用就是力用，也就是大乘妙法，开示圆机，在迹门④令断权疑而生实信，在本门⑤令断近疑而生远信，所以说，断疑生信为用。五，无上醍醐为教相。圣人垂训之谓教，分别同异之谓相，《法华经》的教理纯圆极妙，不同于偏小诸教，比喻为醍醐上味，与乳酪、生熟二酥的味道有天壤之别，所以名无上醍醐为教相。然后根据东晋道安法师的"弥天高判"⑥来科判经文。所谓的"弥天高判"，就是道安法师认为，整个佛经可分为序分、正宗分和流通分三部分。

根据《唐大和上东征传》的记载，鉴真在扬州讲律说法的 40 年，大概讲解过以下经典。

（1）《四分律》：共讲了 40 遍，基本上每年讲解 1 遍。

《四分律》又叫《大律》、《昙无德律》，是印度佛教上座部系

---

① 十界，指的是佛界、菩萨界、缘觉界、声闻界、天界、人界、阿修罗界、饿鬼界、畜生界、地狱界。

② 十如是，指的是如是相、如是性、如是体、如是力、如是作、如是因、如是缘、如是果、如是报、如是本末究竟。

③ 权，指的是声闻乘、缘觉乘和菩萨乘佛法。实，指的是一佛乘佛法。

④ 迹门，指的是《法华经》第 1 品到第 14 品。迹，就是足迹，如人住处，就会留下行往之迹。这 14 品主要讲佛陀从久远以来修行成佛的方法，是近世学佛者要步的后尘，即佛陀留下的脚印，叫迹门。

⑤ 本门，指的是《法华经》的最后 14 品，即第 15 品到第 28 品。本，就是根本的意思。这 14 品主要说明佛陀在近世留下的修行成佛的脚印，以显示久远的本愿。

⑥ 根据佛教文献记载，东晋时期的高僧释道安，避乱到了襄阳，襄阳名士习凿齿前去拜访。一见面，习凿齿便说"四海习凿齿"，道安马上回答"弥天释道安"。当时人们视为名答。从此以后，就以弥天代称道安。

统昙无德部（法藏部）所传的戒律，由后秦佛陀耶舍和竺佛念共同翻译成汉文，共计 60 卷。法砺在《四分律疏》卷二，将其内容分为序、正宗、流通三分。序分包括劝信序和发起序；正宗分包含两部戒（比丘戒 250 条，比丘尼戒 348 条）和二十犍度；流通分包含五百结集、七百结集、调部和毗尼增一。此律译出 60 余年后，由北魏的法聪弘扬开来，后继者道覆、慧光等各作注疏，并判为大乘律，到了唐代，道宣以《四分律》为宗旨，开创律宗，认为此律从内容上看属于大乘。唐中宗时又明令禁用南方盛行的《十诵律》，从此以后，《四分律》成为中国古代最有影响的佛教戒律，至今汉传佛教仍奉行《四分律》。

（2）《四分律疏》：共讲了 40 遍，基本上每年讲解 1 遍。

在唐前期，"四分律三大疏"流传甚广，即慧光之《略疏》四卷、法砺之《中疏》十卷、智首之《广疏》二十卷。鉴真在扬州主要讲法砺的《四分律疏》，兹把收录在《卍新纂续藏经》No. 731《四分律疏》目次抄录如下，以资参考。

卷第六末　自比丘尼十七僧残法第八至一百七十八单波·
逸提法

卷第七本　释受戒犍度第一

卷第七末　自受戒犍度第一之余至说戒犍度第二

卷第八本　自安居犍度第三至第三分律衣犍度第六

卷第八末　自药犍度第七至瞻波犍度第十

卷第九本　自呵啧犍度第十一至遮犍度第十四

卷第九末　自破僧犍度第十五至灭争犍度第十六

卷第十本　自尼犍度第十七至第四分律毗尼增一

卷第十末　自毗尼增一之余至竟

（3）《四分律删繁补阙行事钞》：共讲了 70 遍。

南山律宗开山祖师道宣的《四分律删繁补阙行事钞》十二卷，
简称《律钞》，与《四分律戒疏》八卷、《四分律业疏》八卷、
《拾毗尼义钞》四卷、《比丘尼钞》三卷，合称为"南山五大疏"，
其中《律钞》为南山律宗之要典。鉴真在扬州讲律传法的 40 年，
一共讲了 70 遍，足以说明《律钞》在唐前期佛教史上的重要性，
兹把收录在《大正藏》No. 1804 中的《四分律删繁补阙行事钞》
目次抄录如下，以资参考。

标宗显德篇第一

集僧通局篇第二

足数众相篇第三（引者按：原文夹注：别众法附）

受欲是非篇第四

通辨羯磨篇第五

结界方法篇第六

僧网大纲篇第七

受戒缘集篇第八（引者按：原文夹注：舍戒六念法附）

师资相摄篇第九

说戒正仪篇第十

安居策修篇第十一（引者按：原文夹注：受日法附）

自恣宗要篇第十二（引者按：原文夹注：迦缔那衣法附）

篇聚名报篇第十三

随戒释相篇第十四

持犯方轨篇第十五

忏六聚法篇第十六

二衣总别篇第十七

四药受净篇第十八

钵器制听篇第十九（引者按：原文夹注：房舍五行调度众具法附）

对施兴治篇第二十

头陀行仪篇第二十一

僧像致敬篇第二十二（引者按：原文夹注：造立像寺法附）

讣请设则篇第二十三

导俗化方篇第二十四

主客相待篇第二十五（引者按：原文夹注：四仪法附）

瞻病送终篇第二十六

诸杂要行篇第二十七（引者按：原文夹注：谓出世正业比丘所依法）

沙弥别法篇第二十八

尼众别行篇第二十九

诸部别行篇第三十

为了更好地理解鉴真的律学思想，现在把上述30篇《律钞》的内容再简要介绍如下：

第一，标宗显德篇：宗，指的是戒法、戒体、戒行、戒相；德，指的是持戒功德和不持戒的过患。

第二，集僧通局篇：主要论述召集僧团会议时，如何打楗椎、羯磨处所的合法性，以及4人、5人、10人、20人组成的僧团能够从事的具体事务。

第三，足数众相篇：主要论述了对参加僧团羯磨会议人员，如何进行资格审查的问题。

第四，受欲是非篇：主要论述在诵戒、结界等集体活动中，如果遇到因生病等特殊情况无法参加的话，必须提前请假，并要表明态度，对此次会议的所有决定没有异议，称为"说欲"。

第五，通辨羯磨篇：羯磨，是指处理僧团事务的方法，此篇从四个方面加以说明：首先从称量前事等十个步骤详细介绍羯磨的条件及基本程序；其次辨羯磨组成的四大要素，即法（使用的方法）、事（处理的事务）、人（办事人员）、界（处所），以及羯磨的种类，分别为众法（单白法39种、白二法57种、白四法38种）、对首法（但对首法28种、众法对首5种）、心念法（但心念法3种、对首心念法7种、众法心念法4种）；再其次从羯磨所具的人、法、事（含界）三种，组成人、法、事、人法、人事、法事、人法事的七个方面，来讨论各种羯磨作法的成败；最后是解释羯磨的公文。

第六，结界方法篇：论述如何处理僧事僧断的范围，主要从列数定量、依位作法、法起有无和非法失相四个方面来圈定要解决的具体问题。

第七，僧网大纲篇：主要从约化制二教明相不同、约僧治食以论通塞、约法就时约人以明、对处明用、杂教授等五个方面，论述僧团的管理问题，强调作为众主上座，应以德感人，依法处理僧团事务。

第八，受戒缘集篇：主要论述受戒的条件及其合法程序，最后附带说明六念法及舍戒法。

第九，师资相摄篇：主要论述受比丘戒以后如何过持戒生活的问题，即所谓"五年学戒，不离依止"，包括新戒弟子如何依止师父的方法和师父如何培养弟子的方法。

第十，说戒正仪篇：主要论述沙弥受具足戒以后，在 4 人以上僧团如何半月半月读诵《戒经》的仪轨，或者 2 人在一起，甚至 1 人独居时如何读诵《戒经》的仪轨。

第十一，安居策修篇：主要从安居缘、分房舍卧具法、作法不同、夏内遇缘失否、迦提五利（比丘前坐夏竟，能获得迦绨那衣，有五利犒劳）等五个方面，论述僧团在夏天三个月结夏安居的组织原则。

第十二，自恣宗要篇：主要论述经过三个月的集体生活以后，围绕着戒律的持犯问题，在僧团内部如何过好一起自我批评与批评的组织生活问题，并附带讨论迦绨那衣法问题。

第十三，篇聚名报篇：主要论述五篇六聚的名称及果报问题。

第十四，随戒释相篇：主要从戒法、戒体、戒行、戒相四个方面，阐释有关戒相的学术问题。

第十五，持犯方轨篇：主要论述了对戒律的开遮持犯原则。

第十六，忏六聚法篇：主要论述忏六聚罪的方法。

第十七，二衣总别篇：主要论述出家人使用生活用品的具体规定，包括制和听两种原则。在制法中探讨了三衣、坐具、滤水袋的制作及如法使用原则；在听门中规定了如何处理粪扫衣、檀越施衣及亡僧物的基本原则。

第十八，四药受净篇：主要论述使用药品和饮食的基本原则。

第十九，钵器制听篇：主要论述了生活日用品的使用原则，如钵的制作及使用，并附带说明使用其他器具的具体规定。

第二十，对施兴治篇：主要论述了出家人面对信众供养物的爱、瞋态度问题。

第二十一，头陀行仪篇：提倡 12 种简单的生活方式，称为头陀行。

第二十二，僧像致敬篇：主要论述了出家人礼敬三宝的具体规定。

第二十三，讣请设则篇：主要论述了出家人在社会应酬时，应注意的事项。

第二十四，导俗化方篇：主要论述了出家人应该承担的社会责任。

第二十五，主客相待篇：主要论述了出家人在寺院里如何待人接物的一些具体原则。

第二十六，瞻病送终篇：主要论述了出家人如何关心病人和临终关怀的一些具体规定。

第二十七，诸杂要行篇：主要论述一些生活上的细则问题。

第二十八，沙弥别行篇：主要论述一个人出家以后，如何才能成为一名合格沙弥的问题，也就是说，沙弥应该具足的各项条件。

第二十九，尼众别行篇，主要论述了比丘尼在受戒、忏罪、说戒、安居、自恣等活动中与比丘不同的行法，并介绍了式叉摩那法和沙弥尼法。

第三十，诸部别行篇：主要论述了《四分律》与其他戒律在事相上的区别。

（4）《量处轻重仪》：总共讲了10遍，平均每4年讲1次。

《量处轻重仪》是道宣撰述的如何处理亡僧遗产的经典著作，鉴真平均每4年讲解一次，其大意，兹据道宣在《序》里所说的话，抄录如下，以窥豹斑。

　　今约先旧《钞》，更引所闻，科约事类，录成别件，名为《量处轻重仪》也。原夫重物、轻物，皆望资道。道在虚通，义非局约，由并因僧利而获斯物，故身亡之后，还返入僧，使二僧怀受用之资（引者按：原文夹注：谓常住现前之僧，俱荷重、轻物利也），两施有福流之润（引者按：原文夹注：谓道俗七众之人，俱行僧得之施也），故总判入僧，不属佛法，计并入僧，理亦通济。而僧有常住、现前不同，物亦轻、重两异，故律中佛断物并入僧，及论附事，方舒二别，由斯约义，处断明须，故于轻重之中，深加剖决者，由倒说轻、重，即怀二见。律文正断，不许五众，故阙思寻，但为物类难收，诸部互缺，现有储畜，教不备载，约文附事，滥委纵思，物既现前，义须决绝。自古传授梗概，相承指事混如渺逾河汉。余每于此路踌躇未引，尝于业正之暇，顾意思焉，约教附情，薄知途轨，然诸师行事，通悟者希，随见立仪，六断轻、重，并有明据，抑亦难求。今但取一判，用通诸说，即以当律为正上下求文，文或隐显非明断者，则统关诸部，例决相成，庶今种类收罗，科条有绪，用备无闷，兼被缘须，意以普摄，资生之财，总收众具之物，附事决迟疑之咎，临时定轻、重之仪，执物案文，不看他面，随机杼轴，譬同抵掌，冀怀道之士，时复披寻，足遣犯过，极刑足除，由来深惑。然以人情忌狭拥结非无，知事则亲常住引轻入重，别僧则私自利引重从轻，倒乱昏情，殷鉴终古（引者按：原文夹注：承闻：六百段绢入重，屏风障子入轻之类），出家据道，弥须励心，鄙俗浅怀，久须捐掷。又夫边服华夷，仪形资具，风俗既别，物号亦殊，并准例决，知轻、重自别始末该览足镜规猷矣。余所撰《删补行事钞》三卷，篇分上中下也，门有三十不同，言有二十余万，若僧法轨模住持纲要者，则上篇上卷首领存矣；若受戒种相持犯忏仪，则中篇中卷名体具矣；若衣药受净诸行务机，则下篇下卷毛目显矣。故辄略，总引粗知梗概，今依下卷衣法之中单解六物，略分十门：

初制入僧意门（引者按：原文夹注：财因僧利，佛法未沾，岂彼王亲，辄俟收纳）；

二分法差别门（引者按：原文夹注：约缘语事，十断不同，唯第十同住死者，方乃加法）；

三同活共财门（引者按：原文夹注：财生不义，多怀鄙情，存亡一期，方称此断）；

四嘱授成不门（引者按：原文夹注：决定舍施、便须付他，若疑虑未分，则一僧定摄)；

五员债还拒门（引者按：原文夹注：债息追送，随本重、轻，必非明证，义须深察)；

六断割重、轻门（引者按：原文夹注：轻、重物相，深究难分，片有乖违，便招双咎)；

七分物时处门（引者按：原文夹注：殡送还返，方可据量，必有缘来，异处科拟)；

八捡德赏劳门（引者按：原文夹注：有劳不赏，事绝优矜，无德侥幸，义须捡驳)；

九正分轻重门（引者按：原文夹注：人财两集，圣法须遵，依教即分，无宜卖易)；

十物之所属门（引者按：原文夹注：合得进不，终是为僧，纵外营理，悬须给待)。

此之十断，粗相且开，而第六门中，条绪非一。律中通列诸物，例并入僧。后别牒五、三，用分轻相，此即物类，亦有两断，轻重随义可知，相传随义约判，亦是一途匡济。而就律文，卒捡傍附，交加后锐，前修犹怀缀虑沈于初学，疑妨是难终未济时，故且删削必欲晓，缘据如后具明，则迷悟俱开，始终两照，故前依律本如佛断之，准事取类傍出附见，随务据量足为龟镜也。凡居处量之任，宰割要模，先击磬集僧；次总收现物已外，重大资具，历帐具条，对众持读，令知显晦，先问共财同活，随信判之；次问嘱授有无，亦随机判；后问负债是谁。又随捡付，作上三法，方定现财，余如本《钞》。律本云：时有舍卫国多知识比丘死：多有僧伽蓝；多属僧伽蓝园田、果树；多有别房；多属别房物；多有铜瓶、铜盆、斧、凿、灯台；多诸重物；多有绳床、卧床、木床、卧褥、坐褥；多畜伊梨延陀毛罗毳、毳罗氎毶；多有守僧伽蓝人；多有车舆；多有澡罐、锡杖、扇；多有铁作器、陶作器、皮作器、竹作器、木作器、剃刀；多有衣钵、尼师坛针筒。诸比丘不知云

何，白佛。佛言：多知识、无知识，一切属僧。（引者按：原
文夹注：律文如此，准相约断十三之别，今依上条，随条具
解，并如下列也。）①

（5）《四分律删补随机羯磨疏》：共讲了 10 次，平均每 4 年讲
1 次。

《四分律删补随机羯磨疏》八卷，又名《四分律羯磨疏》、《四
分律业疏》，简称《业疏》，《唐大和上东征传》简称《羯磨疏》，
道宣撰述于唐太宗贞观二十二年（648），是诠释他撰著的《四分
律删补随机羯磨》的经典著作，但在宋以后失传。日本明治三十
八年至大正元年（1905～1912）间，前田慧云、中野达慧等编集
收录《大日本校订藏经》（《卍大藏经》）所未收录的经典，编成
《卍新纂续藏经》，在京都藏经书院刊行，其中收录在第 41 册的
No. 728 号经典，是宋·元照的《四分律删补随机羯磨疏济缘记》，
保留了《四分律删补随机羯磨疏》八卷的全部内容。据济群的研
究，其内容共分为 10 篇："一、集法缘成篇，介绍 134 羯磨法，羯
磨作法程序及僧法、对首、心念羯磨的七非之相；二、诸界结解
篇，介绍摄僧界、摄衣界、摄食界的结解方法；三、诸戒受法篇，
介绍在家、出家众各种戒的授法；四、衣药受净篇，介绍衣和药的
受持和说净方法；五、诸说戒法篇，介绍僧说戒法、对首说戒法、
心念说戒法；六、诸众安居篇，介绍安居及安居期间外出的受日
法；七、诸自恣法篇，介绍僧自恣法、对首自恣法、心念自恣法；
八、诸衣分法篇，讨论各种衣的分配法；九、忏六聚法篇，先辨
事、理二忏差别，然后说明六聚罪的忏除法；十、杂法住持篇，介
绍六念法等。"②

---

① 《大正藏》第 45 卷，第 840 页 a－c。
② 济群：《〈四分律删补随机羯磨疏〉简介》，http：//www. jiqun. com/dispfile. php？
id＝5898。

鉴真在扬州传戒讲律达40年之久，主要讲述《四分律》和南山道宣的《四分律删繁补阙行事钞》、《量处轻重仪》、《四分律删补随机羯磨疏》，辅之以法砺的《四分律疏》，"前后度人、授戒，略记过四万有余"①。在戒律学的基础上，通过天台宗的止观，修定学和慧学，把人天乘、声闻乘、缘觉乘、菩萨乘融会贯通到一佛乘，在扬州龙兴寺、崇福寺、大明寺、延光寺等寺院，"讲律授戒，（暂）无停断。昔光州道岸律师命世挺生，天下四百余州，以为受戒之主。岸律师迁化之后，其弟子（杭州）义威律师响振四远，德流八纮，诸州亦以为受戒师。义威律师无常之后，开元廿一年，时大和上年满卅六；淮南江左净持戒（律）者，唯大和上独秀无伦，道俗归心，仰为授戒大师"②，桃李遍天下，"其弟子中超群拔萃，为世师范者，即有：扬州崇福寺僧祥彦、润州天响寺僧道金、西京安国寺僧璿光、润州栖霞寺僧希瑜、扬州白塔寺僧法进、润州栖霞寺僧乾印、汴州相国寺僧神邕、润州三昧寺僧法藏、江州（大）林寺僧志恩、洛州福（先）寺僧灵佑、扬州既济寺僧明烈、西京安国寺僧明债、越州道树寺僧璿真、扬州兴云寺僧惠琼、天台山国清寺僧法云等三十五人，并为翘楚，各在一方，弘法于世，道化群生"③。

2. 内秘菩萨行，外现是声闻

鉴真在淮南江左讲律授戒的40年生涯，《妙法莲华经》卷四《五百弟子授记品》里的四句偈子，惟妙惟肖地把其形象勾勒了出来，这就是："内秘菩萨行，外现是声闻，少欲厌生死，实自净佛土。"④ 鉴真在这40年里，正是以"净持戒律者"的声闻僧形象，"独秀无伦，道俗归心，仰为授戒大师"⑤。但鉴真在讲律授戒的同

① 〔日〕真人元开：《唐大和上东征传》，第81页。
② 〔日〕真人元开：《唐大和上东征传》，第80页。
③ 〔日〕真人元开：《唐大和上东征传》，第82~83页。
④ 《大正藏》第9卷，第28页 a。
⑤ 〔日〕真人元开：《唐大和上东征传》，第80页。

时，又"内秘菩萨行"，积极从事僧团硬件建设、佛教文化建设和大力做社会慈善事业。这是由律师的特殊身份决定的。在唐前期，佛教国家化，律令制度从外面强化僧团管理，使僧尼精英化；而律师则从僧团内部强化僧团自身建设，除了讲律授戒的基本职责外，还要肩负起寺院营造、雕塑佛菩萨像、抄写流通佛教经典、医治生病僧人等具体僧团事务。这在印度佛教史里，称为"班智达"①。鉴真就是唐前期国家佛教培养出来的班智达，在扬州讲律授戒的同时，还做了以下四项事业：

（1）积极从事僧团硬件建设

鉴真作为唐前期佛教的律宗大师，必须懂得营造寺院的基本技能，他在两京求戒学法期间，学习建造寺塔技术，这是汉传佛教律宗的基础课程。据孙蔚民研究，唐中宗景龙元年（707），鉴真的授戒师父道岸律师正在长安荐福寺内建造小雁塔时，"鉴真和尚恰巧得以在营建过程中进行观察和学习，取得从设计、施工到装饰等各方面的实际知识，这些知识对他以后在主持营建工作方面起了很大的作用"②。《唐大和上东征传》也说，鉴真在"讲授之间，造立寺舍，供养十方众僧，造佛菩萨像，其数无量，缝纳袈裟千领，布袈裟二千余领，供送五台山僧"，"设敬田而供养三宝"。③

（2）积极从事佛教文化建设

两汉经学，奠定了儒家的唯经的思维方式，一直影响到今天，书本上说的，中国人才信以为真。佛教在两汉之际传入中国，其经典主要靠天竺、西域来华的梵僧、胡僧背诵出来，然后笔录、翻译成汉文，记录成中国人喜闻乐见的经典，加以崇拜，形成佛教信仰氛围。所以，在唐前期，抄写佛经是重要的传播佛教信仰的方式之一，也是佛教社会化的主要途径。1900 年，在敦煌藏经洞发现的

① "班智达"是印度佛教大学那烂陀寺的一个称号，是大学者的意思，最基本的条件是精通工巧明、因明、内明、声明、医方明等五明。
② 孙蔚民：《鉴真和尚东渡记》，第 20 页。
③ 〔日〕真人元开：《唐大和上东征传》，第 80～81 页。

大量手写本佛经，就是最好的例证。《唐大和上东征传》里说，鉴真在扬州讲律传戒的 40 年间，"写《一切经》三部，各一万一千卷"①。这说明鉴真治学的基本精神是述而不作，通过抄写全部佛教经典的方式，全面理解佛教教义，另一方面，也促进了寺院文化建设，把寺院建设成了学习型寺院，全面提高僧尼文化素质。

（3）大力做佛教慈善事业

我们今天所说的佛教慈善事业，用大乘佛教教义来说，是布施度。布施度是菩萨修学的六度之一。从汉传佛教经典翻译史的视角来看，"汉传佛教慈善的理论依据，或教证，早在三国时代就确立了。孙吴赤乌十年（247），康居籍高僧康僧会，从交趾（今越南北部）来到建业（今南京市），翻译出的《六度集经》共 8 卷，79487 字，其中布施度就占了 3 卷，共 24265 字；其他的持戒度、忍辱度、精进度、禅定度、明（智慧）度，各占 1 卷。全经共列举 91 个通过修行六度成佛的个案，其中修布施度的有 26 个，占总案例的 28.6%，可见布施度所占比例之大，也就是说，佛教慈善是修行成佛的首要环节"②。也就是说，鉴真把大力做佛教慈善事业，看做成佛的首要步骤。据《唐大和上东征传》记载，鉴真在讲律传戒的 40 年，"设无遮大会，开悲田而救济贫病，设敬田而供养三宝"③。所谓的无遮大会，是从天竺传入中国的舶来品，梵语般阇于瑟，译成汉语就是"解免"，在古代印度社会，佛教界举办的无遮大会，是一种不分种姓、贵贱、僧俗、智愚、善恶的大斋会，有时长达 75 天。唐·玄奘在《大唐西域记》里说，古印度"五岁一设无遮大会"。中国的无遮大会始于梁武帝。《梁书》记载，梁武帝在中大通元年（529）秋九月癸巳日，"舆驾幸同泰寺，

---

① 〔日〕真人元开：《唐大和上东征传》，第 81 页。
② 李尚全：《佛教慈善的公信力与社会信任刍议》，第十届觉群文化周《"佛教慈善与社会服务"研讨会论文汇编》，觉群佛教文化研究与传播中心编印，2010，第 197 页。
③ 〔日〕真人元开：《唐大和上东征传》，第 81 页。

设四部无遮大会，因舍身，公卿以下，以钱一亿万奉赎"①。这里所说的四部，指僧、尼和在家善男、信女，从此以后，无遮大会逐渐发展成无所限制的群众集会。鉴真在扬州举办的无遮大会，主要分为两项议程，首先开悲田，筹措资金，救济穷贫和施药给病人；其次是开敬田，为寺院建设筹措资金，发展寺院文化事业。

（4）走出扬州，在"佛教边国"讲律传戒。

除了上述三项事业以外，还值得特别一提的是，鉴真在 55 岁时，不顾身体衰老，走出扬州，在中国佛教的边远地区讲律传戒，把唐前期国家佛教向人民佛教的方向推进，这与日本僧人荣睿和普照代表天皇邀请鉴真赴日讲律传戒的活动是密不可分的。自 1963 年以来，中日两国学术界研究鉴真的人越来越多，对鉴真东渡日本的过程，基本上千篇一律地说是六次东渡，五次失败，唯有朱江在 1963 年写的一篇题为《鉴真和尚东渡所经州县地名考释》的文章认为，"若以成行的回次，即以扬州来计算，只有三次"②。窃以为，朱江的鉴真三次东渡说，是颇有学术见地的高论，在笔者看来，前两次是在东海与南海的西海岸打转转，继续讲律授戒，不存在失败与成功的价值考量；最后一次顺利到达日本，开始了在日本的讲律授戒生涯，留在下一章论述。现在把鉴真在东海与南海西海岸打转转的两回东渡活动简单论述如下。

①第一回东渡：一波三折的磨难。

鉴真的东渡，是日本僧人荣睿和普照代表日本天皇邀请的结果。日本在养老四年（720）正月四日，政府对僧尼发放"公验"，以证明僧尼的合法性，相当于中国的度牒。这只能证明出家的合法性，无法证明比丘、比丘尼身份的合法性。如果想证明比丘、比丘尼身份的合法性，就非要通过三师七尊证的传戒程序。正是因为日

---

① （唐）姚思廉撰《梁书》一《纪传》，中华书局，1973，第 73 页。
② 朱江：《鉴真和尚东渡所经州县地名考释》，徐凤仪主编《鉴真文化大观》上卷，第 398 页。

本没有三师七尊证的传戒制度，是通过自誓自戒的出家方式，等于自封为僧尼，所以纲纪不正，品质低劣，"连主持僧籍的僧纲也风纪不正、品行不端"。这在元兴寺的隆尊看来，"是由于没有执行戒律，没有高僧能执行三师七证的授戒制度"① 的必然结果，所以他就向刚取得朝政大权的舍人亲王建议，向大唐招聘传戒大师，得到了舍人亲王的支持，并把兴福寺僧人荣睿和普照作为遣唐留学僧，上报圣武天皇，让二人一方面学习戒律，另一方面招聘传戒大师，此事得到了圣武天皇的批准。于是，荣睿和普照在圣武天皇天平五年（733）奉敕随遣唐大使多治比真人广成启程入唐②，开始留学生涯，代表天皇邀请传戒大师。现在把荣睿和普照第一次邀请鉴真东渡的情况简单介绍如下。

第一折：因东渡僧团内讧，而未出扬州。

唐玄宗天宝元年（742）冬十月，荣睿和普照在唐学习戒律已经 10 年，取得了讲律的资格和传戒时做七尊证的资格，打算回国，报效祖国，同时也没有忘记邀请传戒大师的钦命。"于是，请西京安国寺僧道航、澄观，东都僧德清，高丽僧如海；又请得宰相李林甫之兄林宗之书，与扬州仓曹李凑，令造大舟，备粮送遣。又与日本国同学僧玄朗、玄法二人，俱下至扬州"③。此时，鉴真正在大明寺讲律，荣睿和普照前去拜见，顺便提出了邀请鉴真东渡传戒，鉴真答应了他们的邀请，并筹备了一个以鉴真为首的 22 人东渡僧团，其成员有道兴、道航、神崇、忍灵、曜祭、明烈、道默、道因、法藏、法载、昙静、道岿、幽严、如海、澄观、德清、思托等21 人，准备择时东渡。由于吴令光为首的海贼骚扰东南沿海，去日本的海路受阻，到了第二年四月，在鉴真率领的东渡僧团内部，发生了人事纠纷，道航认为高丽僧"如海等少学，可停却矣"。就

---

① 汪向荣：《鉴真》，吉林人民出版社，1979，第 23 ~ 24 页。

② 顾敦信、贾寿仁：《试论鉴真——为纪念鉴真和尚圆寂 1200 周年而作》，徐凤仪主编《鉴真文化大观》上卷，第 67 页。

③ 〔日〕真人元开：《唐大和上东征传》，第 39 ~ 40 页。

鉴真僧团的排名来看，显然，道航要把不具备七尊证资格的如海、澄观、德清、思托等人从鉴真东渡僧团里清除出去，因为他们是受具足戒未满10年的"少学"僧人。这个建议基本上是合理的，但由于追随像鉴真这样大师级的高僧学律，是每一个僧人梦寐以求的事情，所以如海一时想不通，就到扬州采访厅诬告"道航造舟入海，与海贼连"。于是采访厅在大明寺逮捕了普照，在开元寺逮捕了玄朗、玄法、荣睿，道航虽然躲入民间，最终还是被缉拿归案。从逮捕的这5个僧人来看，不让如海等"少学"参加鉴真东渡僧团的动议，很有可能是荣睿等日本僧人的意见，然后请道航出面干预这件事情，所以如海诬告他们与海盗勾结在一起。虽然后来弄清了事实真相，在八月释放了被逮捕的僧人，如海也受到了法律的惩罚，但与此同时，鉴真东渡僧团也在筹备中被解散。

一波：东渡僧团漂泊到了明州。

由于荣睿和普照肩负着在唐邀请传戒律师的钦命，就逃避了唐政府送他们回日本的安排，再一次到大明寺，请鉴真东渡。于是鉴真又在唐玄宗天宝二年（743）开始组织被扬州采访厅解散的东渡僧团，并出资"正炉八十贯钱"，买到岭南道军船一艘，以及日用品和到日本用的经典、结缘用品。兹据汪向荣校注本《唐大和上东征传》抄录如下：

（落）脂红绿米一百石，甜豉三十石，牛苏一百八十斤，面五十石，干胡饼二车，干蒸饼一车，干薄饼一万，番（捻）头一半车；漆合子盘卅具，兼将（画）五顶像一铺，宝像一铺，金（漆）泥像一躯，六扇佛菩萨障子一具，金字《华严经》一部，金字《大品经》一部，金字《大集经》一部，金字《大涅槃经》一部，杂经、章疏等都一百部；月令（障）子一具，行天（障）子一具，道场幡一百廿口，珠幡十四条，玉环手幡八口；螺钿经函五十口，铜瓶廿口；花毡廿四领，袈裟一千领，（裙）衫一千对，坐具一千床；大铜（盂）四口，

（竹叶盂）卅口，大铜盘廿面，中铜盘廿面，小铜盘四十四面，一尺铜叠八十面，少铜叠三百面；白藤箪十六领，五（色）藤箪六领；麝香廿（剂），沉香、甲香、甘松香、龙脑、香胆、唐香、安息香、栈香、零陵香、青木香、熏陆香都有六百余斤；又有毕钵、诃黎勒、胡椒、阿魏、石蜜、蔗糖等五百余斤，蜂蜜十斛，甘蔗八十束；青钱十千贯，正炉钱十千（贯），紫边钱五（千）贯；罗补头二千枚，麻靴卅量，席冒卅个。①

这些物资、经典、传戒用的物品及结缘用品具备以后，鉴真就重新组建了祥彦、道兴、德清、荣睿、普照、思托等17人东渡僧团，另外还有玉作人、画师、雕佛、刻镂、铸写、绣师、修文、镌碑等工手85人为陪衬团，共同构成一个传戒、寺院营造的功能齐全的鉴真东渡弘法团，于唐玄宗天宝二年（743）十二月，从扬州起航东渡，但没有航出长江，在狼沟浦（今苏州太仓浏河口附近的狼港）② 遇到了台风，乘船受损，修理后继续航行，漂泊到大板山③，风大浪急，难以靠岸，继续随风飘流到下屿山④靠岸，滞留1个月，到了唐玄宗天宝三年（744）正月初八左右，试图乘顺风飘到日本，但事与愿违，却漂泊到了明州（今浙江宁波市），被当地政府安置在鄮县（今属宁波市）阿育王山寺。

第二折：荣睿在鄮县阿育王寺蒙难。

鉴真东渡弘法团滞留鄮县阿育王寺的消息，不胫而走，越州

---

① 〔日〕真人元开：《唐大和上东征传》，第47~48页。
② 狼沟浦，绝大多数学者认为是南通市之南，近狼山的地方，或就是狼山。笔者采日本学者安藤更生的意见。
③ 安藤更生认为，大板山"应位于江苏海面，马鞍岛西北两个小岛中的一个，即目下称为大盘山岛的"。而藤田元春认为在"今浙江海面的大戢山"。（《唐大和上东征传》，第52页。）
④ 下屿山，藤田元春认为是浙江舟山群岛中的五屿，而安藤更生则认为是上、下川岛，特别是下川岛。（《唐大和上东征传》，第52页）

（今浙江绍兴市）龙兴寺僧众请鉴真传戒僧团讲律授戒，接着杭州、湖州（今浙江吴兴市）、宣州（今安徽宣城市）的寺院，纷纷来请鉴真传戒僧团讲律授戒。这些新戒弟子都想亲近鉴真大师，学习戒律，但听说鉴真要东渡日本传戒讲律，越州的僧众感到十分惋惜，就把这件事怪罪到荣睿的头上，于是就联名告官。山阴县尉发出逮捕令，逮捕了荣睿，但鉴真东渡弘法团并没有解散，遗憾的是促成此事的功臣荣睿蒙难，后在押送途中，荣睿诈死而得脱，重新回到鉴真东渡弘法团。

第三折：鉴真被捕，押解回扬州。

荣睿为法蒙难，回到东渡弘法团以后，鉴真既感到欣慰，也为他与普照的执著求法精神所感动，更加坚定了东渡传戒讲律的决心，以作为对荣睿和普照艰辛求法的鼓励，毅然决定派法进和两位在家居士，带上"轻货"，前往福州买船，筹措路费，做好前期准备工作，鉴真率领东渡弘法团随后赶到，从福州东渡日本。但就在这个节骨眼上，鉴真在扬州的弟子灵佑与各大寺院的三纲商议，认为"我大师和上，发愿向日本国，登山涉海，数年艰苦，沧溟万里，死生莫测；可共告官，遮令留住"。于是，江东道采访使给鉴真经过的诸州，下通缉令，逮捕各寺院三纲下狱审问，最终在今浙江黄岩县南40里的禅林寺，逮捕了鉴真，在押送至采访使所的途中，"防护十重围绕"①，到采访使所以后，释放，仍然让鉴真回到了龙兴寺，并警告龙兴寺三纲要严加防护，"勿令更向他国"②。

鉴真被江东道采访使从浙江黄岩县押送到扬州，估计是在唐玄宗天宝三年（744）十月左右。又据朱江的推测，江东道采访使押送鉴真回扬州时，应当从驿路而返，"即由黄岩、临海、唐兴县经越州、杭州、湖州、苏州、常州、润州，回到扬州"③。鉴真率领

① 〔日〕真人元开：《唐大和上东征传》，第60页。
② 〔日〕真人元开：《唐大和上东征传》，第61页。
③ 朱江：《鉴真和尚东渡所经州县地名考释》，徐风仪主编《鉴真文化大观》上卷，第398页。

的第一回东渡弘法团，从唐玄宗天宝元年（742）冬十月开始筹措，到天宝三年（744）冬十月被江东道采访使押送回扬州，历时整 2 年，据朱江的研究，鉴真率领的东渡弘法团，在这 2 年时间里，来回经过了 13 个州县，[①] 其中在越州、杭州、湖州、宣州开坛授戒，宣讲戒律，既培养了鉴真东渡传戒僧团的业务，也弘扬了佛法，更磨炼了鉴真率领的东渡弘法团全体成员的意志，凸显了荣睿和普照为了日本佛教走向正轨，锲而不舍地礼请鉴真东渡，完成天皇钦命的敬业精神。

②第二回东渡：把国家佛教推向人民佛教的尝试。

鉴真率领的第一回东渡弘法团被强行解散之后，荣睿和普照在同安郡（今安徽潜山县）的寺院里参学，到了唐玄宗天宝七年（748）春天，再次来到扬州，到崇福寺礼请鉴真再次组团东渡传戒。鉴真就在崇福寺与荣睿和普照商议第二次东渡的策略，"造舟、买香药，备办百物，一如天宝二载所备"[②]，并在崇福寺组建了第二回东渡弘法团，"同行人僧祥彦、神仑、光演、顿悟、道祖、如高、德清、日悟、荣睿、普照、思托等道俗一十四人，及化得水手一十八人，及余乐相随者，合有三十五人"。这一回的东渡弘法，没有人为阻挠的因素，所受到的阻力，主要是自然因素。兹把鉴真率领的第二回东渡弘法团的经历，简单陈述如下，说明鉴真东渡的艰辛。

第一，从东海，漂泊到了南海。

唐玄宗天宝七年（748）六月廿七日，鉴真率领第二回东渡弘法团，从扬州崇福寺出发，到瓜洲运河，乘船东渡，航行到今南通狼山港时，遭遇暴风袭击，在第二天漂泊到越州三塔山（今定海海中的小洋山），靠岸，避风 1 个月后，又乘风破浪，航行到署风

---

① 朱江：《鉴真和尚东渡所经州县地名考释》，徐凤仪主编《鉴真文化大观》上卷，第 398 页。
② 〔日〕真人元开：《唐大和上东征传》，第 62 页。

山（在今舟山岛附近），靠岸，避风 1 个月后，继续航行到顶岸山①，一直等到十月十六日晨，乘风起航，"去岸渐远，风急波峻，水黑如墨。沸浪一透，如上高山；怒涛再至，似入深谷。人皆荒醉，（但）唱观音"。中夜时分，进入蛇海，"长者一丈余，小者五尺余，色皆斑斑，满泛海上"，船在其中，漂泊三天，驶进飞鱼海，"白色飞鱼，翳满空中，长一尺许"，穿梭其中，又经三日，进入飞鸟海，只见"鸟大如人，飞集舟上，舟重欲没，人以手推，鸟即衔手"。好在这样的恐惧场景，只有一天。但后来的两天航海生活，更加艰难，"唯有急风高浪"，缺粮断水，"众僧恼卧，但普照师每日食时，行生米少许，与众僧以充中食。舟上无水，嚼米，喉干咽不入，吐不出；饮咸水，腹即胀。一生辛苦，何剧于此！"幸好第二天，天下雨，才渡过难关，到了冬十一月，终于在南海中一岛屿登岸。休息一天，连夜起航，大约在十一月初四，在振州（今海南省崖县）江口上岸，终于结束了近半年的航海生涯。②

第二，在振州授戒、修葺寺院。

鉴真率领的东渡弘法团，大约在唐玄宗天宝七年（748）十一月漂泊到了振州，初四日登岸时，受到了振州别驾冯崇债派来的 400 多军人的夹道欢迎，而冯崇债本人则在振州城恭候，"迎入宅内，设（斋）供养"。由于鉴真率领的东渡弘法团，由传戒僧团和寺院营造工匠陪衬团两部分组成，所以他们漂泊到振州以后，受到地方官民的热烈欢迎，为了满足振州官民的佛教信仰需求，地方官员特地在太守厅内，设传授菩萨戒法会，请鉴真给当地官民授戒。授戒之后，把鉴真率领的东渡弘法团安置在振州大云寺。鉴真在大云寺住了一年，指挥陪衬团里的工匠，帮助本寺僧人，把大云寺坏废多年的佛殿修葺一新。

---

① 顶岸山位置，学术界有不同的说法，藤田元春主张在舟山列岛南，属象山的朱岩山；而安藤更生则说是普陀山南的朱家尖。（《唐大和上东征传》，第 62 页）

② 请参阅〔日〕真人元开《唐大和上东征传》，第 62 ~ 67 页。

第三，在崖州讲律授戒，营造寺院。

唐玄宗天宝八年（749）十一月，振州别驾冯崇债亲自带领800多全副武装的军人，护送鉴真率领的东渡弘法团，于天宝九年（750）正月途径万安州（今海南省万宁县、陵水县）时，受到万安州大首领冯若芳热情款待三天，之后，在振州别驾冯崇债的护送下，到达崖州（今海南省文昌县、澄迈县），受到崖州游奕大使张云的高规格接待，驻锡开元寺。游奕大使张云亲自主厨，供养鉴真及其随行僧众，大使属下的典正，也轮流供养，"官寮参省设斋，施物盈满一屋"，由此可见，崖州官民对鉴真的敬仰爱慕之情。崖州游奕大使张云请鉴真修复一座被烧毁的寺院。鉴真愉快地答应了。振州别驾冯崇债听说了这件事，"即遣诸奴，各令进一椽，三日内一时将来"。鉴真用这些物资，为崖州人民营造了一座功能齐全的寺院，即有佛殿、讲堂，砖塔构成的寺院，还用木头雕刻了一尊释迦牟尼佛像，高1.6丈。鉴真在这座新建的寺院里，组成三师七证授戒僧团，登坛授戒、讲律，为崖州佛教的发展作出了重大贡献。这一切佛事活动的开展，估计至少需要半年的时间，大约是在唐玄宗天宝九年（750）年春季。①

第四，在始安郡传授菩萨戒。

鉴真率领的东渡弘法团在崖州传戒、讲律、营建寺院以后，由澄迈县令亲自送到船上，经三天三夜，抵达雷州（今广东省雷州半岛）。罗州（今广东廉江县）、辨州（今广东化县）、象州（今广西象州县）、白州（今广西博白县）、佣州（今广西容县）、藤州（今广西藤县）、梧州（今广西苍梧县）、桂州（今广西桂林）的官民僧道各界人士，听说鉴真率领的东渡弘法团到了雷州半岛，不顾路途遥远，纷纷前来"迎送礼拜，供养承事"。尤其是始安郡（今广西桂林）都督冯古璞等官员，"步出（城）外，五体投地，接足而礼，引入开元寺。初开佛殿，香气满城，城中僧徒（擎）

①　请参阅〔日〕真人元开《唐大和上东征传》，第68～70页。

幡、烧香、唱梵、云集寺中。州县官人、百姓填满街衢，礼拜赞叹，日夜不绝。冯都督来，自手行食，供养众僧，请（鉴真）和上受菩萨戒。其所都督七十四州官人、选举试学人并集此州；随都督受菩萨戒人，其数无量"。鉴真率领的弘法团在始安郡官民、僧俗各界人士拥戴下，滞留了一年，即从天宝九年（750）春季，一直住到天宝十年（751）初春。①

第五，在广州大云寺登坛授戒。

唐玄宗天宝十年（751）初春时节，南海郡大都督、五府经略、采访大使、摄御史中丞、广州太守卢奂礼请鉴真到广州传戒，冯古璞不敢怠慢，亲自送鉴真登船，下桂江，7 天后在梧州登岸，然后前往端州（今广东高要县），驻锡龙兴寺。一直追随鉴真、为完成日本天皇钦命而锲而不舍的荣睿在端州龙兴寺圆寂，其时已64 岁高龄的鉴真，为此"哀恸悲切"。

鉴真在端州龙兴寺办完荣睿的丧事以后，在端州太守的陪同下，率领他的东渡弘法团来到广州，"卢都督率诸道俗出迎城外，恭敬承事，其事无量。引入大云寺，四事供养，登坛受戒"。鉴真及其东渡弘法团在广州大云寺驻锡了一个春天。②

第六，前往韶州法泉寺，拜谒禅宗六祖慧能禅师影像。

唐玄宗天宝十年（751）孟夏，鉴真及其东渡弘法团前往韶州，拜谒禅宗六祖慧能禅师，广州官民"倾城远送"。鉴真一行先在禅居寺驻锡三天，后移居武则天为慧能禅师建造的法泉寺，拜谒慧能禅师的影像后，驻锡开元寺。在开元寺期间，普照辞行，前往明州阿育王寺参学。鉴真感慨万分，拉着普照的手，悲痛万分地说："为传戒律，发愿过海，遂不至日本国，本愿不遂。"与此同时，鉴真漂洋过海，长途跋涉，传戒讲律，接待信众拜访，疲劳过度，再加上两广炎热的天气，水土不服，结果导致了"眼光暗昧，

---

① 请参阅〔日〕真人元开《唐大和上东征传》，第 70～72 页。
② 请参阅〔日〕真人元开《唐大和上东征传》，第 73～74 页。

爰有胡人言能治目，遂加疗治，眼遂失明"，从此成为盲圣。继续在韶州灵鹫寺和广果寺，登坛授戒，履行自己的历史使命。然后继续北上，经浈昌县（今广东南雄县），翻过大庾岭，至虔州（今江西赣县）开元寺，"仆射钟绍京左（降）在此，请（鉴真）和上至宅，立坛受（菩萨）戒"。[①]

第七，前往庐山东林寺，缅怀净土宗初祖慧远法师。

鉴真在虔州开元寺给钟少京授完戒以后，开始率领东渡弘法团向庐山东林寺进发，在途经吉州（今江西吉安）时，东渡弘法团的重要成员、鉴真的高足祥彦又在船上圆寂，这对鉴真来说，又是一次沉重的打击，但鉴真还是强忍悲痛，办完祥彦的丧事，每天接待闻讯而来的善男信女300多人次。数日以后，鉴真告别依依不舍的信徒，向江州（今江西九江）进发，到庐山东林寺，朝拜净土宗初祖慧远授戒的甘露戒坛，并在东林寺一连驻锡了三天。据佛教文献记载，慧远立坛授戒，天降甘露，所以后人称之为甘露戒坛。在鉴真来到东林寺的前一年，"近天宝九载（750），有志恩律师于此坛上与授戒，又感天雨甘露。道俗见闻，欢同晋远"。鉴真在东林寺驻锡了三天以后，又到浔阳龙泉寺参拜。《唐大和上东征传》说：

> 昔（慧）远法师于是立寺，无水，爰发愿曰："若于此地堪栖止者，当使抽泉。"以锡杖扣地，有二青龙寻锡杖上，水即飞涌，今尚其水涌出地上三尺焉，因名（曰）龙泉寺。

鉴真参拜完浔阳龙泉寺以后，从陆路回到江州城。江州太守召集全州僧、尼、道士、女官、州县官人及百姓代表，香花音乐迎接，接连供养三天。随后，太守亲乘船护送鉴真回扬州，从浔阳县一直送

---

① 请参阅〔日〕真人元开《唐大和上东征传》，第74～76页。

到九江驿，才依依不舍地与鉴真在船上告别。①

第八，回到扬州龙兴寺，继续讲律授戒。

鉴真告别江州太守以后，顺江而下，经7天航行，到润州江宁县（今江苏江宁），登梁武帝建造的瓦官寺宝阁，巡礼梁武帝兴建的江宁寺、弥勒寺、长庆寺、延祚寺等众多寺院，带领东渡弘法团，仔细考察这些寺院的建筑艺术。这些寺院的"庄严雕刻，已尽工巧"，使东渡弘法团成员赞叹不已，他们准备把这些建筑艺术，移植到日本，弘扬大唐文化。在栖霞寺的鉴真弟子灵祐，听说鉴真率领东渡弘法团在江宁县各大寺院巡礼考察，赶快前来，顶礼膜拜，请鉴真及其东渡弘法团成员到栖霞寺修养三天。

鉴真率领的东渡弘法团在栖霞寺休养了三天以后，在摄山登船，顺江流而下，到扬州新河登岸，回到扬州，驻锡既济寺。江都僧俗群众，听说鉴真临时驻锡在既济寺，欣喜之余，"奔填道路，江中迎舟，舳舻连接"，迎接鉴真回到扬州龙兴寺。此时，大概是唐玄宗天宝十年（751）的秋冬之交。

鉴真虽然在第二回东渡中双目失明，但并没有忘记自己的神圣职责，不顾严冬的寒冷，继续在"龙兴、崇福、大明、（延）光等寺讲律授戒，（暂）无停断"，弘扬佛法，普度众生。②

---

① 请参阅〔日〕真人元开《唐大和上东征传》，第76~79页。

② 请参阅〔日〕真人元开《唐大和上东征传》，第79~80页。

第四章 以法为师：慧灯无尽照海东

鉴真人生的最后 10 年，在日本传戒、讲律、弘法，对日本文化建设贡献良多，被誉为日本文化的大恩人。但究其佛教人生，始终以戒为师，始终以法为师，尤其在日本的 10 年，始终依法不依人，所以站在了天平文化的最高峰，既把奈良佛教引入佛教发展的正轨，又为开创平安佛教的新局面播下了种子。就鉴真的佛学理论而言，行在戒律，教遵天台。

一 唐前期天台宗源流述略

天台宗是隋唐八大宗派之一，创立于陈隋之际，是隋唐八大宗里创立最早的宗派之一。兹把其历史源流简单陈述如下。

1. 天台宗所依的经论

天台宗所依的经论，主要有"四经二论"。所谓的四经，指的是：

①《法华经》，七卷，姚秦鸠摩罗什译。天台宗依据《法华经》为宗骨，本迹显实。前十四品为"迹门"，说明佛陀教化的真实道理；后十四品为"本门"，说明佛陀教化的事实。

②《大般涅槃经》，四十卷，北凉昙无谶译。天台宗依据《大般涅槃经》扶律显常，说明一切众生都有佛性，任何人都能成佛，

但可悲的是，一切众生因烦恼与妄想而失去灵光，佛性不显，如果能够严持净戒，烦恼与妄想就会自然断除，佛性就会显现。

③《大品般若经》，四十七卷，姚秦鸠摩罗什译。般若在佛教里称为开会法，就是融会贯通所有法门的意思。

④《菩萨璎珞本业经》，二卷，姚秦鸠摩罗什译。天台宗依据《菩萨璎珞本业经》，确立了菩萨修行成佛的 52 个位阶，在上卷提出了二谛观、平等观、第一义谛观的三观理论，并结合《大品般若经》的观修方法，进一步升华为一心三观的理论。

所谓的二论，指的是：

①龙树：《大智度论》，一百卷，姚秦鸠摩罗什译。天台宗依《大智度论》为指南。慧文禅师在《大智度论》里发现了"三智实在一心中得"的理论。

②龙树：《中观论》，六卷，姚秦鸠摩罗什译。慧文禅师又依据《中观论》里的三谛偈，即"因缘所生法，我说即是空，亦为是假名，亦是中道义"四句，而提炼出空、假、中三智，从而确立了一心三观的纲要。

2. 祖师传承

（1）金口相承

金口相承，是依据《付法藏传》，列举了常寂光土第一义谛灵山净土久远实成多宝塔中大牟尼尊以下 13 祖，即摩诃迦叶→阿难陀→商那和修→优婆鞠多→提多迦→弥遮迦→佛陀难提→佛陀密多→胁比丘→富那奢比丘→马鸣菩萨→比罗比丘→龙树菩萨。

（2）今师相承

今师相承，指的是龙树菩萨以来的传承，即龙树菩萨→天竺须利耶稣摩→鸠摩罗什（《妙法莲华经》、《大智度论》）→双林傅大士→高齐慧文大师（550 ~ 577）→陈朝南岳慧思大师→隋朝天台山智者大师（538 ~ 597）→国清寺灌顶大师（561 ~ 632）→国清寺智威大师（? ~ 681）→天宫寺慧威大师（634 ~ 731）→古溪玄朗大师（673 ~ 754）→荆溪湛然大师（711 ~ 782）→瑯琊道邃和尚（？）→日本最澄大师（767～822）。①

就天台宗所说的今师传承，周叔迦总结为："天台宗创始于北齐慧文，发展于南岳慧思（516～577），大成于天台智顗（538～597），结集于章安灌顶（561～632）。"②

①慧文：天台宗的开创者

根据《佛祖统纪》的说法，天台宗的法脉源自西土第13祖龙树。因此，龙树被尊为东土初祖。这是因为，北齐慧文禅师（弘法时间约在535～557年），因读《大智度论》第二十七卷而悟出"三智（一切智、道种智、一切种智）实在一心中得"；又读《中论》卷四"因缘所生法，我说即是空，亦为是假名，亦是中道义"一偈，而悟出"一心三观"和所观的一境三谛的修观方法，从而私淑龙树法脉，成为东土第二祖，成为天台宗的开创者。

②慧思：天台宗第一推手

把慧文禅师创立的天台宗教学推向快速发展轨道的是南岳慧思（515～577）。慧思，俗姓李氏，今河南上蔡县人。早期生活在北朝，常诵《法华经》，冬夏二时，摄心静观；晚年生活在南朝，63岁时灭于南岳，后人尊称为南岳大师。慧思在北朝时，慧文口传"一心三观"法门，再加上以《法华经》为恒课，因此在禅定中豁然悟得法华三昧，南下居南岳，大弘《法华经》，著有《大乘止观》四卷、《法华经安乐行义》一卷、《诸法无争三昧法门》二卷等著作。

③智顗：天台宗的集大成者

智顗（538～597），俗姓陈，今湖南华容县人。18岁时在今湖南省长沙市果愿寺出家为僧，法名智顗。20岁受具足戒，成为比丘僧。560年，慧思禅师南下今河南光山县，驻足大苏山，智顗前

---

① 请参阅无言《天台宗概论》，张曼涛主编《现代佛教学术丛刊（55）·〈天台学概论〉》，第73～86页。

② 周叔迦：《周叔迦佛学论著集》上册，中华书局，1991，第332页。

去请益 8 年（560～567），得慧思禅师真传，修法华三昧。后驻锡今江苏南京市瓦官寺 9 年（567～575），演述《法华经》题，树立新的宗义，判释经教，确立了天台宗教观的基础。575 年前往今浙江天台山修苦行长达 10 年之久，于 585 年 3 月回到今南京市，驻锡灵曜寺，讲经说法 5 年。589 年陈亡时，云游到今江西九江庐山潜修三年。591 年应隋朝晋王杨广的礼请，到今江苏扬州传戒，并于 592 年回到故乡荆州，在今湖北当阳县创建道场玉泉寺，讲《法华经玄义》和《摩诃止观》两年。595 年春，杨广再次礼请智者大师到扬州，并于 9 月回归浙江天台山静修，在病中为弟子口授《观心论》。597 年 10 月杨广第三次礼请智者大师到扬州弘法，智者大师在途中入寂。留下的著述很多，都由弟子章安灌顶整理成书，其中最为后人关注的是天台三大部和天台五小部。天台三大部指的是《摩诃止观》二十卷，《法华玄义》二十卷，《法华文句》二十卷。天台五小部指的是《观世音菩萨普门品义疏》二卷、《观世音菩萨普门品玄义》二卷、《观无量寿佛经疏》二卷、《金光明经玄义》二卷、《金光明经文句》二卷。

④灌顶：天台宗章疏的结集者

灌顶（561～632），祖籍今江苏省常州市，后迁移到今浙江省临海章安，所以后人尊称为章安大师。灌顶对天台宗的贡献主要是确立了天台宗的法统，正式确定印度龙树论师是天台宗东土初祖，并写了南岳大师和智者大师的传记，记录、整理、编辑智者大师的著述。

二　天台宗的判教理论概述

1. 五时：佛陀演教的历史过程

（1）华严时

佛陀在菩提树下刚成佛的 21 天，以报身（卢舍那）给地上菩萨演说的经教，叫《华严经》。地前的凡夫无人知道。这叫华严时。

（2）阿含时

佛陀在最初的 12 年，主要在鹿野苑为地前的凡夫转四谛法轮，教 1250 比丘。在这 12 年间演说的经教是《阿含经》，所以称为阿含时。

（3）方等时

接下来的 8 年，佛陀为小乘人中人演说《维摩经》、《思益经》、《金光明经》、《胜鬘经》等方等经典，弹偏褒圆，折小叹大，把弟子从小乘导向大乘。这叫方等时。

（4）般若时

再接下来的 22 年，佛陀演说《摩诃般若经》，叫般若时。

（5）法华涅槃时

最后的 8 年，佛陀演说《法华经》，使三乘佛法归于一佛乘，为三乘弟子授成佛之记，最后在临涅槃的一日一夜间演说《涅槃经》，告诫后学持戒律。这叫法华涅槃时。

2. 八教：从形式到内容

（1）化仪四教：佛陀演说经教的形式

天台宗所说的化仪四教，指的是：

①顿教：佛陀为地上菩萨弟子演说的《华严经》。

②渐教：佛陀循序渐进地为凡夫弟子演说的教法，如阿含、方等、般若、法华等经教。

③秘密教：佛陀对弟子的三轮教化（说法轮、神通轮、记心轮）不可思议，同时可以为此人顿说，为他人渐说，彼此互不相知，但是各自受益。这叫秘密教。

④不定教：在聆听佛陀演说经教时，有的弟子闻教后证得小乘果，而有的发菩提心，入菩萨位。这叫不定教。

（2）化法四教：佛陀演说经教的内容

天台宗所说的化法四教，指的是：

①三藏教：佛陀为学习小乘佛教的弟子所说的经教。

②通教：佛陀说的沟通大小乘佛教的经教。

③别教：佛陀专为菩萨弟子演说的经教。

④圆教：佛陀为上智利根人演说的一佛乘经教，顿显佛理。

3. 一佛乘教：六即成佛和八种位次

天台宗把佛陀在 50 年所说的经教，从内容上判为三藏教、通教、别教和圆教。藏、通、别三教分别是声闻、缘觉、菩萨三乘的教义，《法华经》中譬喻为羊车、鹿车、牛车。而天台宗的教义是圆教，是直接通向佛地的一佛乘教，或称为佛乘教，《法华经》中譬喻为大白牛车。一乘佛教的具体内容包括"六即成佛"和"八种位次"两方面的教义。

（1）六即成佛：从理论到实践

六即，就是圆顿成佛，就是说一切众生都是佛，但具体问题具体对待，有以下六种不同含义的佛。

①理即佛：一切众生都有成佛的可能性。

②名字即佛：通过学习经卷和亲近善知识，得到的佛教常识。

③观行即佛：修习五品观行（随喜、读诵、说法、兼行六度、正行六度），而获得的学佛经验，成为激进的佛教信徒。

④相似即佛：在修习五品观行的基础上，使六根清净，入十信位，把佛法生活化，成为相似佛。

⑤分证即佛：在现实生活中通过修证佛法，由十住、十行、十回向的转凡工夫，成为登地的圣人（十地位）。

⑥究竟即佛：从十地位修行到了等觉的位次，就接近最胜果，成为妙觉菩萨，即"候补佛"。

（2）八种位次：锤炼人生品格的八级台阶

天台宗一佛乘圆教，是通过五品弟子、十信、十住、十行、十回向、十地、等觉、妙觉的八级台阶，逐渐锤炼人生品格，提升人生境界，与六即成佛理论互为补充。兹把六即成佛与八种位次的关系表列如下。

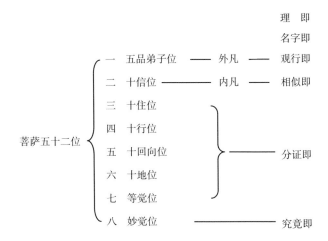

三　天台宗修观经验概要

1. 印度佛教里的四种传统观法

（1）析空观：声闻乘修的观法

三藏教声闻以析空为观法，即对阴、处、界三科，都用苦、空、不净、无我四种观法来考察。具体的修证方法为，佛陀让迟钝根弟子先修五停心观（不净观、慈悲观、因缘观、数息观、念佛观），然后进一步修别相念处、总相念处，成就外凡资粮，进入暖、顶、忍、世第一法的内凡加行位，就能够见道。见道后，经过修道位，而证得阿罗汉果为究竟位。佛陀又让利根弟子观修十二因缘法，断见思惑，证辟支佛果。

（2）体空观：通教菩萨修的观法

通教三乘学人以体空为观法，即从缘起的角度来考察阴、处、界三科，达到认识"外境"为缘生无性，当体即空的目的，证得以下化身佛的十种境界：

①干慧地；

②性地；

③八人地；

④见地；

⑤薄地；

⑥离欲地；

⑦已办地；

⑧辟支佛地；

⑨菩萨地；

⑩佛地。

（3）次第观：别教菩萨修的观法

别教菩萨以次第为观法，循序渐进地从十信位至妙觉地，修下列六种证得报身佛的观法：

①生灭因缘观；

②从假入空观；

③从空入假观；

④中观；

⑤中道观；

⑥金刚后心观。

（4）一心观：圆教菩萨修的观法

圆教菩萨以一心为观法，证得法身佛。

2. 一念三千：凸显主体思维的能动性

智颛提出的"一念三千"的观法，是对慧文"三智实在一心中得"的法相唯识学诠释。智颛主张法界有有漏和无漏两种，声闻、缘觉、菩萨、佛是无漏法界，称为四圣；天、人、阿修罗、鬼、畜生、地狱是有漏法界，称为六凡。所以法界，又称为十法界。十法界各各互具，即每一法界又包含了十法界，这就成为百法界。百法界的每一法界都具有"十如是"（如是相、如是性、如是体、如是力、如是作、如是因、如是缘、如是果、如是报、如是本末究竟），而成为千如是法界。千如是法界从根身、器界的角度讲，又分为五阴世间（主体）、国土世间、众生世间三大类；这样，千如是法界就成为三千如是法界。天台宗的观法就是把这三千如是法界作为主体思维生起的意识，称为"一念三千"。周叔迦认为，这是对"阿赖耶识的另一解释"，"因此，天台宗的观法是要由意识一念而体会到阿赖耶识的三千如是，所以名之为一念三千"。①

3. 三止三观

天台宗所说的圆顿止观，就是主体一念心中的三止三观。三止三观的具体内容如下：

（1）三止：①体真止；②方便随缘止；③息二边分别止。

（2）三观：①空观；②假观；③中观。

4. 十法成乘

天台宗把修圆顿止观的程序叫"十法成乘"，乘是车乘运载义，喻修圆顿止观，要通过以下十个程序才能有所成就：

（1）观不思议境；

（2）发菩提心；

（3）巧安止观；

（4）破法遍；

（5）识通塞；

（6）道品调适；

（7）助道对治；

（8）知位次；

（9）能安忍；

（10）无法爱。

5. 止观十境

天台宗圆顿止观的主旨，在于观察一念无明心中生起的三千如

---

① 《周叔迦佛学论著集》（上），第339页。

是世间。从客体（所）的角度而言，叫观心；如果从主体（能）的角度而言，叫观境。境，就是能够引起主体思维活动的客体，有以下十种：

（1）阴界入境；

（2）烦恼境；

（3）病患境；

（4）业境；

（5）魔境；

（6）禅定境；

（7）能见境；

（8）增上慢境；

（9）二乘境；

（10）菩萨境。

上述止观十境，都是修行圆顿止观的障碍，是成佛之道上的绊脚石，所以统统是魔境。阴界入境、业境、禅定境、二乘境和菩萨境，是阴魔境；烦恼境、能见境、增上慢境是烦恼魔境；病患境是死魔境；魔境是天魔境。修证圆顿止观的过程，也就是战胜这四种魔境的过程。①

四　承前启后，开创了日本佛教的新天地

鉴真以 66 岁的失明老人东渡日本，客居日本 10 年，在为日本佛教规范化的辛勤不懈工作中，度过了晚年，继承从飞鸟到天平 200 余年佛教传统，并使之规范化。鉴真对日本佛教的贡献不仅于此，他还开创了平安佛教的新时代。

1. 第三回东渡：从唐朝扬州龙兴寺到日本奈良东大寺

日本天平胜宝二年（唐玄宗天宝九年，750）九月，孝谦天皇

---

① 请参阅李尚全《汉传佛教概论》，东方出版中心，2008，第 74~84 页。

组建了第 11 次遣唐使团，委任藤原清河为大使，大伴古麻吕、吉备真备为副使，大伴御笠、巨万大山、布势人主为判官。在天平胜宝四年（唐天宝十一年，752）闰三月，离开日本，到达唐朝。第二年回国时，途径扬州，邀请鉴真第三回东渡。《唐大和上东征传》说：

> 天宝十二载，岁次癸巳，十月十五日壬午，日本国使大使特进藤原朝臣清河，副使银青光禄大夫、光禄卿大伴宿祢胡麿，副使银青光禄大夫、秘书监吉备朝臣真备，卫尉卿安倍朝臣朝衡等，来（至）延光寺，白和上云："弟子等早知和上五遍渡海向日本国，将欲传教，今亲奉颜色，顶礼欢喜。弟子等先录和上尊名，并持律弟子五僧，已奏闻主上，向日本传戒。主上要令将道士去，日本君王先不崇道士法，便奏留春桃原等四人，令住学道士法。为此，和上名亦奏退，愿和上自作方便。弟子等自有载国信物船四舶，行装具足，去亦无难。"时，和上许诺已竟。①

这段文字说明了这样几个问题：

（1）鉴真的三次东渡，都是在日本天皇的邀请下东渡的。

前两次是荣睿和普照两位日本留唐学僧代表天皇邀请的，第三次则是日本第 11 次遣唐大使和副使共同代表天皇邀请的。那种认为鉴真是受到唐玄宗信仰道教、排挤佛教，鉴真私自东渡的论点，值得商榷。尤其是第三次，第 11 次遣唐大使把天皇邀请鉴真东渡传戒的意图上报唐玄宗，征求过唐玄宗的意见，唐玄宗的条件是，如果日本天皇邀请道士去日本传播道教，鉴真才可以东渡。唐玄宗的这个条件，由于是突然提出，日本遣唐大使，不敢贸然答应。

---

① 〔日〕真人元开：《唐大和上东征传》，第 83 页。

（2）鉴真的第三次东渡，是中日两国外交礼让的结果。

唐玄宗推崇道教，这是不可否认的事实。但是唐玄宗推崇道教，是在武则天大力发展佛教，后继的中宗和睿宗继续扶持佛教的背景下的产物。唐玄宗在崇奉道教的同时，还御注过《老子》、《孝经》和《金刚经》，这说明他在搞儒释道三教平衡，与此同时，唐玄宗还信仰密宗，请开元三大士到皇宫给他灌顶、授菩萨戒。当第 11 次遣唐大使把邀请鉴真及其 5 名持律弟子的名单递给唐玄宗时，玄宗提出的条件是，必须在邀请道士传播道教的前提下，他才可以答应。唐玄宗的这个突如其来的外交问题，使日本第 11 次遣唐大使措手不及，不得不采取"留春桃原等四人，令住学道士法"的妥协措施，给唐玄宗留个面子。正是有了这层外交礼让的背景，日本的遣唐大使才在扬州延光寺对鉴真敢说"愿和上自作方便。弟子等自有载国信物船四舶，行装具足，去亦无难"。当鉴真答应东渡的消息传出以后，扬州地方政府也虚张声势，加强了对龙兴寺的防范措施，但鉴真还是在仁干禅师的接应下，在"天宝十二载（753）十月（十）九日戌时，从龙兴寺出，至江头乘船。下时，有二十四沙弥悲泣（赶）来，白和上言：'大和上今向海东，重（见）无由，我今者最后请予结缘。'乃于江边为二十四沙弥受戒。讫，乘船下至苏州黄（泗浦）"。这就足以证明，鉴真是在唐中央政府的默许下，率领一个由 38 人组成的庞大东渡弘法团，不慌不忙地离开扬州，到苏州黄泗浦码头登船东渡。[①]

为了能够保证鉴真率领的 38 人东渡弘法团的顺利东渡，日本第 11 次遣唐大使和副使，一个扮红脸，一个扮白脸，在苏州黄泗浦码头上演了一出双簧，正如《唐大和上东征传》所载：

　　　　（十月）廿三日庚寅，大使处分：大和上已下分乘副使已下舟。毕后，大使已下共议曰："方今广陵郡觉知和上向日本

---

① 〔日〕真人元开：《唐大和上东征传》，第 83～85 页。

国，将欲搜舟，若被搜得，为使有（殃）；又（被风）漂还，着唐界，不免罪恶。"由是，众僧总下舟，留。

十一月十日丁未夜，大伴副使窃招和上及众僧纳己舟，总不令知。[①]

由此可知，第 11 次遣唐大使为了鉴真的顺利东渡，费尽了心机，如果一旦发生意外，好留下外交斡旋的余地。从以后没有受到唐朝官方的阻拦来看，默许鉴真东渡是对日本第 11 次遣唐大使留下"春桃原等四人，令住学道士法"的外交礼节的回报。

（3）鉴真顺利到达日本奈良，天皇如获至宝。

鉴真第三次东渡成功，震动奈良朝野，孝谦天皇如获至宝，这从鉴真在日本登陆以后，在往奈良进发的一路上得到高规格的接待就可见出，兹将《唐大和上东征传》的记载抄录如下，以资佐证：

（天宝十二载）十一月十日丁未夜，大伴副使窃招和上及众僧纳己舟（引者按：第二舟），总不令知。

十三日，普照师从越余姚郡来，乘吉备副使舟。

十五日壬子，四舟同发。有一雉飞第一舟前，仍下矶留。

十六日发，廿一日戊午，第一、第二两舟同到阿儿奈波岛（今日本冲绳岛），在多祢岛（今日本种子岛）西南；第三舟昨夜已泊同处。

十二月六曰，南风起，第一舟着石不动，第二舟发向多祢去。七日，至益救岛（今日本屋久岛）。

十八日，自益救发。十九日，风雨大发，不知四方。午时，浪上见山顶。

廿日乙酉午时，第二舟著萨摩国阿多郡秋妻屋浦（今日

---

① 〔日〕真人元开：《唐大和上东征传》，第 90 页。

本鹿儿岛川边郡西南方村大字秋目浦）。廿六日辛卯，延庆师引和上入（太）宰府。

天平胜宝六年甲午，正月十一日丁未，副使从四位上大伴宿祢胡麿奏：大和上到筑志（太）宰府。

二月一日到难波，唐僧崇道等迎慰供养。

三日，至河内国（引者按：今日本大阪府），大纳言从二位藤原朝臣仲麿遣使迎慰，复有道璿律师遣弟子僧善谈等迎劳；复有高行僧志忠、贤璟、灵福、晓贵等卅余人迎来，礼谒□□。

四日，入京，勒遣正四位下安宿王于罗城门外迎慰、拜劳，引入东大寺安置。

五日，唐道璿律师、婆罗门菩提僧正来慰问；宰相、右大臣、大纳言已下官人百余人来礼拜、问讯。后勒（使）正四位下吉备朝臣真备来，宣诏曰："大德和上，远涉沧波，来投此国，诚副朕意，喜慰无喻。朕造此东大寺，经十余年，欲立戒坛，传受戒律，自有此心，日夜不忘。今诸大德，远来传戒，冥契朕心。自今以后，授戒传律，一任和上。"又勒僧都良辨，令录诸临坛大德名进内。不经日，勒授传灯大法师位。[①]

鉴真是在唐玄宗天宝十二年（753）十一月十六日在苏州黄泗浦起航，于二十一日到达今日本冲绳岛，在日本天平胜宝六年（754）二月四日抵达奈良。驻锡东大寺的第二天，孝谦天皇就派钦差吉备朝臣真备到东大寺，传圣旨："从今以后，授戒传律，一任和上。"没过几天，敕授鉴真"传灯大法师位"。——这是日本奈良朝的最高僧位。在奈良朝，僧位分为三阶，最低一阶是传灯满位，第二阶

---

① 〔日〕真人元开：《唐大和上东征传》，第90～92页。

是传灯法师位，最高一阶是传灯大法师位。①

2. 创立戒坛：整肃日本佛教

自圣德太子用法律的形式，把佛教纳入文化建国的轨道以来，在 200 多年间，虽然国家以律令的办法从外部加强管理佛教僧团，但始终未能用佛教戒律来加强僧团内部管理。原因非常简单，就是在日本佛教界找不到受过具足戒，并持戒 20 年以上的高僧 3 人，组成佛教戒律规定的传戒三师，也找不到持戒 10 年以上的 7 人，组成传戒的七尊证。鉴真率领的东渡弘法团，具备了三师七尊证的传戒资格，标志着日本非法的自誓自度的混乱的佛教僧团局面即将结束，使奈良朝廷可通过佛教合法的传戒制度，达到整肃日本佛教僧团的政治目的。所以鉴真率领的东渡弘法团，经过一两个月的筹备，就在东大寺开始了传戒讲律的活动。

（1）创立东大寺戒坛：使日本佛教从无序到有序。

佛教昌盛的地区，在佛教经典里称为"中国"，相对而言，佛教不发达的地区，就叫"边国"。从这个角度而言，圣德太子提倡佛教立国的 200 多年来，日本始终处于"佛教边国"的状况，只是从鉴真在天平胜宝六年（754）四月初，在东大寺登坛授戒开始，才使日本改变了"佛教边国"的尴尬处境，步入"佛教中国"的光明前途。据《唐大和上东征传》记载：

其年（引者按：公元754年）四月初，于卢舍那殿前立戒坛，天皇初登坛受菩萨戒，次皇后、皇太子亦登坛受戒。寻为沙弥澄修等四百四十余人授戒。又旧大僧灵（福）、贤璟、志忠、善项、道缘、（平）德、忍基、善谢、行潜、行忍等八十余人僧，舍旧戒，重受和上所授之戒。②

---

① 〔日〕村上专精：《日本佛教史纲》，第 42 页。
② 〔日〕真人元开：《唐大和上东征传》，第 92~93 页。

天皇亲自带头受菩萨戒，80多位有地位的大僧放弃旧戒，而受鉴真传授的新戒，以及440多沙弥登坛受戒，这在日本佛教史上是空前之举，促使日本佛教结束了200多年来的无序发展，朝着佛教有序化的正确方向发展。

（2）创立日本三大戒坛：满足日本人民的佛教信仰需求。

①东大寺戒坛院

鉴真在天平胜宝六年（754）四月初，在东大寺卢舍那佛大殿前设立戒坛，并亲自登坛，给天皇、大僧、沙弥登坛授戒后，在"大佛殿西，别作戒坛院，即移天皇受戒坛土筑作之"①。这就是日本佛教史上有名的东大寺戒坛院，据巨赞研究，其特色如下：

> 把大乘的三聚净戒判为法、报、化三身之因，于是种种律仪，乃至六度万行，都属佛乘。《济缘记》云："今立圆宗，会小归大，不由小径，直造大方，乃为成佛菩提发足之始。"也是一贯的理论。道宣律师生当中国佛教发展到各宗鼎盛、义学玄远的时候，有这种主张是非常自然的。鉴真大师承其遗风，就把这种主张具体地表现在戒坛上面了。根据《祇洹寺图经》和《关中创立戒坛图经》（即清官寺戒坛）所说，戒坛限于三重，用以表示"三空"与道宣律师自己的主张无关。而鉴真大师在日本东大寺所建筑的戒坛三重，就直接用以表示"三聚净戒"，并以第一层表示法身，第二层表示报身，第三层表示化身，在第三层上又安置了释迦、多宝二佛并座之塔，以表示佛乘的尊严。这样的传承，不但克绍箕裘，而且青出于蓝了。②

---

① 〔日〕真人元开：《唐大和上东征传》，第93页。
② 巨赞：《鉴真大师的律学传承》，徐凤仪主编《鉴真文化大观》上册，第163页。

也就是说，鉴真把道宣创立的表示"三空"的戒坛，在日本创新成了表示"三聚净戒"的戒坛。其实，这是鉴真针对日本佛教界盛行了200多年的以"三聚净戒"的方式，进行自誓自度的授戒传统的改良。换句话说，只有建立在三师七尊证的基础上，所受的"三聚净戒"才是合法的，所谓的在佛像前的自誓自度是非法的，这既是对日本200来年所形成的受戒传统的肯定，同时也是一种巧妙的否定，是针对日本佛教现状采取的新策略。

②药师寺戒坛院

下野药师寺戒坛院（在今日本栃木县南河内町），是关东地区传戒中心。

③观世音寺戒坛院

太宰府筑紫观世音寺戒坛院（在今九州岛福冈县），是关西地区传戒中心。

鉴真奏请奈良朝廷建立的上述三戒坛，号称"天下三戒坛"。在东大寺戒坛院受戒，准中国式（三师七尊证），而在下野药师寺和筑紫观世音寺，则准边国式（三师二尊证），[①]"成为日本朝廷直接管辖之下，为出家僧尼授戒的场所，从而为日本一定时期控制僧尼人数，为佛教保持正常有序发展创造了条件"[②]。

3. 南山律与相部律并弘：鉴真在日本传授的律学特色

唐前期的律宗，主要有三大家，即道宣的南山派、法砺的相州派和怀素的东塔派。"法砺生在道宣之前，而怀素生在道宣之后，三人同弘律教，而且所弘的同为《四分律》。法砺颇有开启先河的功勋，而道宣则汇集众流、归趋于海；怀素更兴波作澜，使这浩瀚律海，平添一番壮阔的波浪"[③]。实际上，三家所学的佛教理论不同，而导致了不同的律学见解。道宣以法相唯识学的理论，诠释

---

① 巨赞：《鉴真大师的律学传承》，徐凤仪主编《鉴真文化大观》上册，第163页。
② 杨曾文：《鉴真和尚传律日本》，徐凤仪主编《鉴真文化大观》上册，第159页。
③ 慧岳：《律宗教义及其纪传》，张曼涛主编《现代佛教学术丛刊（88）·〈律宗概述及其成立与发展〉》，第181页。

《四分律》的戒体理论，"把戒体归属于心法，则是非常明显的"[1]；法砺相部派依据《成实论》诠释《四分律》，"以非色非心之无作戒体"；怀素东塔派依据《俱舍论》，以无表色为戒体。[2] 鉴真在日本，打破律宗三家的门户之见，三派律学并弘。在这里先抄录《唐大和上东征传》里的记载，然后再加以分析。

> 《四分律》一部六十卷、法砺师《四分疏》五本各十卷、光统律师《四分疏》百廿纸、《镜中记》二本、智周师《菩萨戒疏》五卷、灵溪释子《菩萨戒疏》二卷……《明了论》一卷、定宾律师《饰宗义记》九卷、《补释宗义记》一卷、《戒疏》二本各一卷、观音寺（亮）律师《义记》二本十卷、（终）南山宣律师《含注戒本》一卷及疏、怀道律师《戒本疏》四卷、《行事抄》五本、《羯磨疏》等二本、怀素律师《戒本疏》四卷、大觉律师《批记》十四卷、……终南山宣律师《关中创开戒坛图（经）》一卷、法铣律师《尼戒本》一卷及疏二卷。[3]

在上面的引文里，绝大部分是道宣南山派的著述，但法砺相州派和怀素东塔派的代表作都有。上面引文所说的"法砺师《四分疏》"，一般称为《四分律疏》，而"怀素律师《戒本疏》"全称为《四分律开宗记》，又称为《四分律疏》。法砺的"《四分律疏》，总共有十卷，他是依据《成实论》的义理而立论的。后来嵩山的定宾律师，又写了一部《饰宗记》，使得法砺的著作得到了赞同而成立，不过，一般的学者却称他的为旧疏，而称怀素的《四分律宗记》

---

① 巨赞：《鉴真大师的律学传承》，徐凤仪主编《鉴真文化大观》上册，第162页。
② 苇舫：《中国戒律宏传概论》，张曼涛主编《现代佛教学术丛刊（88）·〈律宗概述及其成立与发展〉》，第181页。第345～346页。
③ 〔日〕真人元开：《唐大和上东征传》，第87～88页。

为新疏"①。

鉴真把唐前期四分律宗三家著述一同带到日本，作为传戒讲律的经典著作，是独具匠心的，说明他对日本的佛教现状非常熟悉。著名日本佛教史家村上专精把飞鸟到奈良时期的佛教，称为"三论宗和法相宗时代（552～784）"，三论宗重视《成实论》，法相宗重视《俱舍论》，这是鉴真到达日本前的基本情况。唐高宗龙朔三年（663），唐朝海军在白江村（今韩国锦江）彻底打败日本海军，促使日本奈良政府改变了武力称霸东北亚的国策，确立了以唐文化立国的新国策，引进中国文化的力度加大，派出了四艘船组成的庞大遣唐使团，人数有五六百人，绕道朝鲜半岛，经扬州到长安，但到长安的人只有三四十人，绝大多数遣唐使成员滞留在扬州学习中国文化，所以鉴真对日本佛教的情况了如指掌。从他带的四分律宗三家的著述来看，主要是以南山律宗使日本佛教有序化，同时从理论上不至于让日本旧僧团反弹，再加上南山律宗本来就是用法相宗的理论来诠释《四分律》的，所以鉴真在创立了唐招提寺以后，从他带到日本的三家著述里，把怀素的新疏排除在外。兹引《唐大和上东征传》里的一段话作为佐证：

> 时有四方来学戒律者，缘无供养，多有退还，此事漏闻于天听，仍以宝字元年丁酉十一月二十三日，敕施备前国水田一百町，大和上以此田欲立伽蓝。时有敕旨，施大和上园地一区，是故一品新田部亲王之旧宅；普照、思托（劝）请大和上以此地为伽蓝，长传《四分律藏》、法砺（师）《四分律疏》、《镇国道场饰宗义记》、《宣律师钞》，以持戒之力，保护国家。和上言："大好。"即宝字三年八月一日，私立唐律招提名，后请官额，依此为定；还以此日请善俊师讲《件》、

---

① 慧岳：《律宗教义及其纪传》，张曼涛主编《现代佛教学术丛刊（88）·〈律宗概述及其成立与发展〉》，第181页。

《疏》、《记》等。所立（寺）者，今唐招提是。①

从理论上说，在唐招提寺圈定的学习四分律宗的经典里，排除怀素的新疏，有与法相宗理论相重叠，但从师承上来说，荣睿和普照在唐留学时，跟随定宾律师学习四分律宗，而定宾传承法砺的旧疏，撰述《镇国道场饰宗义记》。由此看来，唐招提寺是把南山律宗和相部律宗并弘，这是对荣睿和普照两位日本律师充分尊重的表现，也是对荣睿为法捐躯精神的崇敬。

4. 弘扬天台教观：丰富了奈良佛教信仰的内容

鉴真从小就跟随其父学习天台教观，出家以后，又跟剃度师父智满禅师长期学习天台教观，所以在他第三次东渡时，也携带了众多的天台宗典籍，在日本弘扬天台宗教义，据《唐大和上东征传》记载，鉴真携带到日本的天台宗典籍有：

> 天台《止观法门》（计四十卷）、《玄义》、《文句》各十卷、《四教义》十二卷、《次第禅门》十一卷、《行法华忏法》一卷、《小止观》一卷、《六妙门》一卷。②

在上述引文里，《止观法门》即《摩诃止观》；《玄义》即《法华玄义》；《文句》即《法华文句》；合称为"天台三大部"。《次第禅门》即《释禅波罗蜜次第禅门》十卷。《行法华忏法》即《明三七日行法华忏法》。现在把上面引文里的 8 部天台典籍，分别介绍如下：

（1）《法华玄义》

《法华玄义》，全称《妙法莲华经玄义》。据说，智颛于开皇十三年（593）在荆州玉泉寺讲说《妙法莲华经》要旨，总数可达三

---

① 〔日〕真人元开：《唐大和上东征传》，第 94 页。
② 〔日〕真人元开：《唐大和上东征传》，第 87 页。此段内容，汪氏标点断句有误。

十卷，灌顶笔录仅得其中最重要的一部分，称之为《法华玄义》，共十卷（一作二十卷）。其内容，以五重玄义详释《妙法莲华经》标题，概说此经的要旨，确定《妙法莲华经》在五时八教的地位，实际上是智颛对整个佛教的概论，分为五重玄义，即：一，释名；二，辨体；三，明宗；四，论用；五，判教。然后，先"七番共解"，即从标章、引证、生起、开合、料简、观心、会异等七个方面，通解五重玄义的内涵；最后用"五重各说"，对五重玄义的每一重玄义加以详细解释，例如，其中第一重玄义释名，详释《妙法莲华经》五字：先释"法"字，次释"妙"字，再次释"莲华"两字，最后释"经"字。书末还附有"记者私录异同"一篇，是灌顶的附记，内容是杂记异闻与推尊师说等。

（2）《法华文句》

《法华文句》，全称《妙法莲华经文句》，共十卷（或二十卷），智颛在南朝陈代祯明元年（587）于金陵光宅寺讲说，由灌顶笔记。本书对《法华经》的经文进行逐句注释，创立了"天台四释"的诠释佛经理论。所谓的"天台四释"，指的是：一，因缘释，就是从佛与众生的说、听因缘，来解释经文；二，约教释，以五时八教解释偏圆大小的教格；三，本迹释，把《法华经》分为本门与迹门，来解释其义旨的不同；四，观心释，将经上所说之每一事件，摄于自己之心，以观实相之理。

（3）《摩诃止观》

《摩诃止观》，共十卷（或二十卷），智颛于隋文帝开皇十四年（594）四月二十六日起，在荆州玉泉寺，一夏九旬间，在早晚二时讲出，由弟子灌顶笔录成书，原题名《圆顿止观》，后改称《摩诃止观》，前后有三种版本，现行本是第二本（通称广本）的再治本。其内容，主要从阴、界、入境，显示十乘观法，所以称为"十法成乘观"。

（4）《四教义》

《四教义》，是智颛为阐明佛陀一代教法而撰写的论著，共十二卷，所论述的四教是：三藏教、通教、别教和圆教。

(5)《释禅波罗蜜次第禅门》

《释禅波罗蜜次第禅门》，智颛述，法慎记，其后灌顶再加编整，略称《禅波罗蜜》，又作《渐次止观》、《次第禅门》，共十卷。其内容，在三种止观中，详说渐次止观，分为 10 章：一，修禅波罗蜜大意；二，释禅波罗蜜名；三，明禅波罗蜜门；四，辨禅波罗蜜诠次；五，简禅波罗蜜法心；六，分别禅波罗蜜前方便；七，释禅波罗蜜修证；八，显示禅波罗蜜果报；九，从禅波罗蜜起教；十，结会禅波罗蜜归趣。

(6)《明三七日行法华忏法》

智颛提倡的法华三昧，又作法华忏法、法华忏。即依据《法华经》和《观普贤经》创立的修行方法，以 21 天为一期，在晨朝、日中、日没、初夜、中夜、后夜等六时，勤修忏悔、劝请、随喜、回向、发愿等五悔。其法有三：一，身开遮：用行、坐二仪而遮止住、卧二仪；二，口说默：口诵大乘经典而不间杂其他事缘；三，意止观：有相行——依据《普贤劝发品》，以散心念诵《法华经》，并于日夜六时忏悔眼、耳等六根之罪障，而无相行——依据《安乐行品》，入于甚深之妙禅定，观照六根，以了达实相三谛的正空。

(7)《小止观》

《小止观》，全一卷（或二卷），又作《修习止观坐禅法要》、《坐禅法要》、《童蒙止观》，是天台智颛大师为其俗兄陈针所述，为有关摩诃止观之梗概及入道枢机之书。主张修道的门径虽有多途，但论其捷便，则不出止观二法。止为爱养心识之善资，观即策发神解之妙术，而修习止观的要领即是：具缘、诃欲、弃盖、调和、方便、正修、善发、觉魔、治病、证果等 10 个方面。

(8)《六妙门》

《六妙门》，全称《六妙法门》，是天台智颛大师于都下瓦官寺演说的参禅方法。妙，指涅槃。也就是说，进入涅槃法门有 6 个方面：一，数息门：数息（从 1 至 10）摄心，为入定要法第一妙门；二，随息门：随息出入，而不计其数，如此则禅定自易引发，为第二妙门；三，止门：心止而诸禅自发，为第三妙门；四，观门：观五阴虚妄，破种种颠倒妄见，为第四妙门；五，还门：收心还照，知能观之心非实，则我执自亡，为第五妙门；六，净门：心无住著，泯然清净，为第六妙门。

从以上天台宗的 8 部典籍来看，鉴真始终以天台宗的教观和忏法为禅修的主要方法，所以他在东大寺建立戒坛以后，又创立了唐禅院。由此看来，唐禅院不能当做东大寺僧人的生活区，而是以天台宗教观为宗旨的禅修中心。

5. "天下三大戒坛"布局：俨然是一座曼陀罗的空间展现

鉴真的弟子在修建的唐招提寺大金堂内的佛像布局，据安藤更生的研究，就是一个密宗曼陀罗的排列，他说：

> （唐招提寺）金堂内的佛像，中央安置了卢舍那佛，东西面各摆置了东方药师如来、西方阿弥陀如来的随从千手观音，四隅则放置四天王，剩余空间则以梵天、帝释来填补。这不同于其它寺庙金堂可见到的净土变相的立体化，而是曼陀罗的排列。西方放置千手观音而非阿弥陀，由此也可知这是偏向密教的排列。①

不仅仅唐招提寺大金堂里的塑像布局是曼陀罗，安藤更生还认为，日本"天下三戒坛"的布局，也俨然是一座曼陀罗空间的展现。他指出：

> 鉴真在东大寺开戒坛的同时，也在筑紫观世音寺、下野药

---

① 安藤更生：《鉴真对日本文化的影响》，徐凤仪主编《鉴真文化大观》上册，第 128～129 页。

师寺开了戒坛，号称天下三戒坛。当时，若没有在这三戒坛之
一受戒，是不能成为高僧的。这三戒坛的排列，和上文所提及
的唐招提寺金堂佛像排列一致，实在是耐人寻味。戒坛这边，
日本中心的奈良东大寺有卢舍那佛（奈良大佛）；西边的观世
音寺，本尊是观音；镇守东方的下野药师寺，本尊则是药师
如来。①

由安藤更生的研究，可知鉴真把开元三大士传播的密教，也一同带
到了日本，这从他带到日本的佛像里，也可看到端倪。据《唐大
和上东征传》记载：

> 所将如来肉舍利三千粒，功德绣普集变一铺、阿弥陀如来
> 像一铺、雕白旃檀千手像一躯、绣千手像一铺、救（苦）观
> 音像一铺、药师、弥陀、弥勒菩萨瑞像各一躯，同障子。②

上面引文里，加着重号的，都是密宗的本尊。

6. 寺院管理：天平文化的渊薮

鉴真是律师，其职能除了传戒讲律以外，还从事寺院管理，主
要表现为营建寺院，安置僧尼；组织夏冬两季的安居活动。鉴真在
扬州龙兴寺担任律师一职40年，积累了丰富的寺院管理经验，辐
射到社会，转化成社会文化，就是建筑、造像艺术、医学、校勘学
等文化现象。现在简单介绍如下。

（1）唐招提寺的建筑艺术

鉴真在扬州任龙兴寺大德期间，"讲说之闲，修造古寺八十余
处，供养十方众僧，其数无量"③。在第二回东渡未成功，回到润

---

① 安藤更生：《鉴真对日本文化的影响》，徐凤仪主编《鉴真文化大观》上册，
　第128~129页。
② 〔日〕真人元开：《唐大和上东征传》，第87页。
③ 〔日〕真人元开：《唐大和上东征传》，第115页。

州江宁县后，虽然双目失明，但还是带领东渡弘法团考察瓦官寺、江宁寺、弥勒寺、长庆寺、延祚寺等梁武帝时代的古寺院建筑艺术。① 这说明，鉴真对寺院建筑有特别的兴趣，由此也可推测，他在长安和洛阳求法学律期间，寺院建筑是必修之课。在唐前期，佛教国家化，僧人依律寺而居，建筑寺院的责任由律师来承担。只是到了唐后期，藩镇割据势力崛起，中央权力严重弱化，禅宗在华南边远山区崛起，修建寺院的职责落在了禅师的肩膀上，律师才卸掉了营建寺院的重任，专门以传戒为职责。鉴真东渡日本以后，在东大寺修建的戒坛院、唐禅院、唐招提寺的部分建筑，以及他的弟子修建的唐招提寺金堂、在日本各地营造的寺院，把唐朝的寺院建筑艺术照搬到了日本，成为唐朝佛寺组群在今天唯一的遗存，所以，梁思成说，"对于中国唐代建筑的研究来说，没有比唐招提寺更好的借鉴了"②。这是从建筑学研究的角度作出的评价。如果从对日本天平文化作出的贡献来看，唐招提寺所发挥的作用，邓健吾有如下公允的评说：

　　日本唐招提寺是在鉴真亲自设计领导下，同日本匠师一起创建的。在佛教方面，它是日本最初的律宗戒院。现在寺内的金堂、讲堂等建筑以及各堂内的造像，集中了我国盛唐时期建筑、造像的精华，也是日本奈良时代（710～784）天平文化期（729～784）建筑、造像艺术的明珠，留存至今，日本人民视为国宝。在日本美术史上，具有极其光辉灿烂的一页。

　　这些文化遗产，不仅为我们研究宗教建筑、宫廷建筑及造像艺术提供了极为重要的资料，而且也说明了中日两国的文化，自古以来就已经结成了一种脉络相通的血缘关系。③

---

① 〔日〕真人元开：《唐大和上东征传》，第79页。
② 梁思成：《唐招提寺金堂和中国唐代的建筑》，扬州市政协文史资料研究组、扬州师院历史科编《鉴真研究论文集》，1980，第59页。
③ 邓健吾：《日本唐招提寺的建筑和造像艺术》，扬州市政协文史资料研究组、扬州师院历史科编《鉴真研究论文集》，第63页。

日本研究鉴真的大家安藤更生更是从历史发展的视角，对唐招提寺在日本建筑史上的地位，给予了如下评论：

> 不知为何，在日本，飞鸟时代如法隆寺的百济观音、金堂四天王，中宫寺的弥勒、广隆寺的弥勒等等，均造有许多北齐、隋式木雕像；但是到了奈良时代，由前、中期贯穿视之，留下的木雕作品可说完全失去踪影。到了后期，因为唐招提寺派的兴起，才开始又有木雕作品出现。而且，这种风格的木雕新样式，还流传至下一个时代——平安时代；而发展出神护寺的药师、橘寺的日罗像、融念寺的地藏、元兴寺的药师等，并逐渐形成日本风格。
>
> 在这之后，历经藤原、镰仓以至于明治时期，说到日本的佛教雕刻，几乎都已局限于木雕：追溯这样的传统，其实根源就在鉴真一派木雕。不可否认，这是重大且重要的历史。[1]

由此可知，鉴真创立的唐招提寺派建筑艺术，已经形成天平文化以后的历史传统，一直贯穿至今，其影响之大，就是放在世界文化史上来看，也是十分罕见的文化现象。

（2）干漆夹纻肖像艺术

《唐大和上东征传》里有这样一段记载：

> 宝字七年癸卯春，弟子僧忍基梦见讲堂栋梁摧折，寤而惊怕，（知）大和上迁化之相也；仍率诸弟子模大和上之影。是岁五月六日，结跏趺座，面西化，春秋七十六。[2]

---

[1]　安藤更生：《鉴真对日本文化的影响》，徐凤仪主编《鉴真文化大观》上册，第 130~131 页。

[2]　〔日〕真人元开：《唐大和上东征传》，第 96 页。

在鉴真即将圆寂的时刻，他的弟子们"模大和上之影"，就是采用唐朝的干漆夹纻肖像技术，模塑出了鉴真的肖像，至今供奉在日本唐招提寺金堂内，已有近 1250 年的历史，是日本的国宝。据常任侠的研究，干漆夹纻造像法"初见于东晋时"，"初唐盛唐时。此法盛行于京洛"①。此时，鉴真曾在京洛求法学律，很有可能也学习了这门造像技术，在日本，传授给了门人。他的弟子又用该技术，塑造出了鉴真干漆夹纻像。这在日本艺术史上则是破天荒的创举，"是日本最早的肖像雕刻作品"，"之后，日本也开始了肖像雕刻的制作和礼拜"②。

（3）对日本医术的巨大贡献

鉴真是扬州龙兴寺大德，在他传戒讲律的 40 年里，每年都要组织冬夏两次安居，四面八方的僧人汇集在一起，冬参夏讲，难免有的僧人会生病，有时候，很有可能突发病症，这就要求组织者——鉴真，必须掌握一定的医学常识，尤其是药物的辨识与炮制，验方的搜集与实践，及时解决僧团集体活动时的突发病症，以及寺院里一些年老僧人的疑难病症。在长期的僧团管理的实践中，鉴真积累了丰富的临症经验，所以他到日本以后，很快就治好了光明皇太后的疑难病症。在藤原佐世的《日本国见在书目》里，有《鉴上人秘方》一卷的记载，这就足以说明，鉴真对于医学的贡献，主要是应急的临症验方和疑难病症的治疗。例如，在《医心方》卷三里，就记载了鉴真使用过的一个验方，叫《诃梨勒丸方》，全方的内容如下：

录验方云：帝释六时服诃梨勒九方——右诃梨勒者，具五种味辛酸苦咸甘。服无忌，治一切病。大消食，寿补益，令人

---

① 常任侠：《唐鉴真和尚与日本艺术》，扬州市政协文史资料研究组、扬州师院历史科编《鉴真研究论文集》，第 81 页。
② 中村顺昭：《鉴真东渡及其影响》，徐凤仪主编《鉴真文化大观》上册，第 117 页。

有威德延年，是名最上仙方。疗二十八种癖块。大便不通，体枯干燥，面及遍身黄者。痔赤白，下部疼痛，久壮热，一切心痛，头旋闷，耳痛重听。有身体痛疽，积年不瘥，痢不思食，淡冷。有胸中咳嗽，唇色白，干燥。澼小便稠数，肠胀痃气，初患水病者。疗声破，无颜色。色黄，肠内虫，脚气，上吐无力，肢解疼痛，心上似有物勇，健忘心迷，如是等皆悉涌除也。

　　诃梨勒皮八分，槟榔仁八分，人参三分，桔皮六分，茯苓四分，芒硝四分，狗脊三分，豉四分，大黄八分，干姜十二分，桃仁八分，牵牛子十三两，桂心八分。凡十三味咀下筛，以蜜丸如梧子，服廿丸，食前以温酒或薄粥汁服乎，且得下利良。①

鉴真的这种临症实用医药技术，"透过大弟子法进传授给日本东大寺僧人惠山、元山寺僧人圣一、山田寺僧人行潜"，然后扩散到民间，"《鉴上人秘方》也就成了当时日本的医学宝鉴"。"目前日本奈良唐招提寺发售的'奇效丸'药袋上还印有鉴真的肖像。并书明是'开山大和尚鉴真传方'。足以证明鉴真在日本医药方面的影响之深远"②。

（4）校勘及书法艺术

鉴真在扬州龙兴寺期间，抄写过《一切经》三部，各11000卷，积累了丰富的佛教知识。所以，鉴真东渡日本以后，对日本抄写的一些佛经的错误，在别人读给他听时，能够指出其错误，纠正其抄错的地方，开了日本校勘学的先河。

另外，在唐前期和日本奈良时代，抄写佛经仍然是佛教传播的

① 转引自蒋华、朱江《鉴真和尚与日本医药》，徐凤仪主编《鉴真文化大观》上册，第 184 页。

② 张厚宝：《唐鉴真东渡与中日医药学交流》，徐凤仪主编《鉴真文化大观》上册，第 194 页。

主要方式，培养僧人和寺院抄写佛经的书手，写好毛笔字，是当时寺院教育的主要内容之一，鉴真作为律师，这是他的责任，所以他在东渡时，把"王右军真迹行书一帖、小王真迹三帖、天竺、朱和等杂体书五十帖"带到日本，作为抄经手练习毛笔字的字帖，后来辐射到寺院以外的知识阶层，促进了日本书法艺术的繁荣，有研究者称，当时孝谦天皇写的"唐招提寺"寺额，就是王右军体。

结语：行在戒律 教遵天台

　　鉴真既是百科全书式的高僧，也是唐前期国家佛教造就的时代精英。唐前期国家以法管理佛教事务，导致了佛教信仰建设的精英化，三论宗、唯识宗、律宗、华严宗和密宗的相继产生，就是国家佛教取得的重大成果。尤其是律宗，是其他宗派的共宗，僧尼依律寺而居，律师成为寺院的大德，从僧团内部加强佛教事务管理，而国家律令则从僧团外部加强佛教事务管理，其结果，必然是佛教僧团的戒律化。这样的时代，铸就了鉴真的佛教信仰为一佛乘的大乘佛教信仰，概括而言，就是行在戒律，教遵天台。具体言之，鉴真的佛教观，则表现在以下几个方面。

一　末法思想：振兴佛教的忧患意识

　　末法思想，是鉴真到日本传戒弘法的原动力。鉴真从小学习天台教观。天台宗是北齐慧文倡导的佛教宗派，其重要推手则是南岳慧思。慧思之所以修法华三昧，提倡一佛乘的大乘佛教，就是把自己定位在末法时代，为了使佛教不在他生活的时代灭亡，他作为僧人，有振兴佛教的责任和使命感，这种责任和使命感，来自《大集经》和《法华经·常不轻菩萨品》。

　　末法思想，最早来自西晋竺法护翻译的《正法华经》卷九《常被轻慢品》。大意为："释迦牟尼佛告诉德大势菩萨说，在往古无量劫以前的寂趣音王佛时代，即离大财劫，大柱世界，寂趣音王佛给声闻乘演说四圣谛，度老病死，给菩萨们，讲六度，使之成佛之道。寂趣音王佛寿长如四江河沙子多的千亿劫。寂趣音王佛灭度后，正法住世，如一阎浮提亿千尘数劫。寂趣音王佛像法，如四天下亿千尘数劫。寂趣音王佛像法没尽后，续号寂趣音王佛出世，辗转相承20千亿佛，最终成佛。在续号寂趣音王佛像法灭尽以后，佛法处于非常混乱的末法时代，比丘骄傲自大，违背佛戒，但有一个名叫常被轻慢的比丘，发誓行菩萨道，每当看见那些不遵守佛戒的比丘、比丘尼、清信士、清信女，就说：'各位大德，你们不要骄傲自大，通过菩萨行，就会成佛。'但是生活在末法时代的佛弟子，不受常被轻慢菩萨的教诲，更不肯讽诵大乘经典，群起打骂常被轻慢菩萨，说常被轻慢菩萨没有自知之明，不知天高地厚，厚颜无耻地给我们受记成佛。而常被轻慢菩萨虽遭奚落打骂，但心不恚恨，面不改色心不跳，就是遭受到瓦石打击，仍然高声地对末法时代的佛弟子们呼唤，不要妄自菲薄，如果能修忍辱心，发菩提心，就能够成佛。就这样，常被轻慢菩萨一如既往地行菩萨道，在成佛之道上，勇往直前，所以在他临寿终时，听闻到了寂趣音王佛讲授的《正法华经》的深妙教理，并飞升在虚空中，唱扬大音，赞叹《正法华经》，并对末法时代的佛弟子们发出呼吁，你们应当受持《正法华经》，将来跟我一样，必定成佛。常被轻慢菩萨勇猛精进的菩萨行精神，感动了末法时代自抛自弃的佛弟子，都来归敬常被轻慢菩萨。常被轻慢菩萨寿没之后，又继续在来世亲近20百千亿佛，听这些佛讲授的《正法华经》，在此基础上，百尺竿头，再上一层，又继续亲近了40亿百千佛，听他们讲授《正法华经》后，受持、讽诵，为他人演说，劝人常行菩萨道。这个被轻慢于寂趣音王佛世，为末法众生演说《正法华经》的常被轻慢菩萨，就是我释迦牟尼佛的前身。"①

① 李尚全：《简明中国佛教史》，上海社会科学院出版社，2011，第101～102页。

《正法华经》卷九讲述的常被轻慢菩萨在逆境中振兴佛教的精神，在北魏太武帝灭佛（438～444）以后，逐渐成为汉传佛教高僧效仿的楷模。再加上在北周武帝灭佛的前一年，即北齐后主天统二年（566），在北齐的邺都，译出了《大方等大集经》月藏分，其中第五十六卷第 20 品《法灭尽品》说："今我涅槃之后，正法五百年间住在世间，众生烦恼尽，得精进而满足诸菩萨六度，行者能速入无漏安稳之城。住像法世限满一千年，剃头著袈裟，持戒毁禁戒者，使天人之所供养常无乏。"在这段经文里，明确地提出了"末法思想"，这跟北周佛教界的混乱密切相关，僧人出身的卫元嵩，就在武帝跟前，致力于周礼官制体系的建设中，试图在完成南北朝统一的关键时期，向武帝建议废除佛教，视整个国家为"平延大寺"，皇帝即当今如来，《魏书·释老志》所说的 200 多万僧尼皆还俗为黎民百姓，把 30000 所寺院撤除才符合佛的尊义。由此可见，北周正处于"末法时代"，已经成为政府和佛教界的共识。再加上周武帝在建德元年（572）诛杀了权臣宇文护，巩固了皇权，朝着富国强兵，统一天下的目标建设国家政权。建德三年（574），周武帝颁诏废佛，建德六年（577）吞并北齐，同样实行废佛政策，沉重打击了这个视佛教为荣耀的北齐政权，废除寺院40000 所，驱使 300 万僧尼还俗。北朝佛教徒所说的"末法时代"终于来到了。面对如此严峻的佛教信仰的新形势，慧思禅师挺身而出，以《法华经》卷六《常不轻菩萨品》介绍的常不轻菩萨为榜样，在末法时代高树法幢，肩负起了振兴佛教的历史使命，并把这一使命薪火相传给天台智颉，创立天台宗，形成了一个振兴佛教的弘法团队。所以，在唐前期，律师大多学习天台教观，继承慧思在末法时代振兴佛教的忧患意识。鉴真也不例外，他虽然生活在唐前期经济最为繁华的扬州，但就他的佛教信仰而言，则认为自己生活在末法时代，忧患意识是促使他 40 年在扬州传戒弘法的原动力，也是促使他东渡到像日本这样的"佛教边国"传戒弘法的原动力。这一结论，也可在鉴真东渡日本时带去的《大集经》和玄奘《大唐西域记》得到证明，也就是说，《大集经》的末法思想，促使他像玄奘那样，不怕一切艰难地去各地传戒弘法。

二　圆佛教观：鉴真的戒体思想

唐前期，关于戒体思想的讨论，主要在诠释《四分律》的三大家——道宣、法砺和怀素三大家之间展开。所谓的戒体问题，用今天的话说，就是受戒者的心理活动问题，也就是说，受戒者在受戒时，具有什么样的心理活动，才能使戒律的条款变成持戒的精神动力，主宰受戒后的一生不再犯戒。如果从翻译出来的汉传佛教经典里找根据的话，道宣依据经部的《成实论》和唯识宗的《成唯识论》，强调受戒者在受戒时，发动思心所是关键，由思心所的种子相续而生防非止恶的主观能动性，随着持戒时间的延长，化为一种善的精神力量，成为不犯戒的本能，所以戒体应该是心法。

怀素则反对道宣的这种说法，认为戒体是色法，他依据《俱舍论》等一切有部的理论，解释说，色是变碍义。"无表"是受戒者的行为，即身口意三业，具有色的变碍性，从这个角度上说，"无表"就是"色"，称之谓"无表色"。显然，怀素把色法作为戒体，旨在强调受戒后的行为（业）是成为圣僧的关键，也就是说受戒后，持戒更为重要。但问题在于，能否持戒，最终还是要回归到思想认识上来，持戒的行为（无表色），要靠持戒的意志来决定。

法砺依据《成实论》，主张戒体是非色非心法，认为戒体无形质，故非色；戒体无缘虑，故非心。这是说，受戒者受戒后，必然会产生出一种强大的意志力，来支撑起受戒后的行为规范。但这种强大的意志力是什么，法砺没有明确指出。

上述唐前期诠释《四分律》的三大家，从汉传佛教发展史的视角来看，都存在严重的理论缺陷。他们都试图把小乘佛教的《四分律》，诠释成大乘佛教的《四分律》，但依据的经典，基本上都是小乘佛教有部和经部的经典，道宣虽然依据大乘佛教的《成唯识论》，但《成唯识论》的理论是阿赖耶识缘起，仍然没有跳出一切有部的窠臼，仍然属于中国人头脑里的"印度思维模式"，不是中国人头脑里的"中国思维模式"。而汉传佛教的"中国思维模式"，是由《大乘起信论》奠基的如来藏缘起，在律宗之后兴起的华严宗、禅宗、密宗，以及在隋朝兴起的天台宗、三论宗，乃至在隋唐之际兴起的净土宗，都以如来藏缘起为理论根据。鉴真从小学习天台教观，又在两京学习唐前期四分律宗三大家的著述，把他们的小乘佛教戒体思想和阿赖耶识缘起的戒体思想，翻新成如来藏缘起的戒体思想，确立了汉传佛教的大乘佛教戒体理论，即受戒者的戒体，是以最终成佛为自己受戒以后的主观能动性，是自己意志力的集中表现，并表现为天台家从佛教经典里钩沉出来的"三聚净戒"，具体内容如下：

（1）摄律仪戒

摄律仪戒，就是把自己的行为规范在成佛之路上，诸恶莫作，《法苑珠林》规范为四种，兹译成白话，介绍如下：

①不得为了自私自利，而自我吹嘘，贬低他人；

②不得贪婪，要积极从事社会慈善事业；

③不得发怒，打骂欺负弱势群体；

④不得诽谤大乘经典。

（2）摄善法戒

摄善法戒，就是为了实现成佛的终极目标，要众善奉行，要修六度万行，尤其是身口意三业必须清净，要不间断地修闻思修三慧。

（3）摄众生戒

摄众生戒，就是用四摄法团结、亲和自己周边的人。所谓的四摄法，是指慈、悲、喜、舍。慈，就是给予别人快乐；悲，就是能帮助别人摆脱痛苦；喜，就是把别人取得的成就，看做自己的成就一样高兴；舍，就是能够宽恕他人。

上述圆佛教的戒体观，在鉴真东渡到达日本以后，在东大寺建立的戒坛上，有淋漓尽致的表现。在这里，就不再重复了。

三　行在律宗：内秘菩萨行，外现是声闻

《四分律》说："毗尼藏者，佛法寿命；毗尼若住，佛法亦住；毗尼若亡，佛法亦亡。""毗尼"，就是戒律。据《大涅槃经》记载，佛曾经告诫阿难说："汝勿见我入般涅槃，便谓正法于此永绝，何以故？我昔为诸比丘制戒波罗提木叉及余所说种种妙法，此即便是汝等大师，如我在世，无有疑也。"这说明戒律与佛法同等重要，不可偏废。鉴真学习律宗，说明他要在末法时代，肩负起振兴佛教的历史重任。历史也证明了这一点。他在两京学成归来，50 年如一日，以佛的本行和菩萨的誓愿为行为准绳，所到之处，传戒讲律，营造寺院，供养三宝，以身作则，内秘菩萨行，外现是声闻，普度众生。当他得知日本有佛法，而无传戒人时，就应日本留学僧和遣唐大使的邀请，在 12 年内，三次东渡，最终踏上日本土地，使日本佛教有了传戒人，促使日本佛教走上了"以戒为师"和"以法为师"的双轨道，朝着有序化的方向发展。正如佛在《四十二章经》里所说："佛子！离吾数千里，忆念吾戒，必得道果；在吾左右，虽常见吾，不顺吾戒，终不得道。"由此可知，鉴真在日本高树戒幢，营建唐招提寺，对日本佛教作出的贡献巨大，把天平文化推向了巅峰。

四　教遵天台：理论与实践相结合

就律宗在隋唐八大宗派中地位而言，它是其他七大宗派的共宗。也就是说，无论哪个宗派的僧尼，不经过受沙弥戒、受菩萨戒和受比丘戒的程序，在汉传佛教界，就没有合法性。在唐前期，由于僧尼无论哪个宗派，都依律寺而居，而律师又是寺院的大德，这个寺院如果是某个宗派的僧人居多，那么，该寺院的律师在教理上又通其他宗派的教理。实际上，在汉传佛教史上，创宗立派的高僧，都通律宗，否则的话无法创宗立派，也许这就是人们常说的万

变不离其宗吧！大陆赴台青年学僧、后在日本攻读博士学位期间还俗的张曼涛，在主编《现代佛教学术丛刊》第 88 册——律宗专集之一《律宗概述及其成立与发展》时，在"编辑旨趣"里指出："现代的佛教伟人太虚大师曾经提议过说：禅、律、净不应分宗，因为这是佛教各宗派所共有的修持法门。"

　　就隋唐八大宗派的理论特征来看，判教理论最为严密完善的宗派是华严宗和天台宗，对佛教理论框架做出合理解释的是三论宗，对佛教知识体系做出系统介绍的是唯识宗，对佛教仪轨做出规范的是密宗。要通过禅、律、净的三个修证法门成佛，在教理上就要兼容其他宗派。

　　再从华严、天台、三论、唯识四个重视理论的宗派和重视仪轨的密宗地理分布来看，华严、唯识、三论和密宗在关中平原，而天台宗在长三角地带。鉴真出生、出家、传戒讲律的扬州，是长三角的政治、经济和文化中心，与天台宗的大本营——今浙江天台山国清寺在地缘上最近，在法缘传承上一脉相承，属于天台宗的化区，虽然今南京的栖霞山是三论宗的发源地，但三论宗的集大成者吉藏，在隋炀帝被立为太子时，北上到了长安。所以，整个长三角基本上是天台宗的化区，这样一来，鉴真的佛教理论的修养，只能来自天台宗的教观。另外，再从"佛教发展的历史来看天台，无疑的，它是第一个最具有中国色彩的佛教宗派，从天台学的组织与内容来看，不用说，也是最具典型的中国佛教学派。中国佛教之所谓中国佛教，天台是代表之一"，"天台表现的哲学智慧，不仅是分析的与综合的，同时也是实践的。此在天台即称为'教观'。教是义理，观是实践，理论与实践的配合，这是现代人科学理智的必备条件，但在天台学的宗趣上，却是一千五百年前表现的当然性格"。① 这成为鉴真在日本弘法的主要内容，他在东大寺营造的唐禅院，就是修天台止观的实践基地。

---

①　张曼涛主编《现代佛教学术丛刊（55）·〈天台学概论〉》，台北：大乘文化出版社，1979，第 1 页。

参考书目

1. 〔日〕村上专精：《日本佛教史纲》，杨增文译，商务印书馆，1981。

2. 〔日〕内藤湖南：《日本文化史研究》，储元熹、卞铁坚译，商务印书馆，1997。

3. 〔日〕家永三郎：《日本文化史》，刘绩生译，商务印书馆，1992。

4. 〔日〕坂本太郎：《日本史概说》，汪向荣、武寅、韩铁英译，商务印书馆，1992。

5. 杨增文：《日本佛教史》，浙江人民出版社，1995。

6. 〔日〕末木文美士：《日本佛教史》，涂玉盏译，台北：商周出版，2002。

7. 李廷先：《唐代扬州史考》，江苏古籍出版社，1992。

8. 〔日〕古赖奈津子：《遣唐使眼里的中国》，郑威译，武汉大学出版社，2007。

9. 〔日〕中村元：《中国佛教发展史（上）》，余万居译，台北：天华出版事业股份有限公司，1984。

10. 〔日〕镰田茂雄：《简明中国佛教史》，郑彭年译，上海译文出版社，1986。

11. 郭朋:《隋唐佛教》,齐鲁书社,1980。

12. 中国佛教协会编《中国佛教》一,知识出版社,1980。

13. 谢重光:《中古佛教僧官制度和社会生活》,商务印书馆,2009。

14. 吕澂:《中国佛学源流略讲》,中华书局,1979。

15. 汤用彤:《隋唐佛教史稿》,中华书局,1982。

16. 中国佛教协会编《中国佛教》二,知识出版社,1982。

17. 孙蔚民:《鉴真和尚东渡记》,上海古籍出版社,1979。

18. 〔日〕真人元开:《唐大和上东征传》,汪向荣校注,中华书局,1979。

19. 张弓:《汉唐佛寺文化史》(上),中国社会科学出版社,1997。

20. 徐凤仪主编《鉴真文化大观》(上下卷),中国炎黄文化出版社,2010。

21. 扬州市政协文史资料研究组·扬州师院历史科编《鉴真研究论文集》,1980。

22. 张曼涛主编《现代佛教学术丛刊(88)·〈律宗概述及其成立与发展〉》,台北:大乘文化出版社,1978。

23. 佛智:《续僧伽命脉 令正法久住——南山受戒考述》,戒幢佛学研究所2011年本科毕业僧论文。

24. 中国佛教协会编《中国佛教》三,知识出版社,1989。

25. 湛如:《敦煌佛教律仪制度研究》,中华书局,2011。

26. 汪向荣:《鉴真》,吉林人民出版社,1979。

27. 张曼涛主编《现代佛教学术丛刊(55)·〈天台学概论〉》,台北:大乘文化出版社,1979。

28. 周叔迦:《周叔迦佛学论著集》上册,中华书局,1991。

29. 郝润华:《鉴真评传》,南京大学出版社,2004。

30. 扬州市民族宗教事务局编《纪念鉴真东渡文集》,2004。

31. 〔日〕道端良秀:《日中佛教友好二千年史》,徐明、何燕生译，商务印书馆，1992。

32. 北京市社会科学研究所国际问题研究室《中日文化与交流》编
   辑部：《中日文化与交流》第一辑，中国展望出版社，1984。

33. 沈去疾：《赵朴初年谱》，上海辞书出版社，2008。

34. 吾闻编《鉴真》，文物出版社，1980。

35. 李尚全：《汉传佛教概论》，东方出版中心，2008。

36. 李尚全：《简明中国佛教史》，上海社会科学院出版社，2011。

附录：唐大和上东征传[*]

真人元开撰

　　大和上（引者按： "上"，原文为 "尚"，今据题目改为 "上"，下同）讳鉴真，扬州江阳县人也，俗姓淳于，齐辩士髡之后也。其父先就扬州大云寺智满禅师受戒，学禅门。大和上年十四，随父入寺，见佛像感动心，因请父求出家；父奇其志，许焉。是时，大周则天长安元年有诏，于天下诸州度僧，便就智满禅师出家为沙弥，配住大云寺，后改为龙兴寺。唐中宗孝和皇帝神龙元年，从道岸律师受菩萨戒。景龙元年杖锡东都，因入长安，其二年三月二十八日，于西京实际寺登坛受具足戒，荆州南泉寺弘景律师为和上。巡游二京，究学三藏，后归淮南，教授戒律，江淮之间，独为化主，于是兴建佛事，济化群生，其事繁多，不可具载。

　　日本天平五年岁次癸酉，沙门荣睿、普照等，随遣唐大使丹墀真人广成，至唐国留学，是年唐开元二十一年也。唐国诸寺三藏大德，皆以戒律为入道之正门，若有不持戒者不齿于僧中。于是方知本国无传戒人，仍请东都大福先寺沙门道璿律师，附副使中臣朝臣名代之舶，先向本国去，拟为传戒者。

　　荣睿、普照留学唐国已经十载，虽不待使而欲早归，于是请西京安国寺僧道航、澄观，东都僧德清，高丽僧如海，又请得宰相李

　　* 录自《大正藏》第 51 册《游方记抄·唐大和上东征传》，第 988～995 页。

林甫之兄林宗之书，与扬州仓曹李凑，令造大舟，备粮送遣，又与日本国同学僧玄朗、玄法二人，俱下至扬州。是岁唐天宝元载冬十月（引者按：原文夹注：日本天平十四年岁次壬午也）。时，大和上在扬州大明寺，为众讲律。荣睿、普照至大明寺，顶礼大和上足下，具述本意曰："佛法东流，至日本国，虽有其法，而无传法人。日本国昔有圣德太子，曰二百年后，圣教兴于日本。今钟此运，愿大和上东游兴化。"大和上答曰："昔闻南岳思禅师迁化之后，托生倭国王子，兴隆佛法，济度众生。又闻日本国长屋王崇敬佛法，造千袈裟，弃施此国大德众僧。其袈裟缘上绣着四句曰：山川异域，风月同天，寄诸佛子，共结来缘。以此思量，诚是佛法兴隆有缘之国也。今我同法众中，谁有应此远请向日本国传法者乎？"时众默然，一无对者，良久，有僧祥彦进曰："彼国太远，性命难存，沧海淼漫，百无一至。人身难得，中国难生，进修未备，道果未克。是故众僧咸默无对而已。"大和上曰："为是法事也，何惜身命！诸人不去，我即去耳！"祥彦曰："大和上若去，彦亦随去。"爰有僧道兴、道航、神顶、崇忍、灵粲、明烈、道默、道因、法藏、法载、昙静、道翼、幽岩、如海、澄观、德清、思托等二十一人，愿同心随大和上去。要约已毕，始抵东河造船。扬州仓曹李凑依李林宗书亦同检校造船备粮。大和上、荣睿、普照师等，同在既济寺，备办干粮。但云将供具往天台山国清寺供养众僧，是岁天宝二载癸未。当时海贼大动繁多，台州、温州、明州海边，并被其害。海路塞，公私断行。僧道航云："今向他国为传戒法，人皆高德，行业肃清，如如海等少学可停却矣。"时，如海大瞋，裹头入州，上采访厅告曰："大使知否，有僧道航，造船入海，与海贼连，都有若干人，办干粮在既济、开元、大明寺，复有五百海贼入城来。"时淮南采访使班景倩，闻即大骇，便令人将如海于狱推问；又差官人于诸寺，收捉贼徒。遂于既济寺，搜得干粮，大明寺捉得日本僧普照，开元寺得玄朗、玄法，其荣睿师走入池水中仰卧，不良久，见水动，入水得荣睿师，并送县推问。僧道航隐俗人家，亦被捉得，并禁狱中。问曰："徒有几人与海贼连？"道航答曰："不与贼连，航是宰相李林甫之兄林宗家僧也，今令送功德往天台国清寺，陆行过岭辛苦，造船从海路去耳。今有林宗书二通，在仓曹所。"采访使问仓曹。对曰："实也。"仍索其书看，乃云阿师无事，今三海贼大动，不须海过去，其所造船没官，其杂物还僧，其诬告僧如海与反坐还俗，决杖六十，递送本贯。其日本僧四人，扬州上奏至京，鸿胪捡案，问本配寺；寺家报曰，其僧随驾去，更不见来；鸿胪依寺报而奏，便敕下扬州曰，其僧荣睿等既是蕃僧，入朝学问，每年赐绢二十五匹，四季给时服，兼预随驾，非是伪滥，今欲还国，随意放还，宜依扬州例送遣。时，荣睿、普照等，四月被禁，八月始得出。其玄朗、玄法，从此还国别去。

时，荣睿、普照同议曰："我等本愿，为传戒法，请诸高德，将还本国。今扬州奉敕，唯送我四人，不得请诸师，而空还无益，岂如不受官送，依旧请僧，将还本国，流传戒法者乎。"于是，巡避官所，俱至大和上所计量。大和上曰："不须愁，宜求方便，必遂本愿。"仍出正炉八十贯钱，买得岭南道采访使刘臣邻之军舟一只，雇得舟人等十八口，备办海粮：芩脂、红绿米一百石，甜豉三十石，牛苏一百八十斤，面五十石，干胡饼二车，干蒸饼一车，干薄饼一万，番拾头一半车，漆合子盘三十具，兼将画五顶像一铺，宝像一铺，金泥像一躯，六扇佛菩萨障子一具，金字《华严经》一部，金字《大品经》一部，金字《大集经》一部、金字《大涅槃经》一部，杂经论章疏都一百部，月令障子一具，行天障子一具，道场幡一百二十口，珠幡十四条，玉环手幡八口，螺钿经函五十口，铜瓶二十口，华毡二十四领，袈裟一千领，褊衫一千对，坐具一千床，大铜盖四口，行菜盖四十口，大铜盘二十面，中铜盘二十面，小铜盘四十四面，一尺面铜迸八十面，少铜迸二百面，白藤箪十六领，五色藤箪六领，麝香二十脐，沈香、甲香、甘松香、龙脑香、胆唐香、安息香、栈香、零陵香、青木香、熏陆香都有六百余斤，又有毕钵、呵梨勒、胡椒、阿魏、石蜜、蔗糖等五百余斤，蜂蜜十斛，甘蔗八十束，青钱十千贯，正炉钱十千贯，紫边钱五千贯，罗幞头二千枚，麻靴三十量，席胃三十个。系僧祥彦、道兴、德清、荣睿、普照、思托等一十七人，玉作人、画师、雕檀、刻镂、铸写、绣师、修文、镌碑等工手都有八十五人，同驾一只舟，天宝二载十二月，举帆东下，到狼沟浦，被恶风漂浪，波击船破，波击舟破，人总上岸，潮来水至人腰，大和上在乌苣草上，余人并在水中，冬寒风急，甚太辛苦。

更修理舟，下至大阪山，泊舟不得，即至下屿山，住一月，待好风，发，欲到桑石山，风急浪高，舟无著岸，无计可量，才离崄岸，还落石上，舟破，人并舟上岸，水米俱尽，饥渴三日，风停浪静。泉郎将水米来相救，又经五日，有还海官，来问消息，申请明州大守处分，安置鄮县山阿育王寺。寺有阿育王塔。明州者，旧是越州之一县也，开元二十一年，越州鄮县令王叔达奏，割越州一县，特置明州，更开三县，令成一州四县，今称余姚郡。其育王塔者，是佛灭度后一百年时，有铁轮王，名阿育王，役使鬼神，建八万四千塔之一也；其塔非金非玉，非石非土，非铜非铁，紫乌色，刻镂非常，一面萨埵王子变，一面舍眼变，一面出脑变，一面救鸽变，上无露盘，中有县钟，埋没地中，无能知者，唯有方基，高数仞，草棘蒙茸，罕有寻窥。至晋泰始元年，并州西河离石人刘萨诃者，死到阎罗王界，阎罗王教令掘出。自晋宋齐梁至于唐代，时时造塔造堂，其事甚多，其鄮山东南岭石上有佛右迹，东北小岩上复有佛左迹，并长一尺四寸，前阔五寸八分，后阔四寸半，深三寸，千辐轮相，鱼印文分明显示，世传口迦叶佛之迹也。东方二里，路侧有圣井，深三尺许，清凉甘美，极雨不溢，极旱不涸，中有一鳞鱼，长一尺九寸，世传云护塔菩萨。有人以香华供养，有福者即见，无福者经年求不见，有人就井上造屋至以七宝作材瓦，即从井中水涨流却。大宝三载岁次甲申，越州龙兴寺众僧请大和上，讲律受戒事毕，更有杭州、湖州、宣州，并来请大和上讲律。大和上依次巡游，开讲受戒，还至鄮山阿育王寺。时，越州僧等，知大和上欲往日本国，告州官曰："日本国僧荣睿诱大和上欲往日本国。"时，山阴县尉遣人于王燕宅，搜得荣睿师，著柳递送京，遂至杭州，荣睿师卧病，请暇疗治，经多时，云病死，乃得放出。

荣睿、普照师等，为求法故，前后被灾，艰辛不可言尽，然其坚固之志，曾无退悔。大和上悦其如是，欲遂其愿，乃遣僧法进及二近事，将轻货往福州买船，具办粮用。大和上率诸门徒祥彦、荣睿、普照、思托等三十余人，辞礼育王塔，巡礼佛迹，供养圣井、护塔鱼菩萨，寻山直出州。大守卢同宰及僧徒父老迎送设供养，差人备粮，送至白社村寺，修理坏塔，劝诸乡人，造一佛殿。至台州宁海县白泉寺宿，明日斋后踰山，岭峻途远，日暮夜暗，涧水没膝，飞雪迷眼，诸人泣泪，同受寒苦。明日度岭，入唐兴县，日暮至国清寺，松篁蓊郁，奇树璀璨，宝塔玉殿，玲珑赫奕，庄严华饰，不可言尽，孙绰《天台山赋》不能尽其万一。大和上巡礼圣迹，出始丰县，入临海县，导于白峰，寻江遂至黄岩县，便取永嘉郡路，到禅林寺宿。明朝早食，发，欲向温州，忽有采访使牒来追，其意者：在扬州大和上弟子僧灵佑，及诸寺三纲众僧同议曰："我大师和上发愿向日本国，登山涉海，数年艰苦，沧溟万里，死生莫测，可共告官，遮令留住。"仍共以牒告于州县。于是，江东道采访使下牒诸州，先追所经诸寺三纲，于狱留身推问，寻踪至禅林寺，捉得大和上，差使押送，防护十重围绕，送至采访使所。大和上所至州县官人参迎，礼拜欢喜，即放出所禁三纲等。采访使处分依旧，令住本寺。约束三纲防护曰："勿令更向他国。"诸州道俗，闻大和上还至，各办四事供养，竞来庆贺，递相把手慰劳，独大和上忧愁，呵啧灵佑，不赐开颜。其灵佑日日忏谢乞欢喜，每夜一更立至五更谢罪，遂终六十日；又诸寺三纲、大德，共来礼谢，乞欢喜。大和上乃开颜耳。

天宝七载春，荣睿、普照师从同安郡至扬州崇福寺大和上住所。大和上更与二师作方便，造舟、买香药，备办百物，一如天宝二载所备。同行人僧祥彦、神仓、光演、顿悟、道祖、如高、德清、日悟、荣睿、普照、思托等道俗一十四人，及化得水手一十八人，又余乐相随者，合有三十五人。六月二十七日发自崇福寺，至扬州新河，乘舟下至常州界狼山，风急浪高，旋转三山，明日得风，至越州界三塔山，停住一月，得好风，发，至署风山，停住一月。十月十六日晨朝，大和上云："昨夜梦见三官人，一著绯、二著绿，于岸上拜别，知是国神相别也，疑是度必得渡海也。"少时，风起指顶岸山，发，东南见山，至日中，其山灭，知是蜃气也。去岸渐远，风急汝峻，水黑如墨，沸浪一透，如上高山，怒涛再至，似入深谷，人皆荒醉，但唱观音。舟人告曰："舟今欲没，有何所惜？"即牵栈香笼欲抛，空中有声言："莫抛！莫抛！"即止。中夜时，舟人言："莫怖！有四神王，著甲把杖，二在舟头，二在樯舳边。"众人闻之，心里稍安。三日过蛇海；其蛇长者一丈余，小者五尺余，色皆斑斑，满泛海上。三日过飞鱼海；白色飞鱼，翳满空中，长一尺许。一日经飞鸟海；鸟大如人，飞集舟上，舟重欲没，人以手推，鸟即衔手。其后二日无物，唯有急风高浪，众僧恼卧，但普照师每日食时，行生米少许，与众僧以充中食；舟上无水，嚼米喉干，咽，不入，吐，不出，饮咸水，腹即胀，一生辛苦，何剧于此。海中忽四只金鱼，长各一丈许，走绕舟四边。明旦，风息见山，人总渴水，临欲死。荣睿师面色忽然怡悦，即说云："梦见官人，请我受戒忏悔。睿曰：贫道甚渴，欲得水。彼官人取水与睿，水色如乳汁，取饮甚美，心既清凉。睿语彼官人曰：舟上三十余人，多日不饮水，甚大饥渴，请檀越早取水来。时彼官人唤雨令老人，处分云：汝等大了事人，急送水来。梦相如是，水今应至。"诸人急须把碗待，众人闻此总欢喜。明日未时，西南空中云起，覆舟上注雨，人人把碗承饮。第二日亦雨至，人皆饱足。明旦近岸，有四白鱼来引舟，直至泊舟浦。舟人把碗，竞上岸头觅水，过一小岗，便遇池水，清凉甘美，众人争饮，各得饱满。后日更向池欲汲水，昨日池处但有陆地，而不见池，众共悲喜，知是神灵化出池也。是时，冬十一月，华蕊开敷，树实竹笋，不辨于夏，凡在海中，经十四日，方得著岸。遣人求浦，乃有四经纪人，便引道而去。四人口云："大和上大果报遇于弟子，不然合死。此间人物吃人，火急去来。"便引舟去入浦。晚见一人，被发带刀，诸人大怖，与食便去。

夜发，经三日，乃到振州江口，泊舟。其经纪人往报郡。其别驾冯①崇债遣兵四百余人来迎，引至州城，别驾来迎，乃云："弟子早知大和上来，昨夜梦有僧，姓丰田，当是债舅。此间若有姓丰田者否？"众僧皆云无也。债曰："此间虽无姓丰田人，而今大和上即将当弟子之舅。"即迎入宅内，设斋供养；又于大守厅内，设会授戒。仍入州大云寺安置。其寺佛殿坏废，众僧各舍衣物造佛殿。住一年，造了。别驾冯崇债自备甲兵八百余人，送经四十余日，至万安州。州大首领冯若芳，请住其家，三日供养。若芳每年常劫取波斯舶三二艘，取物为己货，掠人为奴婢，其奴婢居处，南北三日行，东西五日行，村村相次，总是若芳奴婢之住处也。若芳会客，常用乳头香为灯烛，一烧一百余斤，其宅后苏芳木露积如山，其余财物亦称此焉。行到岸州界无贼，别驾乃回去。荣睿、普照师从海路经四十余日到岸州，州游弈大使张云出迎拜谒，引入，令住开元寺，官寮参省设斋，施物盈满一屋，彼处珍异口味乃有：益知子、槟榔子、荔支子、龙眼、甘蔗；拘莛楼头，大如钵盂，甘甜于蜜，花如七宝色；胆唐香树，丛生成林，风至，香闻五里之外；又有波罗捺树，果大如冬瓜，树似槟榔毕钵草子同，今见叶如水葱，其根味似干柿。十月作田，正月收粟，养蚕八度，收稻再度，男著木笠，女著布絮，人皆雕蹄凿齿，绣面鼻饮，是其异也。大使已下，至于典正，作番供养众僧；大使自手行食，将优昙钵树叶以充生菜，复将优昙钵子供养众僧，乃云："大和上知否？此是优昙钵树子；此树有子华，弟子得遇大和上如优昙钵华，甚难值遇。其叶赤色，圆一尺余，子色紫丹，气味甜美。彼州遭火，寺共

---

① "冯"，原作"凭"，今据汪向荣校注《唐大和上东征传》本改，下同。

被烧。"大和上受大使请，造寺；振州别驾闻大和上造寺，即遣诸
奴各令进一椽，三日内一时将来，即构佛殿、讲堂、砖塔，椽木
余，又造释迦文丈六佛像；登坛受戒，讲律度人已毕，即别大使
去，仍差澄迈县令看送上船。

三日三夜，便达雷州。罗州、辨州、象州、白州、佣州、藤
州、梧州、桂州等官人僧道父老，迎送礼拜，供养、承事，其事无
量，不可言记。始安都督上党公冯古璞等，步出城外，五体投地，
接足而礼，引入开元寺。初开佛殿，香气满城，城中僧徒，擎幡烧
香，喝梵云集寺中；州县官人百姓，填满街衢，礼拜赞叹，日夜不
绝。冯都督来自手行食，供养众僧，请大和上受菩萨戒，其所都督
七十四州官人、选举试学人，并集此州，随都督受菩萨戒人，其数
无量。大和上留住一年。时，南海郡太都督五府经略采访大使、摄
御史中丞、广州大守卢焕牒下诸州，迎大和上向广府。时，冯都督
来，亲送大和上，自扶上船口，云："古璞与大和上，终至弥勒天
宫相见。"而悲泣别去。下桂江，七日至梧州。次至端州龙兴寺，
荣睿师奄然迁化；大和上哀恸悲切，送丧而去。端州太守，迎引，
送至广州。卢都督率诸道俗，出迎城外，恭敬承事，其事无量，引
入大云寺，四事供养，登坛受戒。此寺有呵梨勒树二株，子如大
枣。又开元寺有胡人，造白檀华严经九会，率工匠六十人，三十年
造毕，用物三十万贯钱；欲将往天竺，采访使刘臣邻奏状，敕留开
元寺。供养，七宝庄严，不可思议。又有婆罗门寺三所，并梵僧居
住，池有青莲华，华叶根茎，并芬馥奇异，江中有婆罗门、波斯、
昆仑等舶，不知其数，并载香药珍宝，积载如山，舶深六七丈。师
子国、大石国、骨唐国、白蛮、赤蛮等往来居住，种类极多，州城
三重，都督执六纛，一纛一军，威严不异天子。紫绯满城，邑居逼
侧。大和上住此一春，发向韶州，倾城送远，乘江七百余里，至韶
州禅居寺，留住三日。韶州官人又迎引入法泉寺，乃是则天为慧能
禅师造寺也。禅师影像今现在。后移开元寺，普照师从此辞大和
上，向岭北去明州阿育王寺，是岁天宝九载也。时，大和上执普照

师手，悲泣而曰："为传戒律，发愿过海，遂不至日本国，本愿不遂。"于是分手，感念无喻。时，大和上频经炎热，眼光暗昧，爰有胡人，言能治目加疗治，眼遂失明。后巡游灵鹫寺、广果寺，登坛受戒。至贞昌县，过大庾岭，至虔州开元寺；仆射钟绍京左邻在此，请大和上至宅，立坛受戒。次至吉州，僧祥彦于舟上端坐，问思托师云："大和上睡觉否？"思托答曰："睡未起。"彦云："今欲死别。"思托咨大和上。大和上烧香将曲几来，使彦凭几向西方念阿弥陀佛。彦即一声唱佛，端坐寂然无言。大和尚乃唤："彦！彦！"悲恸无数。

　　时，诸州道俗闻大和上归岭北，四方奔集，日常三百以上，人物骈阗，供具炜烨。从此向江州，至庐山东林寺，是晋代慧远法师之所居也。远法师于是立坛授戒，天降甘露，因号甘露坛，今尚存焉。近天宝九载，有志恩律师于此坛上与授戒，又感天雨甘露，道俗见闻，叹同晋远。大和上留连此地，已经三日，即向浔阳龙泉寺。昔，远法师于是立寺，无水；发愿曰："若于此地，堪栖止者，当使抽泉。"以锡杖扣地，有二青龙，寻锡杖上，水即飞涌。今尚其水，涌出地上三尺焉，因名龙泉寺。从此陆行至江州城，太守追集州内僧、尼、道士、女官，州县官人、百姓，香华音乐来迎请，停三日供养。太守亲从浔阳县至九江驿，大和上乘舟与大守别去。从此七日至润州江宁县，入瓦官寺、登宝阁；阁高二十丈，是梁武帝之所建也，至今三百余岁，微有倾损。昔，一夜暴风急吹，明旦，人看阁下四隅，有四神迹，长三尺，入地三寸；今造四神王像，扶持阁四角；其神迹今尚存焉。昔，梁武帝崇信佛法，兴建伽蓝，今有江宁寺、弥勒寺、长庆寺、延祚寺等，其数甚多，庄严雕刻，已尽工巧。大和上之弟子僧灵佑承大和上来，远从栖霞寺迎来，见大和上，五体投地，进接大和上足，展转悲泣，而叹曰："我大和上远向海东，自谓一生，不获再觌。今日亲礼，诚如盲龟，开目见日，戒灯重明，昏衢再朗。"即引还栖霞寺，住三日，却下摄山，归杨（引者按："杨"，应为"扬"）府。过江至新河岸，即入杨（引者按："杨"，应为"扬"）子亭既济寺。江都道俗，奔填道路，江中迎舟，轴舻连接，遂入城，住本龙兴寺也。大和上从南振州来至杨（引者按："杨"，应为"扬"）府，所经州县，立坛授戒，无空过者，今亦于龙兴、崇福、大明、延光等寺，讲律授戒，暂无停断。昔，光州道岸律师，命世挺生，天下四百余州，以为受戒之主。岸律师迁化之后，其弟子杭州义威律师，响振四远，德流八纮，诸州亦以为受戒师。义威律师无常①之后，开元二十一年，时，大和上年满四十六，淮②南江左，净持戒者，唯大和上，独秀无伦，道俗归心，仰为受戒之大师。凡前后讲大《律》并《疏》四十遍，讲《律抄》七十遍，讲《轻重仪》十遍，讲《羯磨疏》十遍。具修三学，博达五乘，外秉威仪，内求奥理，讲授之间，造立寺舍，供养十方众僧，造佛、菩萨像，其数无量，缝纳袈裟千领，布袈裟二千余领，送五台山僧。设无遮大会，开悲田而救济贫病，启敬田而供养三宝。写一切经三部，各一万一千卷。前后度人授戒，略计过四万有余。其弟子中，超群拔萃，为世师范者，即有扬③州崇福寺僧祥彦，润州天响寺僧道金，西京安国寺僧璿光，润州栖霞寺僧希瑜，扬州白塔寺僧法进，润州栖霞寺僧乾印，沛州相国寺僧神邕，润州三昧寺僧法藏，江州大林寺僧志恩，洛州福先寺僧灵佑，扬州既济寺僧明烈，西京安国寺僧明债，越州道树寺僧璿真，扬州兴云寺僧惠琼，天台山国清寺僧法云等三十五人，并为翘楚，各在一方，弘法于世，导化群生。

　　天宝十二载次癸巳十月十五日壬午，日本国使大使特进藤原朝臣清河、副使银青光禄大夫光禄卿大伴宿弥胡麻吕、副使银青光禄大夫秘书监吉备朝臣真备、卫尉卿安倍朝臣朝衡等，来至延光寺，白大和上云："弟子等早知大和上五回渡海，向日本国，将欲传

---

① "常"，原作"当"，据汪向荣校注本《唐大和上东征传》改。
② "淮"，原作"准"，据汪向荣校注本《唐大和上东征传》改。
③ "扬"，原作"楬"，据汪向荣校注本《唐大和上东征传》改。

教。故今亲奉颜色，顶礼欢喜。弟子等先录大和上尊名，并持律弟子五僧，已奏闻主上，向日本传戒。主上要令将道士去，日本君王先不崇道士法，便奏留春桃原等四人，令住学道士法。为此，大和上各亦奏退，愿大和上自作方便，弟子等自在载国信物船四舶，行装具足，去亦无难。"时大和上许诺已竟。时，扬州道俗皆云："大和上欲向日本国。"由是，龙兴寺防护甚固，无由进发。时，有仁干禅师，从务州来，密知大和上欲出，备具船舫于江头相待，大和上于天宝十二载十月二十九日戌时，从龙兴寺出，至江头乘船下。时，有二十四沙弥，悲泣走来，白大和上言："大和上今向海东，重观无由。我今者最后请预结缘。"乃于江边为二十四沙弥授戒讫，乘船下至苏州黄泗浦，相随弟子：扬州白①塔寺僧法进、泉州超功寺僧昙静、台州开元寺僧思托、扬州兴云寺僧义静、衢州灵耀寺僧法载、窦州开元寺僧法成等一十四人，藤州通善寺尼智首等三人，杨（引者按："杨"，应为"扬"）州优婆塞潘仙童、胡国人安如宝、昆仑国人军法力、詹波国人善听都二十四人。所将：如来肉舍利三千粒；功德绣普集变一铺、阿弥陀如来像一铺、雕白栴檀千手像一躯、绣千手像一铺、救世观世音像一铺；药师、弥陀、弥勒菩萨瑞像，各一躯，同障子。金字《大方广佛华严经》八十卷、《大佛名经》十六卷、金字《大品经》一部、金字《大集经》一部、南本《涅槃经》一部四十卷、《四分律》一部六十卷、法砺师《四分疏》五本各十卷、光统律师《四分疏》百二十纸、《镜中记》二本、智周师《菩萨戒疏》五卷、灵溪释子《菩萨戒疏》二卷、天台《止观法门》《玄义》《文句》各十卷、《四教仪》十二卷、《次第禅门》十一卷、《行法华忏法》一卷、《小止观》一卷、《六妙门》一卷、《明了论》一卷、定宾律师《饰宗义记》九卷、《补释饰宗记》一卷、《戒疏》二本各一卷、观音寺亮律师《义记》二本十卷、南山宣律师《含注戒本》一卷及《疏》、《行事

---

① "白"，原作"自"，据汪向荣校注本《唐大和上东征传》改。

钞》五本、《羯磨疏》等二本、怀素律师《戒本疏》四卷、大觉律
师《批记》十四卷、《音训》二本、《比丘尼传》二本四卷、玄奘
法师《西域记》一本十二卷、终南山宣律师《关中创开戒坛图经》
一卷，合四十八部。及玉环水精手幡四口、□□金珠□西国琉璃瓶
盛□菩提子三斗、青莲华廿茎、玳瑁迭子八面、天竺革履二纳、王
右军真迹行书一帖、小王真迹行书三帖、天竺朱和等杂体书五十
帖、□□□□□□□□□□。水精手幡已下，皆进内里。又阿
育王塔样金铜塔一区。二十三日庚寅，大使处分大和上已下，分乘
副使已下舟毕；后大使已下共议曰："方今广陵郡又觉知大和上向
日本国，将欲搜舟；若被搜得，为使有妨。又风被漂还著唐界，不
免罪恶。"由是众僧，总下舟，留。十一月十日丁未夜，大伴副使
窃招大和上及众僧，纳己舟，总不令知。十三日普照师从越余姚郡
来乘吉备副使舟，十五日壬子，四舟同发；有一雉，飞第一舟前；
仍下碇，留。十六日，发；二十一日戊午第一、第二两舟同到阿儿
奈波岛。在多祢岛西南，第三舟昨夜已泊同处。十二月六日，南风
起，第一舟著石不动。第二舟，发，向多祢去，七日至益救岛；十
八日自益救，发；十九日风雨大发，不知四方，午时浪上见山顶，
二十日乙酉午时，第二舟着萨摩国阿多郡秋妻屋浦；二十六日辛
卯，延庆师引大和上入太宰府。

　　天平胜宝六年甲午正月十一日丁未，副使从四位上大伴宿祢胡
麻吕奏大和上到筑志太宰府，二月一日到难波，唐僧崇道等迎慰供
养。三日至河内国，大纳言正二位藤原朝臣仲麻吕遣使迎慰；复有
道璿律师遣弟子僧善谈等迎劳；复有高行僧志忠、贤璟、灵福、晓
贵等三十余人，迎来礼谒。四日入京，敕遣正四位下安宿王于罗城
门外迎慰拜劳，引入东大寺安置。五日，唐道璿律师、婆罗门菩提
僧正来慰问，宰相、右大臣、大纳言已下官人百余人来礼拜问讯，
后敕使正四位下吉备朝臣真备来口诏曰：大德和上远涉沧波来投此
国，诚副朕意，喜慰无喻，朕造此东大寺经十余年，欲立戒坛传受
戒律，自有此心，日夜不忘。今诸大德，远来传戒，冥契朕心。自

今以后，受戒传律，一任大和上。又敕僧都良辨，令录诸监坛大德，各进禁内，不经于日，敕授传灯大法师位。其年四月，初于卢遮那殿前立戒坛，天皇初登坛受菩萨戒，次皇后、皇太子亦登坛受戒，寻为沙弥证修等四百四十余人授戒，又旧大僧灵佑、贤璟、志忠、善顶、道缘、平德、忍基、善谢、行潜、行忍等八十余人僧，舍旧戒，受大和上所授之戒。后于大佛殿西，别作戒坛院，即移天皇受戒坛土筑作之。大和上从天宝二载，始为传戒，五度装束，渡海艰辛，虽被漂回，本愿不退，至第六度过日本，三十六人总无常去，退心道俗二百余人，唯有大和上、学问僧普照、天台僧思托，始终六度，经逾十二年，遂果本愿，来传圣戒，方知济物慈悲，宿因深厚，不惜身命，所度极多。

时，有四方来学戒律者，缘无供养，多有退还。此事漏闻于天听，仍以宝字元年丁酉十一月二十三日，敕施备前国水田一百町。大和上以此田欲立伽蓝，时有敕旨，施大和上园地一区，是故一品新田部亲王之旧宅，普照、思托请大和上以此地为伽蓝，长传《四分律藏》、法砺《四分律疏》、《镇国道场饰宗义记》、宣律师《钞》，以持戒之力，保护国家。大和上言："大好。"即宝字三年八月一日，私立唐律招提名，后请官额，依此为定，还以此日，请善俊师，讲《件》、《疏》、《记》等，所立者，今唐招提寺是也。初，大和上受中纳言从三位冰上真人之延请，就宅窃尝其土，知可立寺，仍语弟子僧法智，此福地也，可立伽蓝。今遂成寺，可谓明鉴之先见也。大和上诞生象季，亲为佛使。经云："如来处处度人，汝等亦效如来，广行度人。"大和上既承遗风，度人逾于四万。如上略件及讲遍数，唐道璿律师请大和上门人思托曰："承学有基绪，璿弟子闲汉语者，令学砺《疏》并《镇国记》，幸见开导。"僧思托便受于大安唐院，为忍基等四五年中，研磨数遍。宝字三年僧忍基于东大唐院讲《疏》、《记》，僧善俊于唐寺讲《件》、《疏》、《记》，僧忠慧于近江讲《件》、《疏》、《记》，僧惠新于大安塔院讲《件》、《疏》、《记》，僧常巍于大安寺讲《件》、《疏》、

《记》，僧真法于兴福寺讲《件》、《疏》、《记》。从此以来，日本律仪渐渐严整，师资相传，遍于寰宇，如佛所言：我诸弟子，展转行之，即为如来常在不灭。亦如一灯燃百千灯，暝者皆明明不绝。

宝字七年癸卯春，弟子僧忍基梦见讲堂栋梁摧折，寤而惊惧，欲大和上迁化之相也，仍率诸弟子，模大和上之影。是岁五月六日，结跏趺座，面西，化，春秋七十六，化后三日，顶上犹暖，由是久不殡殓，至于阇维，香气满山，平生尝谓僧思托言："我若终已，愿坐死，汝可为我于戒坛院别立影堂，旧住房与僧住。"《千臂经》云："临终端坐，如入禅定，当知此人，已入初地。"以兹验之，圣凡难测。同八年甲辰日本国使遣唐扬州诸寺，皆承大和上之凶闻，总著丧服，向东举哀三日，都会龙兴寺，设大斋会。其龙兴寺先是失火，皆被烧，大和上昔住院房，独不烧损。是亦戒德之余庆也。

唐大和上东征传一卷

宝龟十年岁次己未二月八日己卯撰

附诗：

初谒　大和上二首并序

闻夫佛法东流，摩腾入于甲洛，真教南被。僧会游于吴都，未丧斯文，必有命世，将弘兹道，实待明贤。我皇帝据此龙图，济苍生于八表，受彼佛记，导黔首于三乘，则有负鼎掷钧，虽比肩于绛阙，而乘杯听铎，未连影于玄门。爰有鉴真大和上，张戒网而曾临。法进阇梨，照智炬而庚止。像化多士，于斯为盛，玄风不坠。寔赖兹焉，弟子浪迹嚣尘，驰心真际，奉三归之有地，欣一觉之非遥，欲赞芳猷，奋弱管云尔。

摩腾游汉阙，僧会入吴宫。
岂若真和上，含章渡海东。

禅林戒网密，慧苑觉华丰。
欲识玄津路，缁门得妙工。

我是无明客，长迷有漏津。
今朝蒙善诱，怀抱绝埃尘。
道种将萌夏，空华更落春。
自归三宝德，谁畏六魔瞋。

五言伤大和上传灯逝

日本国传灯沙门释思托

上德乘杯渡，金人道已东。
戒香余散馥，慧炬复流风。
月隐归灵鹫，珠逃入梵宫。
神飞生死表，遗教法门中。

五言伤大和上

金紫光禄大夫中纳言行式部卿石上宅嗣

上德从迁化，余灯欲断风。
招提禅草刬，戒院觉华空。
生死悲含恨，真如欢岂穷。
惟视常修者，无处不遗踪。

五言伤大和上

图书寮兼但马守藤原朝臣刷雄

万里传灯照，风云远国香。
禅光粂百亿，戒月皎千乡。

哀哉归净土，悲哉赴泉场。

寄语腾兰迹，洪慈万代光。

五言

因使日本，愿谒鉴真大和上已灭度，不觐尊颜，嗟而述怀。

都虞候冠军大将军试太常卿上柱国高鹤林

上方传佛教，名僧号鉴真。

怀藏通邻国，真如转付民。

早嫌居五浊，寂灭离嚣尘。

禅院从今古，青松绕塔新。

法留千载住，名记万年春。

七言伤大和上

传灯贤大法师大僧都沙门　释法进

大师慈育契圆空，远迈传灯照海东。

度物草筹盈石室，散流佛戒绍遗踪。

化毕分身归净国，娑婆谁复为验龙。

后　记

　　扬州是鉴真大和上的故乡。新中国成立后，在扬州举办过一系列纪念鉴真大师的活动。据杨乐撰写的《千载佛缘万古功勋——建国后我市纪念鉴真大师的重大活动回顾》介绍，1963 年 3 月，由赵朴初撰写碑文、郭沫若题写碑名的鉴真大和上纪念碑在法净寺竣工；13～15 日，日本佛教界、文化界代表访问扬州，并在法净寺参加"纪念鉴真大师圆寂 1200 周年法会暨鉴真纪念堂奠基典礼"活动。中国佛教协会副会长赵朴初、日本佛教代表团团长金刚秀一、文化代表团团长安藤更生分别代表中国佛教协会和日本佛教界签订了中日两国佛教文化交流的相关协定。

　　1980 年 4 月 14 日，鉴真大和上坐像从日本奈良，回到扬州家乡，19～25 日，在大明寺展出，瞻仰者达 18 万人次之多。其间，日本唐招提寺森本长老等日本朋友，在大明寺鉴真纪念堂前安放了石灯笼，与日本唐招提寺的另一盏石灯笼遥相辉映。

　　1993 年 12 月 10 日，扬州大明寺举行大型纪念活动，纪念鉴真大和上应日本僧人荣睿和普照的礼请，开始东渡日本 1250 周年。荣睿的故乡——日本岐阜市市长蒔浩田先生，向大明寺赠送了一幅以普照、荣睿邀请鉴真大师东渡为题材的油画，以表示对鉴真大师的深切怀念。

　　1998 年 4 月 30 日，扬州市与日本方面为了纪念鉴真大和上诞辰 1310 周年，在扬州友好会馆举行鉴真学术研讨会，日本碧波会会长鹤健市、唐招提寺长老远藤证圆、南京大学教授卞孝萱、扬州大学教授李廷先、扬州市政协文史委员会主任徐凤仪等，就鉴真的哲学思想、佛教修养、鉴真东渡史实的考证等学术问题，进行了研讨。与此同时，根据日本碧波会会长鹤健市的建议，成立了"扬州鉴真学术研讨基金会"，目的在于把鉴真学的研究长期化、定期化，双方并就此事签订了备忘录。研讨会后，扬州市外事办公室印发了《鉴真学术研讨会论文汇编》。

2002 年 10 月 9 日 19 时，为了纪念中日邦交正常化 30 周年，日本奈良能乐《鉴真大和尚》公演团准时在扬州进行首场公演。

2003 年 11 月 2 日，国家、省市有关方面的领导，鉴真东渡经过的寺庙的长老和法师，以及来自日本、中国港澳台、欧美等地的海内外人士 1000 多人，与扬州市各界人士隆重集会，纪念鉴真东渡成功 1250 周年。2004 年 1 月，扬州市民族宗教事务局编辑了《纪念鉴真东渡文集》，作为内部资料，供有关部门参考。

2010 年 11 月，扬州市著名的鉴真学研究专家徐凤仪先生，花了 6 年多的时间，搜集整理了 240 多万字有关鉴真的研究资料，毫不夸张地说，基本上把 1963 年以来有关鉴真学的研究资料一网打尽，主编成《鉴真文化大观》上下两册，由中国炎黄文化出版社出版，惠及学界，可谓功德无量。

自 2004 年 7 月起，我深受扬州浓郁的鉴真学的熏陶，对鉴真学的兴趣日益增进。我是甘肃人，大学毕业后，在铁道部兰州机车厂当干事，在起草"红头文件"10 多年的同时，涉猎佛学，现在已经 30 余年，在 1993 年出版了《佛教论译集》，12 万字；1998 年出版了《汉传佛教概论》，28 万字；2010 年出版了《简明中国佛教史》和《竺法护传略》。最近 7 年生活在扬州，可以说沐浴在扬州纪念鉴真大师的"热潮"之中，鉴真佛教学院有时候也叫我去讲有关鉴真大和上的讲座，因此，对鉴真学进行深入研究，也就在情理之中。2004 年 7 月，因扬州大学要办鉴真学院，我被周新国教授引进到扬州大学，结束了业余研究佛教的生涯，并在周先生的鼓励和鞭策下，开始鉴真学的研究，涉猎相关论著，积累知识。这项研究工作，在 2008 年得到扬州大学资金的资助，随后又得到扬州大学参照"211 工程"项目的资助，开始准备《鉴真大和上评传》的撰写。本来想写成一本综述性的评传，但在最近 3 个月的全力以赴的写作过程中，临时改变写作思路，从挖掘新史料入手，写成一部史料性的评传，说明鉴真大和上在扬州的 40 年传戒讲律生涯和到日本 10 年的传戒弘法，究竟做了哪些具体工作，才引起1000 多年来人们持续的敬仰。本书的完成，也可以看做步徐凤仪先生主编《鉴真文化大观》的后尘，对有关鉴真大和上原始史料的新发掘。

在本书的写作过程中，中国社会科学院世界宗教研究所杨曾文教授、扬州大学周新国教授和扬州市研究鉴真学的资深专家徐凤仪先生给予了关心、支持和帮助，特表谢意！在初稿审阅时，周新国教授就全书的框架结构还提出过富有建设性的指导意见，责任编辑李兰生先生也为本书的出版耗费了大量的精力，我的内子顾志浩承担了繁重的后勤保障工作，在此一并致谢！

李尚全

2011 年 12 月于扬州瘦西湖畔芳草小筑

图书在版编目（CIP）数据

慧灯无尽照海东：鉴真大和上评传/李尚全著. －－北京：
社会科学文献出版社，2012.5（2017.7 重印）

（人文传承与区域社会发展研究丛书）

ISBN 978 - 7 - 5097 - 3346 - 2

Ⅰ.①慧…　Ⅱ.①李…　Ⅲ.①鉴真（688 ~763）- 评传

Ⅳ.①B949.92

中国版本图书馆 CIP 数据核字（2012）第 075607 号

· 人文传承与区域社会发展研究丛书 ·

慧灯无尽照海东：鉴真大和上评传

著　　者／李尚全

出 版 人／谢寿光
项目统筹／王　绯
责任编辑／李兰生

出　　版／社会科学文献出版社·社会政法分社（010）59367156
　　　　　地址：北京市北三环中路甲 29 号院华龙大厦　邮编：100029
　　　　　网址：www. ssap. com. cn
发　　行／市场营销中心（010）59367081　59367018
印　　装／北京玺诚印务有限公司

规　　格／开　本：787mm × 1092mm　1/20
　　　　　印　张：14.6　字　数：250 千字
版　　次／2012 年 5 月第 1 版　2017 年 7 月第 2 次印刷
书　　号／ISBN 978 - 7 - 5097 - 3346 - 2
定　　价／48.00 元

本书如有印装质量问题，请与读者服务中心（010 - 59367028）联系